風に思う空の翼

―風・光・力―

田中 敏弘

K.G. University Press

関西学院大学出版会

風に思う空の翼

——風・光・力——

田中敏弘

関西学院大学出版会

目次

第一部　関西学院大学とキリスト教

第二部　いま経済学を学ぶ

第一部
関西学院大学とキリスト教

I　チャペル講話から

1　出会い

この二月（一九八九年）に『岩の上に』という本を出しました。これは、経済学部のチャペルをはじめ、他学部のチャペルなどで話しました講話一六編と、チャペル週報などに寄せた短文一〇編、私の属しております甲子園教会の日曜礼拝での講話（証し）一〇編を主体にしまして、それに「明治の天皇制国家と関西学院」という関西学院のキリスト教の歴史に関する論説を加えたものからなっております。

この小さな本には分不相応な副題がつけられています。それは「学問・思想・信仰」という副題です。これが表そうとしていますように、この本は全体として、自由と民主主義と平和の尊さを追求しようとしたものであり、そこに一貫して流れているテーマは、学問と思想と信仰との緊張関係であり、その中にあってなんとか生きたいと願う一人のキリスト者の問いかけとでも言ったものです。

この小さな本を友人、知人、先輩、同僚、後輩、研究者仲間や教会の人々、あるいは私のゼミナールの卒業生などに進呈しましたところ、実にさまざまな反応をいただきました。コメントあり、感想あり、共感と励まし、あるいは回想など、その反応もまたいろいろです。

ある方は、天皇制が再び問題となっているいま、「明治の天皇制国家と関西学院」という論説を丹念に読んで有益なコメントを下さいました。またある同じ研究者仲間である友人からは、この本によって著者の学問的な仕事を支えているエトスに触れることができたといった長い手紙をもらいました。またこの本にしばしば出てくる私の尊敬する学者、経済学史学界の長老の小林昇教授は、この本の中の一編「貧しいあなた達は幸だ」をほめて下さいました。

さらにまた、ある友人は、この本のはじめから終わりまで全編にわたって克明に眼を通して感想をこまかに記し、しかも「再版のために」といって、正誤表までつくってくれました。その他、もっといろいろありますが、経済学部のある名誉教授の先生は、私にこんな風に言われました。「田中君の本領が一番よく表れていると自分が思ったのは、「Ｏ先生との出会い」という一編と、やはりＯ先生のことを語った「歌声は消えず」だ。あれで君のことが一番よく分ったよ。」とおっしゃいました。

人は生れて死ぬまでに、実に多くのさまざまな人に出会います。人は人と出会うことによってはじめて人となり、人として生きてゆくことができると、よく言われます。私はこれまでにすばらしい人に沢山出会うことができました。それらの人々のおかげで、多くのことを教えられ、励まされ、慰めを与えられて、生きてくることができたと実感しています。

私は実にすばらしい先生に何人も出会うことができました。この『岩の上に』でもその何人かについて書きましたが、この本はそれらの人々のうち、とくに私の信仰に決定的な影響を与えて下さった二人の先生に捧げられています。お一人は、二〇数年前私がはじめてアメリカに二年間留学したときにお世話になったカーペンター牧師です。この方については、また別の機会があればお話ししたいと思います。著者がこの本を捧げたいと思ったもう一人の先生は、新潟にあるキリスト教主義の敬和学園高校を創立された元校長の太田俊雄先生です。太田先生のことは、この本の中で繰り返し語られていますが、先生は私が八尾中学（現在の八尾高校）在学中に出会い、それ以来ほぼ四五年間、ご指導をいただいた先生です。この本を出すことの一つの大きな目的は、先生にこれを読んでいただくことでした。しかしこの本の出版に手間どっているうちに、私が昨年留学でニューヨークに出かけることになり、夏に帰ってきましたら、その翌日（一九八八年七月二三日）に亡くなられたという知らせを聞くことになりました。先生に読んでもらえなかったことを、私は今も悔んでおります。

人との出会いというのは実に不思議なものです。この太田先生との出会いを、この本ではこんな風に書かれています。そこを一寸読んでみたいと思います。

「私がO先生に出会ったきっかけは、ほんとうに小さな出来事を通してであった。旧制中学でのある試験のとき、右手親指のひょうそうのため私は左手を使って四苦八苦していた。用意しておいたかなりの鉛筆もつぎつぎと折れ、どうしようもなかった。……このとき、試験監督にきていた新任のO先生が私のところへやってきて、鉛筆をけずられた。たったこれだけのことである。しかし戦争末期の心の暗いささくれだったとき、感受性の強い年頃の少年には、これは不思議なほど強烈な印象を与えるのに十分だった。このとき私は、先生との間に「心のふれあい」というものを直感した。人生における出会いとはこのようなものであろうか。

戦争が終り、心のよりどころのない日々を過しているうちに、私はO先生のことをひょっと思い出し、先生に再び出会うために、先生の始められた英語のバイブル・クラスに出た。自分はいったい何者なのか、人間とは何か、人間のつくる社会とはと、ようやく考えはじめていたときに、O先生の語る聖書の話しは、私をまったく未知の世界につれだした。私は先生の家庭集会に出、家へ押しかけ、議論をし、先生と旅をして、生活を通して先生を知ることができた。こうして、生活の中にあるO先生の信仰を通して、私はイエスというお方に出会うことができた。人間が「共に生き、共に苦しみ、共に喜ぶ」ということの意味がおぼろげながら分るようになったのは、O先生を通じてイエスというお方に出会ったからだと私は確信している。」(『岩の上に』八一～八二頁)

いったい人が人と出会う、出会いの核心というのは何なのでしょうか。ほんとにささいに見えることを通して、人は人に真に出会うことが多い。太田先生と私との出会いは、試験中ずっとつきっきりで、けがをした一人の生徒のためにエンピツを削り続けるということでしたし、その太田先生が出会った柴田俊太郎という先生は、石切場で貧しい太田少年といっしょにトロッコを押して語ったことでした。人はこうしたときに、人間の真実、本当の愛に触れ、人格的な交りが開かれ、それがその人に生きる力を与えるわけです。

聖書の中に記されているように、多くの人が直接イエスに出会いました。イエスとの出会いでその人の生き方にいかに大きな変化が起ったかが記されています。そのときの出会いの事実とその意味とをよく読んで聞きとっていただければと思います。たとえば、漁師のペテロが漁師をやめてイエスに従ったという出来事が記されています（ルカによる福音書、五章一～一一）ペテロは何にふれて生き方を変え、イエスに従ったのでしょう。

人生での出会いで大切なのは、よき師、よき友、よき書物だと言われます。あり余る物ではなく、人生の師と呼ばれるよき師と、生命をなげ出してもよいと思うほどのよい友をどうぞ見つけて大切にして下さい。そしてよき書物の中にぜひ聖書を一冊加え、聖書を通してイエスというお方に出会ってほしいと思います。

（一九八九年四月二六日経済学部チャペル、一九九〇年七月一〇日法学部チャペル）

2　私の垣間みた中国 ― 歴史感覚の大切さ ―

年があらたまって一九九一年になりました。激動の昨年につづいて、今年はどのような年になるのでしょうか。今日は昨年の夏に約一ヶ月間中国に滞在した間に、私が垣間みた中国について、その一端をお話しすることにしたいと思います。

今回私は、中国の東北部、吉林省《きつりん》、長春市（旧満州国の首都、新京）にある吉林大学の経済系（学部）に、本学と吉林大学との学術交流協定に従って、講義をするために参りました。この吉林大学は、大学院をもつ四年制の総合大学で、学生が約一六〇〇〇人、教職員約一三〇〇〇人の国立大学です。中国では、重点大学と言われるエリート校の一つで、北京大学、上海の復旦大学、北京の中国人民大学につぐ四番目に優れた大学と言われています。

経済学史を専攻する私は、中国の学生がいまとくに大きな関心をもっている西側欧米諸国で研究・教育されている経済学の歴史と現状について、一連の講義をするように依頼されたわけです。ですから私が用意した講義の題目は「近代経済学史 ― 限界革命からケインズ革命へ ―」というものでした。講義には、現代西欧経済学の動向について大きな関心をもつ四回生約三〇名と、大学院生・卒業生（役所などに勤める）約一〇名、教員二名が出席していました。

私は久し振りに、知的好奇心にキラキラと輝く眼をみて講義することができました。ただ通訳にちょっと難があり、大学院生たちは英語で質問し、それに私も英語で答えることになり、最後は半ば英語の講義に近い状態になってしまいました。

中国でも保守的な吉林大学では、マルクス経済学はもちろん重要な必須科目ですが、近代経済学は必須ではなく、選択必須科目にとどまっています。

今回私は、長春の吉林大学以外に、遼寧大学、黒龍江大学、大連外語学院、上海の復旦大学、浙江大学など五つの大学を訪れました。最初に私が見た最もショッキングな出来事は、大学の若い新入生――普通皆さんと同じ一八歳です――のことです。吉林大学では八月二七日に入学式が行われましたが、新入生は人民解放軍の軍服を着て、キャンパスで厳しい軍事訓練と政治学習を受けていました。中国のすべての大学で、新入生は全員、もちろん女子学生も、一ヶ月間の軍事訓練と政治学習を受けねばなりません。

あの天安門広場での六・四事件の主力となった北京大学では、新入生たちはとくに一年間の軍事訓練と政治学習が義務づけられていました。各大学の新入生たちは、大体近くの解放軍の基地に入れられています。一部の学生がキャンパスに残って訓練を受けているというのが実状のようです。自衛隊の制服を着た隊員が大学のキャンパスを闊歩し、新入生がこれまた自衛隊の制服姿でグランドで軍事訓練をさせられている様子を、皆さんは想像できますか。これは日本の大学人としては、全く異様としか言いようがありません。

教職員についても、毎週一回必ず行われる政治学習は大変強化されたと言われていました。経済学部の掲示板には、解放軍の模範兵士、「雷蜂に学べ」といったスローガンが再びかかげられていました。しかし一方では、今さら「雷蜂」に学ぼうとする学生などまずいないというのが実状であり、学生も教員も建前は別にして、本音では天安門事件以来の保守化の流れに従いつつ、それの通り過ぎるのをじっと待っているといった印象を強く受けました。

天児慧・加藤千洋『中国大陸をゆく――近代化の素顔――』（岩波新書）も強調しているように、中国をみる場合、その多様性にとくに留意しなければいけないと思います。中国の一面だけをみた単純化された中国認識は危険だということを実感しました。

私は中国は二度目ですが、私は中国をほんの垣間みたに過ぎません。今回私は東北三省をできるだけ見たいと思い、大連、瀋陽、長春、ハルピンを訪れました。そして北京以外に、上海、蘇州、杭州の八つの都市を訪れました。それもすべて汽車による旅で、計五〇数時間、汽車に乗りましたですから、思いがけない人と出会い、ものを見、またハプニングに出会うこともできました。

天安門に登って事件のあった天安門広場をあらためて見わたしてみました。戦車のキャタピラで削り取られたという広場中央の記念碑前の石段を確かめてみました。瀋陽では郊外にある柳条湖に行きました。ここにはいま、石の記念碑が一つ夏草の間に建っているだけでしたが、ここは一九三一年九月一八日に日本の関東軍が満鉄の線路を爆破し、それを中国軍のしわざと偽って、総攻撃を開始し、中日戦争（いわゆる満州事変）の発端となったところです。

それからハルピンでは、南の郊外約二〇キロのところにある、関東軍七三一部隊（いわゆる石井部隊）の細菌生体実験と三〇〇〇人以上の中国人、ロシア人、モンゴル人が殺された「中国侵略日本軍七三一部隊罪証陳列館」（一九八二年開設）にも行きました。

いろんなハプニングのうち、今日はその一つだけをお話ししておきたいと思います。それは長春の歴史博物館での出来事でした。長春には、日本のかいらい政権だった満州国皇帝傳儀の王宮がありました。これが現在「偽皇宮陳列館」と呼ばれて博物館になっています。それは日本軍の罪責と傳儀の生涯を示す「抗日戦争記念陳列館」と王宮じたいと、それを利用した「歴史博物館」とからなっています。ここには、斬首、集団殺戮、拷問など、見ておれないような生々しい写真などが沢山展示されていました。

この博物館内を見て歩いていたときです。突然六〇歳代ぐらいの中国人の男の人が、私と他の二人の日本人に大きな声で何か叫びました。それが何かとても厳しい口調だったので、驚いて案内していただいていた吉林大学日本研究所の方に聞きますと、「あなたたちはどこの国の人か」とまず言っているので、「あの人達は日本人だ」と答えたら、こうどなったというのです。「おまえらの年上の連中は、何十万人もの中国人を殺したんだぞ、よく覚えておけ」と。これだけ言って、この老人は次の展示室の方へ消えていきました。たったこれだけ、しかもほんの束の間の出来事でした。

戦争の痛みはまだまだ終っていないのです。私は三〇数年前、アメリカのニューヨーク州にあるシラキュース大学の大学院に留学中に、フィリピンの女子学生にハイヒールのかかとで突然頭をたたかれ、「お前も戦争に行って人を殺したんだろう」と言われたことがあります。今回の中国での経験は、このハプニングを想起させるものでした。

戦争を知らない世代の皆さんにとっても、このことは日本人として無関心ではありえません。もし皆さんがアジアの国々に行くことがあれば、観光ルートからはずれた、こうした歴史を確認するところも是非訪れてほしいと思います。それがアジアで日本人が平和に共存して生きてゆくうえで、非常に大切な出発点になるからです。

（一九九一年一月九日、経済学部チャペル、同年六月一一日、法学部チャペル）

3　出会いと別れ ―― カーペンター牧師 ――

人は一生のうち多くの人に出会います。そして別れがやってきます。私はこれまですばらしい人に沢山出会うことができました。それらの人々のおかげで、多くの大切なことを学ぶことができました。またそれらの人々から励しと慰めを与えられて、今日こうして生きているということを、とくに最近つくづく感じるようになりました。

アダム・スミスが師のフランシス・ハチスン先生のことを、「けっして忘れえぬ（'never forgotten'）先生と呼んだように、私は学問研究のうえですばらしい先生や先達に何人も出会うことができました。

学問研究のうえだけでなく、信仰生活のうえでも優れたキリスト者に出会うことができました。まず第一にあげなければならないのは、旧制の八尾中学（現在の八尾高校）時代に私をはじめてキリスト教に導いて下さった太田俊雄先生です。先生は当時は英語の先生で、のちアメリカの神学校を卒業され、東京の神学校の教授となり、新潟の敬和学園高校を創立し、永年校長をつとめられ、一九八八年に昇天されました。

『岩の上に ―― 学問・思想・信仰 ――』（一九八九年）という小さな本を私はこの太田先生とアメ

リカのカーペンター牧師（Rev. J. Russell Carpenter）に捧げようとしました。しかし残念なことに間に合わず、太田先生は半年前に昇天されました。

そして今またカーペンター牧師を昨年失ってしまいました。カーペンター牧師の死によって、私は、これまで親しく出会うことのできたうちで最も尊敬するキリスト者の一人を失うことになりました。アメリカと日本で遠く離れているため、直接お別れを言うことができませんでした。この別れはつらく身にこたえます。

今日は、キリスト者とはこのように生きるものだという、ひとつの優れた生き方を、何気ない、気負わない、毎日毎日の生き方の中で、はっきりと私に示して下さったカーペンター牧師との出会いについて、追悼の想いをこめてお話しさせていただきたいと思います。

一九五九年の夏、三一年も前の旧い話しです。私はアメリカのメンジスト教会のクルーセード・スカラシップという奨学金をいただいて、ニューヨーク州のシラキュースにあるシラキュース大学——ちなみに当時アメリカン・フットボールでは全米ナンバー・ワンの大学——の大学院に留学しましたが、そのときシラキュースから車で一時間ほど離れた小さなオーバン（Auburn）という町のトリニティ・メソジスト教会に受け入れていただくことになり、この教会を中心に留学中の教会生活をはじめることになりました。その教会の牧師さんがカーペンター牧師だったわけです。当時先生は五七歳、私は三〇歳でした。

毎日曜日、教会員のどなたかが一時間ほど車をとばして、大学の寮にいる私をピックアップにこられ、教会礼拝につれていって下さいました。ですから私は礼拝を休んだりはできませんでした。

教会では礼拝の席上、一度だけお話しをさせてもらいました。礼拝以外に、日曜学校の生徒や、中高生や、婦人グループや、父親グループなどに話しに行ったり、また老人ホームでも話しをしました。礼拝後は必ず教会員のどなたかの家庭に招かれランチをごちそうになりました。皿洗いやあと片付けを手伝ったあと、夕方まで家族と一緒に過していました。小さな子供達がいれば、ピンポンをしたり、子供たちを近くの湖につれていって魚釣りを教えたりしました。ときに芝刈りを手伝い、植木の手入れをして喜ばれました。この頃、ピンポンの相手をした子供のうち、一人はいまシカゴで立派な牧師になり、その弟はファースト・クラスのプロゴルファーになっています。

クリスマスはとくに印象深く、ほんとにアメリカの田舎の質素な、しかし静かでほのぼのと楽しい家庭クリスマスを二年も味わせてもらいました。

休暇中には、私は長い間、牧師館に泊めていただき、牧師にくっついて、いろんなところへお供をし、手伝いもしました。アメリカの牧師の目の廻るような忙しさと、その行動力にすっかり感嘆しました。子供の出産のお祝いに行ったり、病院に見舞いに行ったり、老人ホームに出かけたり、あるいはロータリークラブでスピーチをしたり、黒人差別反対運動の集会に出かけたり、留学生のためのインターナショナル・ナイトの世話をしたり、実に目まぐるしいばかりでした。夏休みには、私もリゾートにある教会員の別荘に泊めてもらったりしました。

こんなことで、牧師を通して教会員や町のいろんな人達とすっかり親しくなることができました。教会のいろんなグループに呼ばれ、下手な英語で日本文化の紹介や日本の教会の話しをして廻りました。その毎に皆さんから一〇ドル、一五ドルといった小切手をもらい、大いに助かりました。ちょうど伊勢湾台風があったときには、教会での私のアピールに応えて教会員の方々はずい分寄金を寄せて下さいました。

カーペンター牧師は、シラキュース大学大学院の哲学科を出ておられた関係もあって、私は修士論文の原稿を全部読んでいただき、英語をチェックし改善していただきました。一章づつ私は牧師に送ってみていただいた結果、修士論文の口頭試問では、英語に関しては一言も文句を言われなくてすみました。「マンデヴィルの社会・経済思想」というMA論文は、カーペンター牧師に忙しい合間をぬってみていただいた成果でした。このうちいくつかの部分は、のち本学の欧文紀要に発表されています。

ともかく、カーペンター牧師と奥さん（一九七四年に昇天）のおかげで、私は息子のように牧師館と教会に出入りし、多くの教会員の家族と親しく交ることによって、信仰生活を充実させることができましたし、何よりも一人の孤独な大学院生の学生生活（日本語を話す機会は一年間ほとんどありませんでした。）を楽しく過すことができました。アメリカの田舎のごくごく普通の素朴なキリスト者の生き方に触れる貴重な体験をすることができました。

カーペンター牧師は、私がMAをとって二年目にニューヨーク市内にあるコロンビア大学の大学院へ移ってからも、始終私のことを心にかけていて下さいました。例えば、私が黒人差別反対運動のためにシットイン・ムーブメント（座り込み）に参加したり、あるいはSane Nuclear Policyという、大学生中心の反核団体の運動に参加し、討論会に出たり、いわゆる「ダイ・イン」に、参加したりするたびに、賛成し、励まして下さると共に、目立って過激に走らないように、くれぐれも注意するように、父親のようにさとされました。また私が博士論文のテーマに「アメリカ経済思想史」を選んだことを知らせたとき、牧師はとくに喜んで下さったことを今想い出します。

こんな風に話していますと、カーペンター牧師についての私の想い出は尽きることがありません。

私は地方新聞に出た牧師の追悼記事ではじめて知ったのですが、牧師は今の天皇が皇太子だった頃、英語の家庭教師となったアメリカのヴァイニング夫人と親しく手紙のやりとりをしておられたとあり、とくに日本人びいきの人でした。

シラキュースでカーペンター牧師に出会ったために、私はきわめてスムーズにアメリカ社会にとけ込んで行くことができました。もし牧師に出会わなければ、私の留学生活とアメリカ人観はかなり違ったものになっていたかも知れません。

人の出会いというのは実に不思議なものです。計り知れないものです。カーペンター牧師に私を会わせて下さった方は、神に違いないとますます確信しております。

皆さんどうぞ、よき師、よき友、よき書物を大切に。よき書のうちに聖書を加えて下さい。イエスという方に、出会うことができるからです。イエスに出会い、新しい生き方にチャレンジしてみて下さい。これが関西学院大学に学ぶ者に与えられている特権です。

（一九九一年四月二四日、経済学部チャペル）

4　画家の心

この夏休み中に読んだ本の一冊に、画家であり作家でもある司修という人の書いた『戦争と美術』（岩波新書、一九九二年）があります。この本は、大東亜戦争画を描いた画家たちの心をさぐり、戦争と美術家の関係について深く考えた本と言えます。

戦争中、多くの画家、とくに名のある画家は戦争画を描きました。生活のためにやむを得ず戦争画を描いた画家もいました。しかし、一方では、戦争画を積極的に描いた画家の多かったのも事実です。それに対して、昭和一八年、一九年の戦争の真只中にあって、戦争画を描かなかった三〇歳代の画家グループ、「新人画会」の画家たちもいました。

著者の司さんは、戦争画家の代表者としての藤田嗣治を取り上げ、それに抵抗の画家と言われた「新人画会」の松本竣介とを対比することで、戦争と美術の関係を検討しています。

ことがらは上べを見ただけで思われるほど、そう簡単ではありません。したがって、著者はただ単純に「大東亜戦争画」を描いた画家――とくに当時の画壇の大御所たちの責任を問うものではなく、「自らの問題としてシナリオを舞台にかけてみたいのです」と述べています。

しかし、ことがらのさまざまな側面を配慮しつつも、著者は「戦争画を描いた画家」と「描かなかった画家」とを、「自分の芸術をまげて通俗アカデミズムに堕し、軍部におもねり、絵の材料その他でうまい汁を吸った茶坊主画家」と、「てっていした言論統制と弾圧のもとにあって、芸術至上の孤るいを守って、戦争画を描かなかった画家」とを、見事に対比しています。

とくに藤田嗣治の場合、その代表的作品「アッツ島玉砕の図」は、まさに死の美化をねらったものであり、それは銃の打ち合いを描いた戦意昂揚を計った戦争画とかわらない」ものであるとしています。けっきょく、藤田を動かしたものは、「スポットライトに当りつづけたいという欲望」だったと評しています。画家としての著者は、「画家は何をなすべきか」に深く想いをおこし、「いかに描くかという前に、いかに生きるかが大事なことに気づかされます」と述べています。

ところが、戦後四六年経った一九九一年八月に戦争画の特集が組まれるようになりました。この特集で、美術学芸員やジャーナリスト、評論家、五八人のアンケート結果がのっております。それによれば、その七九％もの答えは、戦争画は芸術作品として評価できるとされています。いわく「写実力」、いわくその「迫真性」といった具合いです。しかし、なかには、「結果として戦争画に芸術的評価がある、ないよりも、描いた画家の姿勢、考え方を問うのが大切だ」とし、「美術史的には、あの時代として認めても、新しい美意識や表現の発見はなく、宣伝ポスター程度のもの・・・あの時代の画家の恥部」だという、戦争画の本質に近づいたものもありました。

しかし、芸術家の間に「節操」や「良心」がとやかく言われたのは、戦後ほんの短い期間のことであり、旧画壇はすぐ息を吹き返し、画家の戦争責任は立ち消えになってしまいました。戦後美術は戦争責任をほったらかしてすすんで行き、今やＰＫＯ法案の通過によって、自衛隊が海外に派遣されて行くとき、まさに、戦争画は息を吹き返そうとしていると、警告しています。

既にみましたが、著者の司さんは、戦争画と美術との関係を深くさぐりながら、「大切なのは、芸術家の作品ではなく、芸術家がどういう人間かということです」と問題点を見事に指摘しています。たとえば、ゴッホの絵はとくに日本人好みだとよく言われます。ゴッホの絵は強く人をひきつけます。それは、ゴッホの作品が見る者に、かれの苦悩を伝えるからです。司さんの言葉を使えば、大切なのは、人間ゴッホの「ドラマ」なのです。

今引用しました司さんの文章のうち、「芸術家」を「研究者」に置きかえることができると私は思います。もちろん、芸術活動と科学的研究活動との違いはありますが、それを超えて、私は司さんのいう「芸術家」を「研究者」に置きかえてみることに大きな意義があると思います。

私の研究上の先達の一人である、ある先生は、「学者は死んだらこの世に何がのこるか、論文と著書だけだよ」と晩年によく言っておられました。これは真理の一半をついた言葉だと思います。しかし、研究者が死んだのち、この世に残るものがあるとすれば、それは単に研究論文や著書といった研究成果だけだというのではなく、研究者にとって、かれがどんなものを書きのこしたというよりも、研究生活を通して、かれがいかに研究したか、「研究者としていかに生きたか」が、より重要なのではなかろうかと考えます。社会科学者の場合、とくに戦争に迎合するかのような論文や文章を書いた人と、それに抵抗して書かなかった研究者との差はきわめて大きいと言わなければなりません。この場合にはそのような著書や論文を書かなかったことが大きな成果だからです。研究者ののこした著書・論文ではなく、ましてやその単なる数量などでは毛頭なく、研究者としてどう生きたか、かれはどういう人間だったかが、より大切ではないでしょうか。「どういう人間なのか」という「人間のドラマ」こそ、より本質的なことがらではないでしょうか。

学習も研究も、科学を問い学ぶという一点では同じです。大学で研究・教育にたずさわる人も、そこに学ぶ学生もこの点ではみな同じです。確かに何を学ぶかは大切であり、これはおろそかにできません。しかしどのような姿勢で、なんのために学ぶのかは、より根源的で重要ではないでしょうか。

もう一度著者の司さんに聞いてみましょう。ナチス批判の大作といわれるピカソの「ゲルニカ」は、無差別爆撃で消滅したゲルニカを想うピカソの苦悩から生れた作品です。幻想的で日本人に愛好者が多いシャガールは、「ホロコーストの犠牲になったユダヤ人画家たち展」という展覧会のカタログの献辞で次のように書いています。このシャガールの献辞は私の心を揺さぶりつづけます。ナチスのユダヤ人狩りに遭わずにすんだことで、シャガールは深い苦しみをいだいています。

わたしは彼ら全員を知っていたか？

わたしは彼らのアトリエにいたか？

わたしは彼らの芸術作品を近々と、あるいは離れて見たか？

そして今、わたしはわたし自身を離れ、
わたし自身の実体を離れて、
彼らの知られざる墓へおもむく。

彼らはわたしを呼ぶ。彼らはわたしを、
自分たちの墓穴へ引きずり込む……

わたしは、無事の罪を犯した者だ。

「彼らはわたしに問う。「おまえはどこにいたのだ？」

……わたしは逃げていました……

彼らはあの死の浴室へ連れて行かれ
自分たちの汗を味わった。

……

「彼らはわたしに問う。『おまえはどこにいたのだ？』と。……わたしは逃げていました……」と。

シャガールは偉大な画家です。


（一九九二年一〇月一日、商学部チャペル）

5　「本当のもの」を求めて ― 八木重吉の世界 ―

阪急夙川駅から少し南に下ったところに、夙川児童公園がありますが、そこに一つの詩碑が建っています。御影石で造った二人の少年像を配した素朴な詩碑で、その詩はプリントにある「幼い日」です。

おさない日は
水がもの云ふ日
木がそだてば
そだつひびきがきこゆる日

これは、二九歳という若さで亡くなった八木重吉の詩です。四年ほど御影に住い、御影師範学校で英語を教えた、ある意味で御影の詩人と言ってもよい重吉の詩碑が、実はもう一つ、近くの御影中学に建てられています。自然石に刻まれている詩が「夕焼」です。

ゆう焼をあび
手をふり
手をふり
胸にはちさい夢をとぼし

手をにぎりあわせてふりながら
このゆうやけをあびていたいよ

いま皆さんには、水がもの言う声が聞えますか？　木の育つひびきを聞きとれますか？　あなたは最近こんな夕焼けを見たことがありますか？　私達が見た夕やけはいつのことだったのでしょうか。

八木重吉は明治三一年（一八九八年）に生れ、昭和二年（一九二七年）に亡くなりました。現在の東京都町田市——当時は小さなひなびた村でした——の農家に生れた重吉は、神奈川県師範学校から東京高等師範学校（筑波大の前身）に進みました。この東京高師時代に重吉は文学にひかれ、イギリスのロマン派詩人キーツの影響を受けます。同時にプロテスタント教会で洗礼を受けキリスト者となります。間もなく内村鑑三にひかれ、無教会主義に近づいてゆきました。

東京高師を卒業した重吉は、大正一〇年（一九二一年）に御影師範学校に勤め、英語を教えながら詩作に没頭しています。それからほぼ四年後（大正一四年）に千葉県の柏（現在の柏市）の県立中学に転任、一年を過します。しかし翌大正一五年（一九二六年）に結核で療養生活に入り、翌年一〇月に昇天しました。

重吉には自選の詩集はたった二冊しかありません。一冊目は『秋の瞳』（大正一四年）、二冊目は『貧しき信徒』（昭和三年の死後出版）です。しかし重吉には数多くの詩稿と晩年の病床ノートに書き綴った詩があり、わずか五年ほどの間に、二二〇〇余編の詩をのこしました。

重吉の詩は、あの平明で素朴な言葉による、ひらがなを多用した短詩形です。草野心平が言っていますように、重吉の詩は、かれの「透明でまっすぐなレンズ」が映し出すすべてが、「清い透明な心象」となったものです。この詩の並はずれた透明な美しさに重吉詩の独特の世界があります。美しく「透きとおった」光り輝く詩的告白としての結唱こそ、重吉独自の詩境と言えます。ですから今日はできるだけ重吉に語りかけてもらうことにしましょう。

重吉の詩には自然が溢れています。空、雲、風、光、林、木、花、丘に土手に路、原っぱ、なかでも、野、鳩に虫、蟻、せみ、とんぼ、季節では秋、一日では夕陽、夕暮れなどです。重吉は何よりも本当の自然を求め続けました。有名な「素朴な琴」を読んでみましょう。

素朴な琴

この明るさのなかへ
ひとつの素朴な琴をおけば
秋の美しさに耐えかね
琴はしずかに鳴りいだすだろう

『秋の瞳』から二編だけ（プリントをご覧下さい）挙げておきます。「空を指す梢」。そらを指す／木はかなし／そがほそき／こずえの傷さ／。重吉が好きだったけやきの木でしょうね。「おほぞらのこころ」。わたしよ　わたしよ／白鳥となり／らんらんと透きとほって／おほぞらをかけり／おほぞらのうるわしいところにながれよう／。もちろん重吉の詩はただ自然をうたっただけのものではなく、自然を映した重吉の「心の風景」を詩ったものです。

重吉は美しいものを探し求めました。「うつくしいもの」。わたしみづからのなかでもいい／わたしの外のせかいでもいい／どこか「ほんとうに美しいもの」はないのか／それが敵であってもかまわない／。

自然と美しさに「本当のもの」を求めた重吉は、人間にそれを探し求めていきました。こどもに無心をみ、「神のひとみ」を感じとり、子供の遊ぶ「まり」や「こま」といった素朴なおもちゃの世界に、ウィリアム・ブレイクのよんだ"innocence"（無心）を直感しています。まりと／あかんぼと／どっちも　くりくりしてる／つかまへ　どこも　ないようだ／はじめも　をわりも　ないようだ／どっちも／ぷくぷく　だ／。

重吉はまた、「真理」を呼び求めて、「大木をたたく」のです。「大木をたたく」。ふがいなさに／大木をたたくのだ、／なんにも　わかりゃしない　ああ／このわたしの　いやに安物のぎやまんみたいな／『真理よ出てこいよ／出てきてくれよ』／わたしは　木を　たたくのだ／わたしは　さびしいなあ／。

自然にしろ、美しさにしろ、人間にしろ、重吉が探し求めたものは「本当のもの」に違いありません。「本当のもの」と題した詩こそ、求め続ける重吉の心の風景をそのまま告白した詩と言えます。「本当のもの」。どうしてもわからなくなると／さびしくてしかたなくなると／さびしさのなかへ掌《てのひら》をいれ／本当のものにそっとさわってみたくなる／。

このように「本当のもの」を求める重吉は、本当の自分自身の実存をさらに求め続け、キリスト教信仰の深まりと共に、信仰による自己への厳しい問いかけに身をさらしつづけることになります。

重吉は、自分はこれでよいのか、これで果してよいのかと、自分自身の実存を問いただしていきます。重吉のこうした多くの詩のうち、そのギリギリの姿を示すものが、「私へ」と「神の道」に一番よくみられます。

「私へ」。妻と　子があるから　自分が捨てられないって!?／でも――　子が無いとき　妻だけでも／妻がないとき　私みづからだけさへ　捨て得なかったのに／

「神の道」

自分が
この着物さへも脱いで
乞食のようになって
神の道にしたがわなくてもよいのか
かんがえの末は必ずここへくる

重吉の詩は大正一四年（一九二五年）二月に一つの大きな転機を迎えます。重吉の多くの詩稿が示しているように、はっきりと父なる神とイエスをひたすら呼び求める信仰の詩へとさらに大きく展開していきます。『み名を呼ぶ』（大正一四年三月）にある次の詩が、最も優れた詩の一つです。てんにいます／おんちちうへをよびて／おんちちうへさま／おんちちうへさまとなへまつる／いづるいきによび／入《い》りきたるいきによびたてまつる／われはみなをよぶばかりのものにてあり／。

神を呼び求める重吉の詩は、病状の悪化とともに次第にイエスの名をひたすら称える称名の詩へとますます純化されていきます。「わたしの詩よ／つひにひとつの称名であれ」とよむ重吉の詩の極地は、削れるものをすべて削り取ってしまった詩的告白としての「頌栄」で、「イエスさま／イエスさま／イエスさま／」という、これ以上単純な形をとれないくらいの三行詩に凝縮されています。そして昭和元年一二月に書かれた、十字架とその下に記された「一念に主／を呼ぶべし」となって、その極点が表わされています。

自然と人間と、いや見えるもの、聞えるもののすべてに、そして何よりも、それらを通して重吉自身の実存に絶えず問いかけ、神の臨在をはっきりと感じ取り、神の声に聞き入って、要らぬものをすべてはぎとり、削れるものをすべて削り取って、ただひたすら「本当のもの」に迫っていったのが重吉でした。

生の根源にあるイエスご自身を呼び求め、主の声にただ一途に応答し、主の御名を称える重吉の信仰が、このように美しくどこまでも透きとおった珠玉のような詩的告白へと結晶させていったと言えます。これが詩人重吉における詩と信仰とを鋭く切り結ぶ、はりつめた緊張関係の終極的な姿と言えます。こうした重吉の詩のうちに私達は「本当のもの」を求めて厳しく自己を問いただし、信仰の深まりに応じた自己の実存の風景を詩的言語化した結晶としての到達点をみることができないでしょうか。

重吉の詩がかれの透きとおった心の風景詩であるとすれば、野としての心の風景をはっきりと視覚的に描き出しながら、その野にキリストが歩んで下さることを祈った次の詩は、重吉詩の真髄をよく示していると言えないでしょうか。

こころは
野《の》である
おもひが生《は》え
やがて枯《か》れる

いやなおもひがはえると
たまらなくかなしくなる
うつくしいおもひがはえると
われながらほれぼれする

野《の》よ、
キリストよ、
わたしの野を
百合をみながらあゆんでください

はじめに読んでいただいた聖書の個所で、イエスの言葉の「子供のように神の国を受け入れる人」こそ、重吉が幼な子のうちにみたものではなかったでしょうか。

（一九九三年五月二六日、経済学部チャペル）

6　「あいまいな日本」と新しい年

いま読んでいただいた聖書の個所（ルカによる福音書一二章五四―五六）は、新共同訳では「時を見分ける」という小見出しがつけられているところです。雲の動きや風の方角をみて天気が見分けられるのに、どうして「今の時を見分ける」ことができないのか、というイエスの言葉です。この個所はさまざまに理解することが可能です。普通、聖書学者たちは、「時を見分ける」ということで、キリストを見分けることが求められていると直ちに断定してきました。そうでしょうが、私には、この個所はもう少し別の視点から読めるように思えるのです。雲の動きをみて天候を知るように、なぜいま私達が生きている社会の時代のしるしを見分けられないのかを、何よりもまずイエスは私達に問うておられると思うのです。私達が現実にそこに生きている社会は、いったいどういうところなのか、それが表面化させているさまざまなしるしをどう見分けることができるのかが、まず私達に問われている。私がその中にいる社会のしるし、そのような社会の中にいる私自身のありかた、生きかたが何よりも問われていると思えるのです。

今の時代の社会の「しるし」と、その中で生きる「私」の生きかたを通して、聖書学者たちが直接的にただちに断定した、時のしるしとしてのキリストを見分けることが問われていると思われます。そうです。私を社会のさまざまな「しるし」とその中に今生きる「私」のありかた、生きかたを通してのみ、キリストの真の姿を見分けることができるということを、この個所は教えてくれているのではないでしょうか。

今日の私のトピックは「あいまいな日本」と新しい年です。「あいまいな日本の私」というのは、ご存知のように、昨年ノーベル文学賞を受けられた、作家の大江健三郎さんの受賞記念講演の題目でした。これ以来「あいまいな日本」についての議論は今やファッションのひとつとなっています。大江さんの言う「日本のあいまいさ」（ambiguity）とは何なのでしょう。

ここに新聞にのった講演のフルテキストがありますが、大江さんによると、「日本のあいまいさ」が表面に現れたものとして四つほどの点が指摘されています。①近代化過程で日本はひたすら西欧になろうとしたが、アジアに位置しており、日本の伝統的文化を守りつづけようとした。これがアジアの侵略へと向かっていくことになり、「近代化」の廃墟をもたらした。②近代化の過程で日本はひたすら西欧に向かっていったはずなのに、日本文化はそれでいて西欧側には理解不能なものにとどまった。③日本はアジアでは、政治的、社会的、文化的に孤立していった。④ここから大江さんは、第二次大戦後の「戦後文学」を支えた文学者たち（野間宏、大岡昇平、埴谷、武田泰淳、堀田善衛、木下順二、椎名麟蔵、森有正など）の戦後日本の新生への努力を継承しその最後尾につらなりたいと述べています。

大江さんは、戦後の新生日本の根本的モラルを民主主義と不戦の原理として再確認し、今この根本的モラルの新しい再確認をおいて、私達日本人のモラルはないことを、あらためて強調しています。

もしこれがくずれ、旧憲法的な天皇制をひきずったようなモラルに変っていくとすれば、戦後「近代化」の廃墟の中で私達日本人が手に入れた新生への祈りを無くしてしまうことになると、明確に指摘しています。

そして大江さんは、こうした「あいまいな」日本ではなく、望ましい日本人の姿を、「上品で」

ディーセントな日本人、あるいは「ヒューメイン（人間味あふれる）な日本人という言葉で呼んだのでした。こうした「上品な日本人」の先達の一人の師である渡辺一夫にふれています。そして最後に、知的な障害をもった息子さんの光さんのことに具体的にふれて、「芸術の不思議な治癒力」を信じ、人類全体のいやしと和解に貢献できるよう探りたいと結んでいます。

私はこれまで、『ヒロシマノート』や『沖縄ノート』などを通して大江さんの考え方に大きな共感を覚えてきた一人です。

「原爆はまさに非人道的兵器だ」という意識がいかに大切であるか。これに対する日本政府が取り続けてきた「あいまいさ」は、今も多くの重大な問題として表面化しています。非戦闘員も無差別に攻撃し殺りくする大量殺りく兵器であり、被災者を長年苦しめるだけでなく、胎児やその後生れた子供にまで大きな影響を与える人間破壊的兵器であり、これこそまさしく国際法に違反する非人道的兵器でなくて何でしょうか。

ところが、この意識の「あいまいさ」は、①「被爆者援護法」を今日まで遅らせてきました。②昨年外務省はあきれたことに、原爆使用は「国際法違反」とは言えないという公式見解を出そうとさえしました。③またこうした「あいまいさ」は、ヒロシマ、ナガサキ以後の核実験による被害を防ぐことをできなくしたし、さらに④最近の国連平和維持活動（いわゆるＰＫＯ）への日本のなしくずし的参加への道を開くことにもつながっています。

日本国憲法の核心にもりこまれた不戦の原理（悲願の平和主義）に対する「あいまいさ」、とくに政府の態度の「あいまいさ」は、憲法のなしくずし的な拡大解釈を生み、今やそのあからさまな改正・廃棄への動きすら表面化してきています。

このような日本の近代化がもたらした、アジアにおける侵略ということに対する「あいまいな」意識・態度、とくに政府がとってきた基本的態度は、「従軍慰安婦問題、旧植民地人（韓国、台湾その他）の軍属に対する補償問題、強制徴用問題等の、日本の戦後処理がいまだに終っていない現状をもたらしていると言えます。

こうした「あいまいな日本」とその中に生きるあいまいな日本人を根本的にもう一度問い直すことが日本人ひとりひとりに求められていると思います。とくに「あいまいな日本」で経済学を学習し研究する者に問われている問いとは何かを問い直すことの必要性が痛感されます。

私自身にとっての問題のひとつは、私の専門分野である観点から、日本の経済学史・思想史研究における問題を問い直すことです。この分野でも、西欧化とその受容に専ら努めてきたが、にもかかわらず、今だに日本の近代化過程での日本人の経済思想は西欧には理解不能な面が多すぎます。そもそも今だに日本からの発信力にいかに欠けているかを思わずにはおれません。

発展途上国からは、日本の近代化はめざましい経済発展として注目されているにもかかわらず、その発展とそれがもたらした軍国主義による近代化の廃墟への過程との関連は、けっして十分明らかにはされていないという状況にあります。今日、脱亜入欧が反省され、「脱欧入亜」的言辞を生んでいますが、これも日本の新しい再生をかけて、「日本のあいまいさ」、とくにアジアに対する侵略の根本的反省なしに、ただ「アメリカからアジアへ」では、極めて危険と言うほかないと思われます。四月からオープンする本学の総合政策学部について、今思うのですが、「ヒューマン・エコロジー」を中心とする研究・教育を行うのならば、何よりもその基本哲学とそのカリキュラムや研究計画への具体化がきめてではないでしょうか。少なくとも私には、この点が明確には見えてこないのが問題です。「マスタリー・フォー・サーヴィス」というスクール・モットーをヒューマン・エコロジー的な「共生」と安易に直結しただけでは、単なる言葉遊びに過ぎないと言われても仕方ありません。キリスト教主義大学としての教育・研究の根本的モラルとの関連こそ明確にされねばなりません。これがどうして具体化されるのか、そのヴィジョンはどう生かされるのか、きわめて「あいまい」としか言いようがないのが、いま私にとって一番気がかりな点です。私達はこうした足もとから、「日本のあいまいさ」を問い続けてゆく必要があるように思います。

（一九九五年一月一三日、経済学部チャペル）

7　人間曼陀羅

震災から五ヶ月経ちましたが、今なお二万人近くの方々が不便な避難所暮しを強いられていることは、ほんとに胸が痛むと共に、いつになれば避難所暮しの人々は普通の暮しに戻れるのか、国や県の政治・行政に憤りさえ感じられてなりません。少なくとも避難所に暮す人々がすべて安住の地を得るまで、震災はけっして終りません。

私と妻はわずか一〇数秒ほどの間に、暗闇の中で突き上げられ、振り廻され、物が水平にとんできて、立ち上ることもできず、二階から仰向けに下へ落ちてゆきました。「ああこれでもう下敷きになりおしまいか」と一瞬思いました。家は全壊、家具などほとんどを失いました。でも二人は二階にいたことが幸いし、奇跡的にけが一つなく助かりました。

それ以来、被災者の一人として、私の心理は次々と微妙に動いてきました。とくにはじめの一ヶ月は厳しいものでした。ある日新聞に精神科医が示した、被災者が自己診断できるチェック・リスト一〇項目がのっていました。それは、①睡眠不足、夜中に何回も目が覚める、②ちょっとした物音や揺れにとくに敏感、③地震で家が壊れ落ちていく夢をひんぱんにみる、④朝早く必ずトイレに行く、⑤イライラし怒りっぽくなる、⑥急に落ち込み、振幅がはげしい、⑦突如、孤独感、無力感、無常感におそわれる、この七項目全部当っていて愕然としました。でも大丈夫です。該当しないものが三つありました。①余り物を言わなくなる、②無表情、そして③自殺願望でした。

震災直後、妻と私は奇跡的にけが一つせずに助かったことに、ただ感謝しました。家や家財をほとんどすべて失ったことは、なぜかそれほどこたえませんでした。私達は壊れたわが家をただ茫然とみているだけでした。不思議なくらい物にたいする執着は感じませんでした。しかしただ蔵書、とくに貴重書が多くだめになり、その一部を失ったことは別でした。これにはほんとうに参ってしまいました。本の一頁一頁の中に入りこんだ壁土や無数のガラス片をブラシで取り除く作業が何日も何日もえんえんと続いていきました。図書館に出入りする洋書専門の修理業者に相談しますと、表紙や裏表紙がとんでしまい、バインドにガタがきてしまった本を修理するのに、最低でなんと一冊三万円はかかるということが分りました。私は試しに一番大切なスミスとヒュームの一八世紀の古版本三冊を修理に出すことにしましたが、痛んだ古版本をすべて修理するには少なくとも数百万円はかかることになり、まったく手におえるものではないことが分りました。

震災から皆さんは何を見、何を学ばれたでしょうか。ある人は自分のことしか考えない、極端なエゴイストとしてたち現れました。しかし多くの人々、とくに若い人達は、目の前に生き埋めになっている人やけがをした人や、家を失った人々をみて、その救出と救援に走り廻りました。私も沢山の方にお世話になりました。「ボランティア活動」といわれる形態の助け合いがほうはいとして起ったことは、日本の市民社会としての一定の成熟度を示すものと評価されます。

震災直後、「田中の家が全壊した」ということが、国内だけでなく外国にも知られていき、多くの方々から沢山の見舞と励ましをいただきました。とくに同じ分野の内外の研究者からいただいた特別な見舞いと励ましに、私は心うたれました。

私の蔵書が大きな被害を受けたことを伝え聞かれた、私の尊敬するコロンビア大学の有名なデューイ教授（Donald Dewey）は、私の蔵書再建の第一号にと、直ちにアダム・スミスの *Theory of Moral Sentiments*（道徳感情論）第五版（一七八一年）を航空便で送って下さいました。この本を手にしたとき、私は大きな感動を覚え、嬉しくてありがたくて涙がとまりませんでした。私の研究体制の再建に向けてこれほどの大きな激励はありません。また私の所属している経済学史学会の新旧常任幹事会（学会役員）の方々は、代表幹事の呼びかけで募金活動までしていただき、お見舞いをいただきました。日本の同じ研究者の方々の励ましの声をひしひしと感じた次第です。

またアイルランドのベルファスト大学のブラック（R. D. Collison Black）名誉教授――イギリスを代表する経済学史家の一人――は、私の被災を知り、研究上の不便を第一に考え、教授の蔵書のうち、必要なものがあれば送るとの、ありがたいお申し出さえ受けました。教授のこの温かいお心づかいを私は一生忘れることはないでしょう。

今度の震災から私がさまざまに学んだことがらのうち、一番大切なことは何だったかを今あらためて考えています。それは、私達がやはり溢れるような物の中に安住していたことにはっきりと気付かされたことです。私は物量や単なる効率ではなく、生活の質が問題なのだと、これまでも主張してきたつもりです。しかしやはり、根本においては、私も溢れる物の中に安住するという、時の流れの中にあったことを、今回ははっきりと強く自覚させられました。経済学者として反省を迫られています。

個人としても、このさい私にとって一番大切なものは何かをあらためて問い直すことが求められています。生きる時間とエネルギーは限られているのだから、私にとって最も大切なことにだけ集中すること、そのために切り捨てるべきものをすべて切り捨てなければならないと強く、感じています。経済学の研究・教育にかかわる仕事のうえでも、また一人の人間として生きるうえでも、今私にとって何が一番大事なのか、何がかけがえのないものなのかを、もう一度徹底的に問い直すことが迫られています。震災で助かった私は、これからの人生を、いわば余生、つまり付録として考え直して生きていかねばと考えています。

私は幸いタンスとタンスの合間に出来たわずかなスペースにいて無事でした。私は「私といつも共にいて下さる主イエス」が、私を守って下さったと思い感謝しています。「主われと共にいます」ということを、これほど実感をもって感じたことはありません。こうした「主われと共にいます」という貴重な体験を失わない限り、私は与えられた余生を生きていくことができそうです。

（一九九五年七月三日、経済学部チャペル。この講話が短いのは、震災のためチャペルの時間が十分間短縮されたことによる）

8　新しい年と大学図書館

昨年は、一月に阪神大震災が起り、ついでオウムのサリン無差別殺人事件、金融機関の倒産や不正事件など次々と発生し、ほんとうに不安と動揺と混乱の大変な一年でした。とくに阪神大震災から早や一年を経過し、復旧・復興も進んでいるものの、まだまだ暮しの目途が立たず震災をひきずっている多くの人々がいます。

私の家も全壊し、そのため多くの図書を失ない、また沢山の本や資料が傷みました。研究室の書架も倒れ、足の踏み場もないありさまでした。図書館でも書架が倒れ、本が散乱し、被害を受けました。これをともかく元に戻すのに必死の努力が払われました。とくに一月一七日から一〇日間ぐらいがひとつの山でした。電気・水道・ガスといったライフ・ラインが断たれていたとき、図書館では、おひるには全員が館長室に集合し、各自持参した弁当をみんなテーブルの上に出しあって、みんなで分けあって食べました。これはちょうど戦時中と同じ状況でした。いつもまず近くの避難所にいる職員のところへお弁当がとどけられました。図書館ではこのようにしてまず開架室の開室に全力をあげたのでした。被災した近辺の下宿生にとってこれが一番急を要することだったからです。

こんなことがあって、そうですね、その後何ヶ月か本をみるのも嫌で、本に対する私の感覚は完全に破壊されてしまいました。生理的にどうしても受けつけない状態が続きました。もちろん新しい本を買う気にはなりませんでした。本屋の書棚の前に立つのが怖かったのです。

こんなとき、図書館での選書会議が私にとって一番つらい経験でした。しかしやっと二ヶ月後ぐらいから、この感覚も次第に和らいできて、はじめて新刊の文庫本や新書などを手にすることができるようになりました。

昨年末には修理に出していた古書三冊が返ってきて、やっと心理的にひとつのくぎりがついたような感じをもちました。

しかしあれほどの大震災にもかかわらず、工事の途中だった新大学図書館は無事で、昨年一〇月には第一期開館にこぎつけることができました。今あと半分の工事が順調にすすんでいます。来年一〇月に完成する予定です。

いま一部をオープンし、工事を続行中の新大学図書館は、まさに過渡的な姿をシンボライズしているように思います。やがて完成したとき、新しい大学図書館は大学にあって、いったいどういう役割を担ってゆくのでしょうか。これを皆さんと一緒に考えてみたいと思います。皆さんは大学図書館に何を期待されているのでしょうか。

いま大学図書館はいろいろな意味で大きく変化しつつあります。いうまでもなく社会が大きく変化しつつあります。これと関連して大学じたいが大きな変革期の中にあります。大学の一番大切な働きである教育も研究も、大きな変革にさらされています。とくにコンピュータや通信手段をはじめとする技術的革新を基礎にして、情報化、国際化と激しい専門分化とその逆の総合化とが、これまでにないペースで進行していて、これに対応するために大学も種々の変革の波に迫られています。こうした社会と大学の変革の中にあって、大学図書館もまた大きな変革の過程のうちにおかれています。

ご存知のように、本格的な図書館は中世に出来上り、蔵書目録も次第に整備されてきました。しかしグーテンベルク（一三九八―一四六八）による活版印刷の発明によって、近代的な図書が現われ、一八世紀にはイギリスで新聞や雑誌が次第に発達し、やがて私達がよくみるような印刷された図書・雑誌とその目録を中心とした図書館が出来上りました。とくに大学では各方面の多くの蔵書が収集され、利用され、大学での教育・研究をサポートする重要な役割を果してきました。

しかし一九六〇年代に情報革命が起り、コンピュータによる新しい方法でのデータの収集、その利用、その分析上の変革が起りました。それが一九八〇年代に入って、デジタル・ネットワークがいっそうすすみ、世界的規模での新しい知識伝達の手段・方法が開発されてきました。データへのアクセスが新しくなる「アクセス革命」と呼ばれる現象が生じました。

そして一九九〇年代には、さらに全く新しいコミュニケーション手段（電子メールやインターネットなど）が動き出し、情報に質的変化をもたらしました。印刷物とは別に、電子情報の形で世界をかけめぐり、新しい情報的価値をつくり出してきました。これが「コミュニケーション革命」と呼ばれるものです。

このような情報革命、アクセス革命、コミュニケーション革命に、大学が教育と研究機能のうえでどのように対応してゆくかを考える中で、大学図書館はどのように変わろうとしているのでしょうか。

よく言われることですが、大学図書館の基本的役割には四つのものがあります。

その第一は場所としての図書館、第二はそこに収蔵されている図書資料等の情報、第三は図書館での技術的サービスやレファレンス・サービス、そして第四が図書館を利用する利用者の教育・学習です。このような基本的役割から私達の新しい大学図書館の状況を考えてみると、今大学図書館が大学の中で果そうとしている役割と、その目標に向けての努力が見えてくるように思われます。

①場所としての大学図書館　もちろん建物としてのこれの完成が第一です。可能な限りのデジタル化による機能の革新、その機能のいっそうの充実のための環境整備（たとえば、各種の効果的なサインやアートの設置など）が必要です。

しかし場所としての図書館はただ物理的な意味をこえて、社会的にもひとつの共有の空間としての働きをもつ、知的で相互に刺激を受ける交流の場でもあります。これはデジタル化の進行と共に、デジタル図書館での社会的体験の場として、ますます重要になると思われます。

②収蔵図書・資料　印刷物に加えて、CD-ROMなどの新しい電子資料も加え、それらをどのようなバランスで、また専門間のバランスで考え、学際的視点も失わずに、いかに収書するかという、収書制度の革新が問題です。

③しかしもっと重要な新しい革新は、デジタル情報源の利用のための技術的サービス（OPAC、CD-ROM、INTERNETの利用など）と、とくにレファレンス・サービス（利用者が一番入手したいと考えている情報をいかにすれば、速やかに正確に入手できるかの新しい手段を提供する）は、ますますより高度なものにレベルアップしてゆかねばなりません。これが図書館職員の最も重要なサービスのひとつとなります。

④最後に利用者教育の問題です。利用者にとって一番大切なことは、おびただしい情報の中から最も役にたつ情報を選び出す方法を的確に身につけることです。デジタル図書館では図書館員がいつもはりついて直接助けなくても、利用者自身が必要な情報に的確にアクセスできるように、利用者に学んでもらうようプログラムを提供できなければなりません。

今後は教員や学生は、研究室や学部や大学の端末室から、あるいは家庭から、図書館資料に直接アクセスし利用してゆくことを考えて、その基本的なテクニックを全員が必ず学習する必要があります。図書館は今後こうした基本的サービスから離れることができ、もっと本来のより高度なレファレンス・サービスやより専門的なアクセス・サービス（たとえば国内外の図書館の利用、文献コピーの入手など）に集中できることが必要になります。

この大学は残念ながら、さきにあげた三つの革命への対応においてまだまだ十分とは言えません。大学改革もまだまだです。これらの進歩と関連して、大学図書館は過渡期にあって、アナログ形態を残しつつ、次第にデジタル化をすすめ、大学図書館としての四つの基本的役割をいっそうよく果たし、大学における教育・学習と研究に積極的に貢献することが期待されています。これがいま、大学図書館が基本的にめざしている目標です。

（一九九六年一月一〇日、経済学部チャペル）

9　新しい大学図書館とロックバイブル

いよいよ明日（九月二五日）新大学図書館が完成し竣工式が行われます。そして二九日に開館記念式典が午前中行われ、大学や大学図書館、公共図書館の関係者など約二〇〇名の参加が予定されています。午後には開館記念講演が新しい図書館ホールで行われます。また特別展示として、開館を記念して所蔵されることになった三つの特別コレクションの一部が展示されると共に、イギリス一八世紀の評論誌・雑誌を中心とした一般展示もエントランスホールで行われます。すでに皆さん利用されていると思いますが、新大学図書館は、設備、機能、利用サービス、環境の点で、関西私学のトップの大学図書館です。

この図書館の大きな特徴は次の四点です。

①最新の情報処理・通信技術による学術情報の受信・発信基地の役割を果たすコンピュータ化されたインテリジェント図書館であること。

②約一〇〇万冊の体系だった図書資料の大部分について、思い切った全面開架方式が導入されていること。

③より質の高いレファレンス・サービスに向けて、レファレンスが画期的に強化・充実されていること。

④地域社会への公開制が導入されたこと。西宮市・三田市など近隣の住民や官公庁、企業、キリスト教会などに来年四月から公開されることです。

このような特徴に加えてさらに図書館の内外におけるユニークなアート群が設置されていることも大きな特徴の一つです。これらアートの基本コンセプトとしては、白秋の「空の翼」にある「風」、「光」、「力」が考えられました。

その主なものを簡潔に説明しますと、一つは図書館南側にひろがる斜面――サンクン・ガーデンと呼ばれる――に「光の海」という白いキャンヴァスの群れが風に静かに舞う野外彫刻が三基あります。これは自然の風で動く彫刻の第一人者として世界的に活躍中の三田のアーティスト新宮晋さんの作品です。二つ目は図書館正面エントランスに設置された「浮くかたち――垂――」という御影石と円錐型ブロンズと自然石、鉄板からなる野外彫刻です。これは箕面にアトリエをもつ植松奎二さんの作品です。植松さんはとくにドイツ、アメリカなどで活躍し、海外に多くの作品が収められています。この作品のテーマは、重力、「力」のバランスの中のインバランス、インバランスの中のバランスだとされています。

三つ目はエントランス・ホールに入る南手前の東側の上部壁面にあるステンドグラスの「光あれ」です。ちょっと気付かれない方もいるかも知れませんが、よくご覧になって下さい。これは本学の神学部に学び、現在北海道の過疎地でステンドグラス作家として活躍中の森場さとしさんの力作です。

四つ目は、図書館のチェックポイントを入ると正面のユニークな吹抜けを飾る三本のバナーです。これは兵庫教育大のデザインの専門家、荒木博申さんのデザインになるもので、日本の図書館では全国で最初の実験的試みです。

五つ目、正面入口にかかげられている「大学図書館」の新しい看板は、わが国の書家の第一人者、宮本竹徑氏の筆になる貴重なものです。

最後にもう一つ極めてユニークなアートがエントラスホールの東寄りに置かれています。これは正確には陶彫と呼ばれるもので、セラミック作品の「ロックバイブル」(「岩の上の聖書」)です。これは三田の藍本にアトリエをかまえておられる荒木高子さんの最新の作品の一つです。これをすでによくご覧になった人はここに何人おられるでしょうか。これは重厚で見る人に迫力を感じさせる作品です。

荒木高子さんは一九七九年以来今日まで、約一五年以上もずっと「聖書」をつくり続けてこられた陶芸家で、とくにヨーロッパ、アメリカで国際的に高名な芸術家です。海外コレクションには、ドイツ、スイス、イタリア、フランス、スペイン、オーストラリア、インド、なかでもアメリカ――ニューヨークのメトロポリタン美術館やシラキュース大学のエヴァーソン美術館、オハイオ大学の美術館等に収められている――に多い。日本でもほとんど美術館に納められています。荒木さんは数々の内外の国際的な賞を受けておられますが、昨年秋には兵庫県が遅ればせながら、「文化賞」を贈りました。

荒木さんの聖書は、陶にシルクスクリーンで印刷する「シルクスクリーン」技法の極地を示したものと言われています。一九七九年の「黄金の聖書」、シャモットと六甲の砂を素材にした「砂の聖書」、「燃えつきた聖書」、「黒い聖書」、「原爆の聖書」、「石の聖書」、「点字の聖書」、'Mountain Bible'、'Wave Bible'「岩の聖書」などを次々とつくり続けておられます。その制作過程はきわめてユニークであり、一ページづつ薄くのばした陶土にシルクスクリーンで聖書を印刷し、それを一枚づつ積み重ねてゆきます。一頁もおろそかにされない緊張が、人々を驚嘆させるあの繊細さをつくり出してゆきます。しかしそれは単に繊細さだけでなく、デフォルメのうちに、同時に高い精神性と激しさと迫力が感じられます。この高度でユニークな技術に支えられた繊細さと激しさの二つの緊張がつくり出す荒木さんの独自の陶の世界がそこにあらわれています。

荒木さんは華道の未生流家元の次女として一九二一年に生まれ、一五歳から二五年間家元代行を勤めたのち、前衛美術を志向し、のち丹波立杭焼の窯元へ行き、京都で陶芸を学んでおられます。一九六一年にニューヨークで彫刻を勉強し、四〇歳で本格的に陶芸をはじめられた方です。

荒木さんはクリスチャンではありません。では「なぜ聖書なのか」。荒木さんと聖書の出会いは、戦前亡くなられたお兄さんがのこされた聖書であり、また戦後に亡くなられた弟さんの聖書でした。荒木さんは苦しいときにはいつもこれらの聖書を読んだと言っておられます。華道の家元から自由を求めてとび出しながら、家や肉親への愛着とのせめぎあいが、聖書を核として結びついたと言われています。（枝松亜子「荒木高子――人と造形――」『荒木高子展――いきざまを焼く――』大谷記念美術館、一九九六年）

日本ではとくにプロテスタント教会では、荒木さんの作品はあまり知られておらず、評価されていないのが不思議なくらいです。これを評価するだけのものをもち合わせていないのは残念です。ですからこれまでは荒木さんの「聖書」はヨーロッパ、アメリカでその高い芸術性を認められてきました。

私は一九八〇年代の終り頃から荒木さんの「聖書」を見続けてきました。ちょうど図書館長の職にあり、新大学図書館の建設という時にめぐり合わせましたので、アート計画を立案し、その一つに是非荒木さんの「聖書」を選びたいと思うようになりました。荒木さんがつくってこられたさまざまな聖書の中でも、キリスト教主義大学である関西学院大学の図書館にふさわしいものとして、新しい「ロックバイブル」をお願いしました。「岩の上の聖書」の一品です。この「ロックバイブル」が絶えず「光」を投げかけ、見る人に感動を与えることを希みました。実際、完成した「ロックバイブル」は、私なんかの思いをはるかに超えた繊細さと迫力に溢れた作品であり、荒木さんの聖書シリーズ中の最も完成された極地を示すものとなりました。

開かれている聖書は英語聖書で、マタイによる福音書の終り方、第二七章の終りの十字架と、復活を告げる最後の第二八章のところです。ちょっと注意深く左ページの下の方を読んでみて下さい。

「ロックバイブル」は岩と一体となった聖書です。岩にもシルクスクリーンで聖句の一部が印刷されています。聖書の見開きの上にも自然の小石がのっています。これはすごい表現力です。「岩の上の聖書」、しかも開かれているところが十字架と復活ということは、荒木さんはこの「ロックバイブル」にどんな思いを込めてつくられたのでしょうか。

（一九九七年一〇月二八日、経済学部チャペル）

10　チャペルのある大学生活

私は一九五三年に旧制の大阪商科大学（現在の大阪市立大学）を卒業し、経済学部の助手に就任したので、今年で四五年が経過しました。「関西学院大学での四五年という年月は、私にとって一体なんだったのか」をいまあらためて考えさせられています。関西学院大学には確かに優れた点があります。その第一は、何よりも研究・教育における「自由な雰囲気」だと思います。幸い私もこの「自由」に支えられ、貧しいながら研究と教育の仕事を続けることができ、これは私にとって何よりもありがたいことでした。この「自由」な環境の維持に努力された大学、とくに経済学部の教員・職員、また協力された学生諸君にあらためてお礼を申し上げたいと思います。

こうした「学問的自由」のもとで、私は専門の経済学史あるいは経済思想史の研究・教育をすすめてきました。私が主として取り上げてきた大きなテーマは三つでした。イギリス重商主義などを含めた古典経済学の成立・展開がひとつです。第二は近代経済学の成立・展開の問題です。そして第三がアメリカ経済学史です。このうち近代経済学史の研究は、一九七五年という早い段階に経済学部での「近代経済学史」の講義として開講され、またアメリカ経済学史の研究は一九八九年以来わが国最初の「アメリカ経済学史」という講義として展開できたことは大きな幸いでした。「学問的自由」と並んで、関西学院大学がもつもうひとつの優れた点は、キリスト教主義大学としてチャペルとチャペル・アワーをもっていることです。幸い私は「チャペルのある大学生活」を送ることができました。私は少なくとも千数百回チャペルに参加し、百数十回チャペル講話をさせて頂きました。このような学部チャペルは同じキリスト教主義大学でも少なくなっており、また関西学院大学のなかでも、とくに経済学部のように週五日も開かれているのは、同規模の大学では珍しい存在だと思います。

経済学部のチャペルはただ回数が多いだけでなく、チャペルの内容がユニークであることも大きな伝統になっています。チャペル講話はキリスト者だけでなく、非キリスト者も共にこれを担っており、そこではキリスト教の立場も問い直される対話の場となっています。それは研究と教育に携わる教員としての共同活動のひとつとしてもたれている貴重な存在だということです。

こうしたチャペルに対する学部の基本姿勢は、とくに一九七七年以来の「経済と人間」シリーズのうちに最も明確に表れています。このねらいは、狭い専門を離れ、広く「経済とは何か」、「経済学とはどのような学問なのか」、そして「経済や経済学は人間の生の全体にとってどのような意義をもつのか」を、学部の基本姿勢として絶えず問い直すことを求めることにあります。このようなチャペルの開始と展開については、林忠良宗教主事の存在が不可欠でした。このような経済学部のチャペルは林宗教主事のキリスト教とキリスト教主義理解と、とくにその深い学問論とに裏づけられていたことを、私たちはあらためて敬意を込めて確認しておきたいと思います。「学問をしている自分のあり方そのものを問い、さらに学問自体を人間の営みとして問い直して行くこと」の大切さです。経済と経済学自体の大きな変化に対して、経済学を学ぶ私たち一人一人は今どのように関わろうとしているのでしょうか？　これが経済学部チャペルからの最も重要なメッセージではないでしょうか。

（『エコノフォーラム』〔関西学院大学経済学部〕、第三号、一九九八年三月）

11　天皇制国家主義教育と関西学院の「認定」問題 ── 文部省訓令第十二号 ──
学院一〇〇年の歩みの中から

関西学院一〇〇年の歴史の上で、最初の危機は一九〇五年（明治三八年）～一九〇九年（明治四二年）のいわゆる「認定」問題が生じた時期だったと言えます。この「認定」というのは、文部省の教育方針に従ってその認定を受けることでした。「認定」によって関西学院普通学部は、官立中学校と同様に、上級学校（高等学校・専門学校）への入学資格と徴兵猶予の特典にあずかることができるようになりました。このために校地の拡大や設備の充実が行われました。学院はこれによって、それまでのキリスト教私塾の性格を一変し、社会的な教育機関として大きく発展する基礎が築かれたと言えます。

しかし、「認定」の背後には、学院のキリスト教主義教育との関連で極めて重大な問題が存在していました。なるほど設備やカリキュラムは官立中学校なみになり、上級学校に進学するのに他の認定中学校へ入り直さなくてもよくなったし、徴兵猶予の特典も与えられました。しかしその反面、「認定」は、学院におけるキリスト教主義教育を後退させ、「倫理」や「修身」での教育勅語教育の強化や、文部省の方針に沿った歴史教育・国語教育への傾斜、勅語捧読、軍事訓練の強化、忠君愛国教育の鼓吹、教科書統制強化の容認等が、「自主規制」という形で次々と具体化されてゆく途を開くことになりました。

当時、「認定」によって学院が全く特色のない官立中学の補充にすぎなくなって、キリスト教主義教育が失われる危機が確かに叫ばれました。しかし、残念なことに、「認定」をめぐる議論の中には、学院の教育にとって避けて通れない、重要な天皇制国家主義教育とキリスト教主義教育との関連という視点がほとんどみられませんでした。この「認定」の背後にあった一八九九年（明治三二年）の文部省訓令第十二号がねらったキリスト教学校におけるキリスト教教育の禁止に鮮明にみられた、政府の天皇制国家主義教育体制へのキリスト教主義教育の編入・統制という点について、正しい歴史的認識が欠落していたと言わねばなりません。

象徴天皇制下にある今日、来年に予定されている即位の礼および大嘗祭にさいして、学院のキリスト教主義教育のもつ意義は、新しい天皇制イデオロギーとの関連で厳しく問い直されねばならないでしょう。

（関西学院宗教センター『譲るべからざるもの』、一九九〇年三月）

12　この底なしのアパシーから

湾岸戦争以後、国際的社会では日本のイメージダウンが問題とされている。一一〇億ドルという財政支援をアメリカに出しながら余り感謝もされず、憲法上の制約についても一般にはまるで理解されていない様だ。

政府はこの機会になんとかして自衛隊を派遣しようと画策し、憲法論議を一切避けて議論もせず、法改正の手続すら無視し強行しようとしている。こうした平和憲法の空洞化を進める政府は、過去にわが国から大きな被害を受けたアジアの人々の厳しい目をどこまで感じ取っているのだろうか。

五月五日付朝日新聞の論説、「日本のあすを考える」は、こうした状況を「対策を怠ってきたツケ」だと指摘して、国民の世論をよく表わしている。その中で「欧米に重視される論理的表現力、明るい気質、ユーモア、歴史の感覚（過去を率直に反省する勇気を含む）」の不足に根本的な問題がひそんでいるとしている。明るい気質とユーモアも大切だが、国際社会で最も大切なことは「論理的表現力」と「歴史感覚」ではなかろうか。

憲法第九条の存在はマイナスどころか、軍国主義の復活をいかに抑え、アジアの安定に貢献してきたか。またこの憲法上の制約のなかで、困難な湾岸貢献策を探らねばならず、財政支援のため増税までしたことを、もっと論理的かつ率直に語っていかねばならない。しかしさらに最も大切なことは、日本は過去の軍国主義を深く反省し、今後も平和主義をさらに徹底して、軍縮と援助と人権擁護のうえでラディカルな国際的貢献を一貫して追求していくことこそ、あすの日本を切り開くことになるということだ。

それにしても痛感するのは、最近の大学における底なしのアパシーである。国の内外を問わず、自分の身の回り以外の人々や政治や社会に対して今日の日本の大学生ほどのアパシーはかつてあったであろうか。とくに大学の生命とも言うべき論理的表現力と歴史感覚へのアパシーは大学の自殺行為に近いものではないか。

ささやかな提案をして終わりたい。海外に出かけて奉仕活動の出来る人はもっと積極的に行ってほしい。そして大学はこうした奉仕する学生の一年間の授業料を免除してはどうか。また大学祭の模擬店などの利益のせめて一〇％ぐらい世界の隣り人のために捧げることに決めてもいいじゃないか。もっと皆んなで知恵を出して考えてほしい。この底なしのアパシーからどうしたら抜け出せるのかを。

（『チャペル週報』関西学院宗教センター、一九九一年五月二二七日）

13　「岩の上の聖書」

昨年皆様のご協力によりまして、立派な大学図書館の完成をみることが出来ました。ありがとうございます。図書館では、校歌「空の翼」からとられた「風、光、力」という基本コンセプトに基づいてアート群が設置されました。そのうちエントランス・ホールの東側に置かれている「ロックバイブル」は、光と力を表わしています。これは三田にお住いの国際的に知られた陶芸家、荒木高子さんの作品です。

昨年一二月七日にNHK衛星第二放送の「やきもの探訪」という番組で、荒木さんが取り上げられました。それには「心に聖書を刻んで」というタイトルがつけられていました。私は荒木さんの指名で、アトリエ訪問者という形で、荒木さんと少し対談するシーンが映し出されました。

素人の私がこのヴィデオ取りを引受けましたのは、新大学図書館につくっていただいた「ロックバイブル」を必ず映してもらうことにありました。実は対談で私が尋ねたり語ったことの大部分は、時間の関係で見事にカットされてしまい、テレビ番組の限界をあらためて知ることになりました。

それはともかくとしまして、荒木さんは一九七九年以来今日まで二〇年近く聖書をつくり続けてこられた極めてユニークな陶芸家です。海外ではニューヨークのメトロポリタン美術館をはじめ、多くの美術館に作品が収められています。国内でも作品の大部分は美術館に入っています。シルクスクリーン技法と申しまして、陶にシルクスクリーンで直接印刷する高度な技術によって、「黄金の聖書」、「砂の聖書」をはじめ、「原爆の聖書」や「点字の聖書」、「Mountain Bible」、「Wave Bible」など、一連の聖書シリーズを制作してこられました。そのシリーズの最新の作品が今回図書館につくっていただいた「ロックバイブル」です。

あの「ロックバイブル」をよくご覧になると、その作品のもつ高い精神性と同時に「激しさ」や「迫力」をお感じになると思います。「繊細さ」と「激しさ」との緊張がつくり出す聖書の世界こそ、荒木高子さんの独自の世界と言えます。

アトリエ訪問者としての私は、やはり「荒木さん、なぜ聖書なのですか」という問いをあらためて向けてみました。荒木さんはクリスチャンではありませんが、若い頃にクリスチャンのお兄さんや弟さんを亡くされ、のこされた聖書を大切にされ、苦しい時にはいつもそれを読んでこられたということです。

私は一九八〇年の終り頃から荒木さんの聖書シリーズを見続けてきました。たまたま図書館長として新大学図書館の建設にめぐり合わせたのがきっかけで、是非、荒木さんに聖書をつくっていただきたいと思うに至り、キリスト教主義大学の図書館にふさわしい「ロックバイブル」をと、荒木さんのアトリエを訪ねたのが一昨年の六月でした。出来上がった「ロックバイブル」をみたとき、それは私の思いなどはるかに超えた、迫力溢れる、感動のメッセイジを発信するものであり、荒木さんの聖書シリーズのうちの最も完成度の高い極地を示すものであることが分かりました。

荒木さんの聖書に印刷されているのは、多くは英語聖書ですが、「ロックバイブル」に荒木さんが聖書のどの個所を取り上げられるのか、実は私はひそかに楽しみにしておりました。「ロックバイブル」を近くでよくご覧になって下さい。そこに開かれている聖書の個所は、マタイによる福音書の最後のところ、第二七章と第二八章、主の十字架と復活のページです。

岩と一体となった聖書、岩の上にも聖句が溢れこぼれています。聖書のうえにも自然の小石がのっています。主の十字架と復活のメッセイジが一番ふさわしいと考えられた荒木さんは、どんな思いをこめて、この「ロックバイブル」を完成されたのでしょうか。

この新しい一九九八年に、二一世紀に向かって関西学院と関西学院大学がよってたつ聖書のメッセイジとして、主の十字架と復活を今ここに深く心に刻むものであります。図書館に入るすべての人々に、とくに若い学生たちに、この聖書のメッセイジが語り続けられることを祈るものであります。

（一九九八年一月九日、ランバス早天祈祷会）

14　内なる聖書 ── 荒木高子さんの作品について ──

　荒木高子さんの聖書をみる人は、その陶土へのシルクスクリーンによる転写という精巧・繊細な陶芸としての完成度の高い造形力に驚く。これが荒木さんのユニークな聖書の世界を支えている基礎であることは言うまでもない。

　しかし荒木さんの聖書が静かなうちに私達の心を激しくつき動かすのは、そのフォルムを崩すことで絶えず崩壊の危機を孕んだ緊張関係を一瞬のうちにダイナミックに表現し、みる人にメッセージを投げかけてくる稀有な精神性によると言える。だからそれらの作品は、荒木さん自身の心の動きの具体化にとどまらず、聖書という素材のもつ国際性のゆえに、宗教を含めた現代への鋭い批判となっている。しかもその内なる聖書は単なる無残さや崩壊ではなく、希望にもつながってゆく。「原爆の聖書」、「点字の聖書」のもつ強烈な社会性を忘れてはなるまい。

　また、荒木さんの聖書の世界がそなえているもう一つの隠れた魅力が、六甲の砂を使った「砂の聖書」にもみられるように、日本人が自然の中に見続けてきた美しさの表現にあることも見逃せない点であろう。

田中敏弘（関西学院大学教授）

（『ＮＨＫ衛星放送　やきもの探訪展99』ＮＨＫ、一九九九年一〇月）

Ⅱ　教会での奨励から

1　流れに杭をさす

Ⅰ　七月の初めでしたが、今年が関西学院創立一〇〇周年に当りますので、その歴史にちなんで、関西学院で話しを依頼されました。題目は「天皇制国家主義教育とキリスト教主義教育」というものでした。具体的に申しますと、関西学院が政府の認定を受けた、いわゆる「認定」問題と、それに関連した明治三二年（一八九九年）の宗教教育禁止令と言われる文部省訓令第十二号の問題を取り上げました。と申しますのは、これは今年の二月に出ました私の『岩の上に』の中に関連した小論が収められていたことがきっかけのようでした。

今日はその後の研究状況も加味して、この問題についてお話しをし、皆さんと一緒にその歴史的教訓を学び、天皇制問題を考えるひとつのきっかけになればと思います。

Ⅱ　いきなり歴史の話しに入って恐縮ですが、話しの便宜上、簡単な年表を用意しましたので、それを適宜ご参照下さい。

1．まず、政府による宗教教育禁止令といわれる文部省訓令第十二号はどのような背景と経緯のもとに出されたのでしょうか。明治一〇年代の欧化主義が退潮し、二〇年代に入ると、一八八九年（明治二二年）に帝国憲法発布、続いて翌一八九〇年（明治二三年）に教育勅語が発布され、これらによって天皇制国家主義が成立してゆくことになりました。帝国憲法で認められた信仰の自由は、天皇制に反しない限りというカッコ付きの信仰の自由でした。

こうした天皇制に基づく国家主義は、キリスト教に対する攻撃の強化の風潮を生み出し、内村鑑三不敬事件（教育勅語奉拝のためらいとされる）（一八九一年、明治二四年）や「教育と宗教の衝突」論争（要するに、キリスト教はわが国の習俗、国体に合わないという論点をめぐるもの）などが起り、キリスト教にとって試練の時代が始っていました。

政府は天皇制国家主義の線に沿って、国公立学校制度の整備・充実に力を入れ、帝国大学を頂点に高等学校、中学校、小学校のピラミッドを確立してゆきました（一八八六年以降の諸法令による一連の改革については年表を参照）。これによって明治の初期からキリスト教主義学校がもってきました優位性は必ずしも保持できなくなり、その不振・衰退が顕著になってきました。

ちょうどこうしたときに、わが国の年来の問題だった、いわゆる不平等条約の一部改正が一八九四年（明治二七年）七月に始まりました。この改正によって、それまで居留地内に留っていた外国人がその外に出て自由に活動することができるようになりました。いわゆる「内地雑居」と言われたものです。この条約改正の発効が一八九九年（明治三二年）七月だったのです。

そこで政府はわが国始って以来の「内地雑居」という新事態への対応を迫られることになりました。こうした中で、外国人が国内での自由な活動が許された場合、わが国の習俗や国体に合わないとされるキリスト教の布教と教育の拡大に対する危惧の念が強くなり、政府はキリスト教主義学校へのあらたな対応を打ち出す必要を感じるようになりました。

そこで作り出されたのが、一八九九年八月の「私立学校令」と「文部省訓令第十二号」だったと言えます。

この「私立学校令」の制定には多くのいきさつのあったことが知られていますが、一八九九年四月に提出された原案には、私立学校での宗教教育と宗教儀式の禁止条項が盛り込まれていました。「法令に規定ある学校および政府の特権をえた学校では、宗教上の教育を施し、または宗教上の儀式を行うことを得ず」（第一七条）というのがそれでした。

この案をめぐってさまざまな議論がありましたが、当時改定条約の実施にともなう諸問題の法的な検討を目的に設けられていた「法典調査会」で修正案が出され、とくに宗教教育の禁止条項は、私立学校令で規定するのは国際的にみて穏当を欠くとして、これを削除し、その趣旨を「訓示する」ことが提案されました。

これに従って発令されたのが、八月三日の「私立学校令（第二〇条）と「文部省訓令第十二号」となったわけです。この訓令は年表に印刷された通りの極く短いものでした。しかし、「私立学校令」案との重要な相違点としては、訓令では正課だけでなく課外でも宗教教育と宗教儀式とを一切禁じた点でした。

文部省の説明では、訓令は明治の初め以来政府が採ってきた宗教と教育の分離政策を成文化したにすぎないものであり、公立・私立を問わず政府の認可を得るすべての小、中、女学校に適用されるものとされました。しかしこの訓令によって重大な影響を受けるのは、実際上、キリスト教主義学校であることは明白であり、明らかにキリスト教主義学校教育に対する抑圧をねらったものでした。これは基本的に言って、キリスト教主義学校の教育を天皇制国家主義教育体制に編入することをめざした政策だったと言えます。

2．この訓令に対して、キリスト教界、なかでもキリスト教主義学校はどのように対応したでしょうか。この訓令に対して同年八月一六日に、明治学院、青山学院、東洋英和（麻布）、立教学校、同志社、名古屋英和（名古屋学院）の六校の代表者や宣教師が集まり、訓令について協議し、「文部省訓令に関する開書《オープンレター》」を関係機関・学校に発送し、反対をアピールしました。

この訴えのポイントはおよそ次の五点でした。①訓令は子供に宗教教育を受けさせせようとする父兄の自由を拘束し、帝国憲法の定める信教の自由に違反する。②租税で維持される公立学校での宗教教育の禁止は非難しないが、これを個人の資産により維持される私立学校に適用するのは不当である。③これはキリスト教学校から政府の認可とそれにともなう種々の特権を奪うものである。④キリスト教主義学校がその生命とするキリスト教主義教育を排除することは、神に対する不忠であり、教会に対する不実である。⑤したがって、この訓令に対して確固とした態度をとり、教育上の特典の獲得ないし維持のため、少しもキリスト教主義を譲歩しないように訴えるというものでした。

キリスト教主義学校は、このように訓令による宗教教育の禁止に対して強く抗議し、その撤回を要請しました。しかし具体的な各学校の対応という点では、それらの学校の種々の事情によって異ならざるをえませんでした。

訓令に対するこうした最初の反対意見表明と反対運動の過程の中から、文部省側の考え方の推移とも対応して、反対運動は撤回から次第に、訓令を認めたうえでその実質的障害である生徒の蒙る不便、学校経営上の問題などを取り除くために、政府から与えられる特典――徴兵猶予と上級学校無試験検定資格――の回復・獲得へと戦術転換が行われていったと言えます。

3．それではキリスト教主義学校は、それぞれ具体的にどのように対応したのでしょうか。それには五つのタイプがみられます。

①廃校　義務教育の小学校の場合は、認可が取り消されると、「私立学校令」第八条によって、その学校の存続は許されず、廃校となるほかなかったので、実際にキリスト教主義の小学校の廃校が続出しました。

②特典何するものぞとそれを返上し、キリスト教主義教育を維持するもの。つまり中学校令による中学校を廃止し、特典をもたぬ各種学校となったタイプである。明治学院が最も早くその年の一〇月に普通学部となった。青山学院は、訓令の発動を翌年四月まで延期するよう文部省に働きかけて認められ、翌年四月から中学部を廃止して中学科を設置しました。これに対して同志社は、同志社らしく二段構えで対応しました。すなわち訓令の趣旨にていしょくしないようにするという文書を提出して文部省と交渉する。これはキリスト教の教科や礼拝は行わないが、同志社教会や神学校で「キリスト教的感化」を及ぼしうるので、キリスト教主義教育を捨てたのではなく、ただ表面上、形式的なものにこだわらないという考え方に基づくものでした。実際には交渉で文部省に認められず、翌年三月に中学部は廃止され、普通学校が設置されました。

③第三のタイプは、訓令に従い中学校令による中学校を存続させたもの。これは形式的にはキリスト教主義教育を放棄したけれども、実質上は独自の方法によるキリスト教主義教育を維持したとされるタイプである。これには立教中学校と奈良中学校が含まれる。この場合には、中学校は訓令

に従い宗教教育や礼拝を行わない。しかし「中学校以外は法令によらぬ教育機関である」ということで、寄宿舎でキリスト教教育を行うことが黙認されました。

④第四は、訓令に従いキリスト教主義教育を断念しただけでなく、ミッション・ボードからも独立し、キリスト教主義から離れてしまったタイプ。これは東洋英和学校中学部――のちの麻布中学――でした。

⑤以上四つのタイプはいずれも訓令が出た時点で既に政府による認可を受けていた学校でしたが、第五番目にはこれから認可を申請しようと計画していた未認可校のケースがありました。たとえば名古屋英和がそうで、明治三三年二月に既に提出していた中学校設立願いを取り消し、各種学校にとどまりました。このほか、東北学院や関西学院がこのケースに入ります。

4．このように、廃校と麻布中学のケースを除きますと、大部分のキリスト教主義学校は、それぞれの仕方で、キリスト教主義教育を、ともかくも一応は存続させることになりました。これには①とくに財政的基盤ということでミッションボードの強力な支持があったことと、②政府の方針の軟化とが実際上の重要な要因として作用したと言えます。事実上、五年ぐらいでキリスト教主義学校は、キリスト教教育を維持しつつ、以前与えられていた特典を回復することができ、生徒の不便も解消し、学校経営上の問題も除かれました。さらに新たな認定の申請に際しても、一応はキリスト教主義教育は排除されませんでした。こうした意味では、訓令第十二号は数年を経ずに、事実上その効力を持たなくなったと言われます。

しかし、この訓令はわずか数年間の混乱ですべて終わってしまったわけではありません。というのは、天皇制国家主義教育の確立過程におけるキリスト教主義教育の排除、もしくはキリスト教主義教育の天皇制国家主義教育体制への組み入れ政策という政府の意図が変わったわけではなかったからです。したがって特典の回復、あるいはその新たな獲得と引換えに、さまざまな形でのキリスト教主義教育の自主的規制が進行していくことになりました。

教科としての「倫理」──のちの「修身」──では、教育勅語による徳育が明確に義務づけられておりました。実際には、「倫理」で教育勅語に並んで聖書を用いるという事態が生じました。そこで、①形式では文部省に譲歩しても実質上キリスト教主義教育は変わらずに貫かれているといった主張がますます強くなっていきました。②さらにこれにとどまらず、もっと積極的に、教育勅語の精神とキリスト教との間には矛盾がないばかりか、両者は一致すると説く主張が強化されていったと言えます。

このようにして、キリスト教主義学校は訓令をひとつの契機として、むしろ自主的に、自らを天皇制国家主義体制の中に位置づけることによって、学校の発展を計ることとなっていったと言えます。実際にこの自主規制は、政府による統制と一体となって、①修身科での教育勅語教育の強化、②文部省の方針に沿った歴史教育、国語教育への傾斜、③教育勅語奉読、④軍事教練の強化、⑤忠君愛国思想の鼓吹、⑥授業内容の監視、ときにそれへの干渉、⑦教科書の統制強化等々となって具体化していったのでした。

5．これまでお話ししてきました文部省訓令第十二号問題に関連して、キリスト者やキリスト教主義学校の対応のうちにみられる最も重要な問題点は、天皇制国家主義教育とキリスト教主義教育という問題と言えます。キリスト教主義学校は、それぞれキリスト教主義を護りながら、いかに政府文部省のとがめを受けずに、普通の中学校と同等の資格・特典を得られるかに、したがっていかにして学校経営を成り立たせていけるかということに集中したと言えます。むろんこれは学校経営の責任者にとり最も現実的な事柄でした。ですから、これが数年後に達成されると、キリスト教主義学校としては、この問題で一般に「勝利」を収めたという判断にたったのでした。

しかし、当時明治学院の井深梶之助のような人を除けば、この天皇制国家主義教育体制に対する正しい認識と、それに対するキリスト教主義教育の危機意識とが一般にキリスト者のうちにどこまでもたれていたかは、大きな疑問と言わざるを得ません。訓令問題に関連して、教育勅語教育とキリスト教主義教育との関連は、キリスト教信仰の根本にかかわる問題でありながら、本格的に議論されることはまずなかったと言えます。

こうした状態は、その後の天皇制国家主義体制の強化過程を経て、一九四五年の敗戦による訓令じたいの廃止に至るまで続いたのでした。今日、教育勅語はなく、新憲法下で信教の自由が保障され、キリスト教主義教育の自由が確保されていますが、象徴天皇制のもとにおいても、天皇制とキリスト教信仰やキリスト教主義教育との関連という問題は、形を変えて存在し、とくに昨秋以来の状況で明らかなように、ますます重要な意味をもちつつあります。

Ⅲ　ご承知の方も多いと思いますが、今年四月に岩波から『ドキュメント明治学院大学 1989 学問の自由と天皇制』という本が出ました。これは「天皇の病気」――「自粛」――「大喪の礼」と続いた昨年九月から今年二月までに、キリスト教主義大学の一つである明治学院大学の大学としての行動を辿り、そのもつ意味を問おうとした貴重な記録です。一〇月に自粛の波が高まる中でXデイに対処する形で、天皇制にかんする森井学長の声明が公表されました。のち一一月には、大学の教員有志による「天皇制問題を考える一週間」として六〇余の特別講義が行われました。また「天皇制シンポジウム」が開かれたのでした。これは、国家主義的な教育統制に対する抵抗の伝統が明治学院大学に受け継がれて生きていることを証明するものと言えます。

学長声明の要点は次の三点でした。①天皇個人の思い出の美化によって、昭和が天皇の名によって戦われた侵略戦争の時代であったという歴史的事実を国民が忘れるような流れをつくってはならないこと。②天皇制の絶対化がいかに多くの犠牲をもたらしたかを、今後いよいよ明らかにせねばならないこと。③天皇制の将来を国民がどのように選ぼうと、それの神聖化は許されないこと。国の体制は思想・信仰・表現・行動の自由を害うものであってはならないことでした。

この書物には、森井学長と隅谷三喜男元東京女子大学長との対談が収められています。その中で隅谷さんはこう言っています。「戦争中のことなども考えてみますと、戦時過程の進行の中でも、[人々は]ちょっとこれは行き過ぎじゃないかと批判的な気持ちは持っていたのです。しかし、戦時的な様相がどんどん先に進んでいったとき、もともとの立脚点には立っていられなくなってしまった。そのときどきでみれば多少とも批判的であるのですが、事態の進行のほうにいつの間にか流されてしまっているから、実際には事態は非常に大きく動いてしまったのです。戦争が終わったとき、『自分は日本の軍国主義的な方向に対して批判的だったのに、気がついてみたら、とんでもないところまで流されていた』というのが…大方の日本人の時代に対する対応と、それに対する反省だったのではないでしょうか。」こうした状況で非常に大切なことは、こうした流れが大きくなりとどめることができなくなる前に、小さな一本でもいいから、「流れに杭をさす」ことが大事だという隅谷さんの発言は、たいへん重要なことです。

「天皇制復活反対」とよく言われますが、天皇制が戦前の形で復活することはまずありえません。今日の天皇制問題は、新憲法の象徴天皇制下における天皇制を国民がこれからどういう方向へ決定づけてゆくかにかかっているということです。そのさい、天皇制問題の歴史的考察から学びうる最大のポイントは、象徴天皇制の中身が国民によっていかなる形に選ばれようと、戦前にみられたような天皇の神聖化と天皇制の絶対化とは、どんなことがあっても復活させてはならないということです。それによって、言論・思想・信仰・学問の自由が再び奪われることがあってはならないからです。

天皇制に関連した日本の社会に固有の危険な流れに対して、私達日本のキリスト者は、朝やけを見たとき、来るべき嵐に対して備えるように、静かに過去を振り返って深く反省し、力を蓄え、小さいながらも一本づつ流れに抗する「杭をさす」べきではないでしょうか。

（一九八九年八月六日、甲子園教会）

文部省訓令第十二号関連　略年表

一八八六	明治一九	三		帝国大学令（東京帝国大学）
		四		小学校令、中学校令、師範学校令
		五		教科書検定条例制定
一八八九	明治二二	一		徴兵令改正
		二		帝国憲法発布
		九		関西学院創立
一八九〇	明治二三	一〇		教育勅語発布
		一一		帝国大学教育勅語奉読式
一八九一	明治二四	一		内村鑑三不敬事件
		一一		「教育と宗教の衝突」論争起る。
一八九二	明治二五			キリスト教に対する仏教その他外部からの攻撃強まる。
一八九四	明治二七	六		高等学校令
		七		日英通商航海条約調印（不平等条約一部改正、一八九九〔明治三二〕年七月実施、「内地雑居」）
		七		田村直臣「日本の花嫁」事件
一八九五	明治二八	一		奈良尋常中学校認可（聖公会）
一八九六	明治二九	四		青山学院尋常中学部設置、同志社尋常中学校設置（認可条件に、倫理科における道徳教育の実施あり）
一八九八	明治三一	二		同志社綱領削除決議
		四		立教尋常中学校認可
		六		明治学院尋常中学校認可
一八九九	明治三二	二		中学校令改正（尋常中学校→中学校に改称）
		八	三	私立学校令公布
		八	三	文部省訓令第十二号（宗教教育の禁止）

一八九九	明治三二	八	一六	キリスト教学校六校（明治学院、青山学院、立教、麻布、同志社、名古屋英和）代表者による「文部省訓令に関する開書」
		八	一七	明治学院中学部特権返上し普通学部（各種学校）設置を決定、一〇月認可
		九		私立桜井小学校廃校届提出
		一二	九	日本のキリスト教事業に関する外国伝導局会議、八・一六「開書」支持決議（NY）
一九〇〇	明治三三	二		名古屋英和、中学校設置取消願提出
		三		青山学院中学部廃止、中学科設置
				同志社中学部廃止、普通学校設置
				東洋英和（麻布）ミッション・ボードから独立、キリスト教学校でなくなる。
		四		同志社、徴兵猶予の特典回復
		七		明治学院、同右
一九〇一	明治三四	五		青山学院、徴兵猶予の特典回復
一九〇二	明治三五			東北学院、認・指定を受ける。
				高等学校大学予科入学者選抜試験規定。キリスト教中学校は無試験検定を与えられず。
一九〇三	明治三六	五		青山学院、明治学院、専門学校入学資格回復（指定校となる）同志社 五月
一九〇四	明治三七	一		キリスト教中学校、高等学校入学資格回復
一九〇五	明治三八			関西学院、認定・指定申請決定
一九〇九	明治四二			関西学院、認・指定校となる。
一九三二	昭和七			文部省通達、訓令第十二号の解釈として宗教的情操の陶冶を拘束せずとする
一九三五	昭和一〇			文部省通達（大学・高等学校）教育勅語による宗教的情操の涵養の必要を説く。
一九四五	昭和二〇			文部省訓令第十二号廃止

文部省訓令第十二号

「一般ノ教育ヲシテ宗教ノ外ニ特立セシムルハ学政上最必要トス、依テ官公立学校及学科課定ニ関シ法令ノ規定アル学校ニ於テハ、課定外タリトモ宗教上ノ教育ヲ施シ、又ハ宗教上ノ儀式ヲ行フ事ヲ許サザルヘシ」

2　時のしるし――中国で感じたこと――

イエスはまた群衆にも言われた。「あなたがたは、雲が西に出るのを見るとすぐに、『にわか雨になる』と言う。実際そのとおりになる。また、南風が吹いているのを見ると、『暑くなる』と言う。事実そうなる。

偽善者よ、このように空や地の模様を見分けることは知っているのに、どうして今の時を見分けることを知らないのか。」（ルカによる福音書、第一二章、五四－五六）

いま私達は歴史の激動期に生きていると言われています。米ソ冷戦体制の終焉、ソヴィエト・東欧の改革、ドイツの統一、クウェート・イラクの中東問題、国内では自衛隊の海外派兵問題、天皇の即位と大嘗祭の強行など、その激動のしるしです。このような歴史的転換期を皆さんはいまどのように身に感じておられるでしょうか。

こうした社会状況下で「時のしるし」を見分けよと言われるイエスの言葉は、私達に何を意味しているのでしょうか。今日はこの夏に約一ヶ月間の中国滞在中に感じたことをお話しすることを通して、「時のしるし」を見分けるということの意味をご一緒に探ってみたいと思います。

中国の東北部吉林《きつりん》省長春市（旧満州の首都新京）にある吉林大学と関西学院大学との間の学術交流が八年前から行われています。今回私はその一環として吉林大学での講義に招聘され、関西学院大学から派遣されて行ってきました。吉林大学は大学院をもつ四年制の総合大学で、なかでも重点大学といわれるエリート校の一つです。学生約一六〇〇〇人、教職員約一三〇〇〇人の国立大学です。

私は専攻の関係上、中国の学生が今特に関心をもっている、西側欧米諸国で研究・教育されている経済学を大きく取り上げ、その歴史と現状について集中講義を行うことになりました。

今回行ってみますと、八年前と比べて、中国の人々の経済生活は大幅に改善に向かっていました。衣食住のほとんどすべてにわたってそういえるようです。中国では一九七八年と一九八四年に行われた市場原理の導入による経済的改革によって、経済が確かに発展しました。しかし、一九八八年には同時にいろいろな問題が吹き出しました。年率一九％にも及ぶインフレ、大学の先生で普通年二〇〇〇元（約五―六万円）といったところに、年収一万元という意味の万元戸が出現していることにみられるような、所得分配の不平等、そして共産党と官僚のひどい腐敗などが問題となっています。

こうした問題を背景に、一九八九年六月四日の天安門事件が起こりました。ご承知のように、政治的民主化の要求に対して解放軍による流血の弾圧が強行されました。この結果、中国政府にたいする信頼感がうすれ、海外からの投資も貿易量も減少しました。しかし今年に入って、延ばされていた日本からの円借款の供与が実現し、いま中国は経済的には徐々に回復に向かっています。

しかし、なお多くの深刻な問題をかかえていることに変わりはありません。経済が盛んになれば、いっそうの改革を押し進めるために、人権と自由と民主主義をめざす政治改革はますます必要とならざるをえません。ところが天安門事件以後、保守派が力を得てきており、一昨日（一一月二三日）の人民日報の社説にみられるように、「社会主義死守の学習活動」のスローガンのもと、マルクス・レーニン主義と毛沢東主義の教育の徹底が叫ばれています。

こういう状況のときに、中国東北部を訪れた私は、さまざまな事柄を見聞きし、またかなり沢山の人にも出会うことができました。それで今日は中国で出会ったことや人々の中から焦点をしぼってお話ししてみたいと思います。

今回はもっぱら鉄道の旅でした。中国の鉄道に合計五〇数時間以上も乗りましたので、車中でもいろいろな人に出会う機会がありました。ちょうどハルピンから長春へ帰る列車で六八歳だという大阪弁のおばあさんと乗り合わせました。四人掛けの座席で私の前に座ったおばあさんを、私ははじめてっきり中国の人だと思っていました。というのも、ハルピン駅のホームに見送りに来ていた娘さん夫婦らしい人とのやりとりは中国語だったからです。このおばあさんが突然「日本からの方ですか」と話しかけてこられました。何しろ汽車の旅で時間はたっぷりありますので、話しは次々と尽きませんでした。

この方は和歌山県出身の方で、終戦前に瀋陽（旧奉天）に来たということでした。まだ若かったおばあさんは、終戦の二日前に、爆撃があるかも知れないということで、二日二晩馬車に揺られて瀋陽市を離れ、郊外へ避難したそうです。そこで終戦の知らせを聞き、大急ぎで瀋陽の自分の家にとって返したところ、家の中はもうすっかり荒らされて空っぽになっていたそうです。寝る家もなく食べるものにも困るようになってしまいました。同じような状況の日本人が多勢いたけれど、そのうちシラミによる発疹チフスが大量発生し、人がバタバタと死んでいきました。「頭や脇の下にこう手を入れると一ぺんにシラミを数匹はつかむことが出来ました。それを水の上にバラバラと落しました」と話されました。おばあさんは、次々と死んでゆく友達や知り合いをみとりながら、何度ももうダメかと思ったそうです。しかし不思議なことに生き残ることができたとのことでした。はっきりとは言われなかったのですが、そのようなときに、ある中国人に助けられ一緒に暮らすようになったらしいのです。このあと、おばあさんは病院に務め、今は定年退職して年金をもらって暮らしているということでした。中国人の夫は二六年前に病気で亡くなったのですが、おばあさんは日本国籍を捨てずに日本人でいると言っていました。日本への郷愁の念やみがたく、おばあさんは終戦後日本を訪れた経験をもっていました。かの女はいま日本人として、日本からの留学生が来ればその世話を手伝ったりしているとのことでした。

日本軍が民間の日本人を捨てて逃げていったため、日本に帰るに帰れなくなった人達が多く旧満州の地に残されました。このおばあさんのように、生きるために中国人と結婚し、日本に帰れなくなった女性がかなり多いと言われています。絶えずにこやかに笑っていたおばあさんの顔に刻み込まれたしわのひとつひとつが、おばあさんの生き方と苦労をよく物語っていました。このおばあさんの一生は、まさに日本の旧満州支配という事実によって決定づけられたと言えます。

読んでいただきましたルカによる福音書、第一二章のこの個所は、イエスが群衆にも言われた言葉として記録されています。そうしますと、「偽善者たち」とは、マタイ一六章の一－四やマルコ八章の一一－一三のように、ただパリサイ人やサドカイ人を指すのではなく、もっと広く解することが出来るようです。とすれば、「あなたがた群衆」というのは、とりもなおさず私達のことではないでしょうか。

私達は自然のしるし、天候のきざしを見分けることができる。西の地中海側の空に雲が出れば、にわか雨がくる。南風の吹くのをみると暑くなることを見分けうる。しかし時のしるしから次に何が起こるのか見分けることができない。時のしるしを見ながら、次に何が起こるか予感できない。

「時のしるし」というのは英語聖書をみますと、「時代のしるし」“the sign of the times”とありますし、"meaning of this present times"とも訳されています。まさに「時代のしるし」から「今のこの時代のもつ意味」を見分けることにほかなりません。「時代のしるし」は次に何が起こる徴候なのか、私達はわきまえていない、とイエスは言っておられます。これは神の国を拒みながら、滅亡を予感できないでいる私達のことを指し示すイエスの言葉なのです。

「今の時代のしるし」を見分けるというのは、私達にとってどういう意味をもっているのでしょうか。社会科学に関係してきた一人のキリスト者として、私自身は、「今の時代のしるし」をどう見分ければいいのでしょうか。

「時のしるし」というとき、私にはそれは二重の意味をもっていると思われます。ひとつは、社会科学の力を借りて「時のしるし」を見分ける努力がどこまでも要請されているということです。激動する社会の動きのうちに、どういう「きざし」を読みとることができるのか。難しい問題ですが、絶えず課せられている課題と言えます。

しかしもうひとつのもっと大切な意味は、キリスト者としての私自身が、「時のしるし」を見て、それが次に何が起こる「きざし」なのかを見きわめるということだと思います。社会の動きに対するキリスト者としての鋭い判断力が絶えず求められていると思います。

昭和天皇の病気、大喪の礼で動き出した天皇制イデオロギーは、新しい天皇の即位の礼と大嘗祭によって巧みに強化されようとしています。まさにこれと深いつながりをもって、自衛隊の海外派兵という形で、戦争放棄、国民主権、政教分離という、憲法の大原則が骨抜きにされようとしています。

外国から見ますと、日本は非常に不思議な国です。主権在民、政教分離、戦争放棄といった立派な憲法をもちながら、その基本の枠組みさえ、時の一政党の解釈次第で何とでも変更できるような、まことに不気味な国であり、いつ平和主義から戦争へと豹変するか分からない存在とみられています。

今は、日本のキリスト者の信仰生活が天皇制イデオロギーの動き次第で、非常に難しい状況を再び迎えることになるかも知れない重要な一つの転機にさしかかっています。私にはクリスチャン・セミナーで一緒に学んだ、反ナチ運動を激しく戦ったボンヘッファーほどの信仰も大きな勇気もありませんが、「時のしるし」を鋭く見分けて行動に移してゆくことが、私も含めて共同体の私達にとってますます必要となっています。最後にはヒットラーの暗殺計画に参加していったボンヘッファーは、日本の天皇制を、ナチズムと同じ本質をもったものとして警告を発しています。バード・ウォッチングを通して、地球環境の大切さを教えられ、その破壊を防ぐ努力の大切さを知るのと同じように、社会のウォッチングから、私達は「時のしるし」の次に来るものを予感し、亡びを防ぐ「見張人」としての責任を果たすことが、私達キリスト者にいま求められているのではないでしょうか。

（一九九〇年一一月二五日、甲子園教会）

3　いまに生きる「新しい人」

Ｉ　いま私達は大変な時代に生きています。これから二〇年、三〇年経ったのち、歴史家はこのいまの時代に「歴史的激動の時代」といったタイトルをきっと付けることでしょう。東西ドイツをへだてていた壁の撤去に始まり、ドイツの統一、東欧・ソ連の社会主義体制の崩壊、そしてついにソ連邦国家が消滅してしまいました。湾岸戦争で明らかなように、アメリカの軍事力が突出するなかで、アメリカ経済の停滞がますます明らかになり、冷戦終結後の世界は、いま新しい秩序を模索していると言われています。

アメリカのブッシュ大統領は、アメリカは湾岸戦争で勝っただけでなく、その資本主義は社会主義に勝ったんだと強調しています。こうした中で市場原理と自由競争が単純に称賛されつつありまず。こうした状況の日本への影響も、政治、経済、社会、軍事の面から大きくのしかかってきており、日本の針路が問われていると言えます。

社会主義に対する資本主義の勝利というこうした単純な発想は、日本の保守政党を勢いづけ、わが国の社会保障や社会福祉、経済的公平の側面が軽視されるふんいきづくりにつながる危険をはらんでいます。

こうした状況下で、政府は経済大国日本の「国際的貢献」という名のもとに、なんとかして自衛隊の海外派遣に途を開こうとしています。しかしこれは、世界における、なかでもアジアにおける日本の役割りを決定的に変更することであり、極めて危険と言うほかありません。少なくともここ何年かは、何が起こるか全く予測しがたいというのが、いまの歴史的激動期の特徴とされるゆえんです。

Ⅱ　さきほど読んでいただいた聖句をもう一度みてみましょう。コリントの信徒への手紙に、第五章一七、「だから、キリストと結ばれる人はだれでも、新しく創造された者なのです。古いものは過ぎ去り、新しいものが生じた」（新共同訳）。旧い聖書では、ここは「だれでもキリストにあるならば、その人は新しく造られた者である。古いものは過ぎ去った。見よ、すべてが新しくなったのである」と訳されています。

今日の私の証しの題目には二つのキーワードがあります。一つは「いまに生きる」ということです。もう一つは「新しい人」です。この「新しく創造された者」すなわち「新しい人」とはどういう人なのでしょうか。

「新しい人」はむろん「古い人」との対比において捉えられています。パウロは同じコリント人への手紙、第四章一六で、「古い人」を「外なる人」とも言っております。この「外なる人」は「内なる人」と対比されており、「内なる人」が「新しい人」とほぼ同じ意味で使われています。またパウロは別の表現を使って、第五章一二では、「外面を誇る人」あるいは別の訳では「うわべだけを誇る人」と「内面を誇る人」あるいは「心を誇る人」として対比しています。

さらに同じ第五章一七の直前の一六をみますと、「肉に従って知る」人あるいは「外面によって知る」人と、「霊によって知る」人、あるいは「内面によって、信仰によって知る」人としても対比されています。

このようにみてきますと、既にお気付きのように、同じく第四章一八の有名な聖句からも、パウロの言おうとするところは明らかです。「わたしたちは見えるものではなく、見えないものに目を注ぎます。見えるものは過ぎ去りますが、見えないものは永遠に存続するからです。」ここでは「見えるもの」＝「一時的で過ぎ去るもの」に目を注ぐ人と、「見えないもの」＝「永遠に続くもの」に目を注ぐ人との対比となっています。

このように、「新しい人」の対極をなす「古い人」＝「外なる人」＝「肉によって知る」人は、外面的で現象的な事柄を重んじる人のことです。これは言いかえると、この世の外面的な基準に従い、それを絶対的なものと信じて追求し、それによってすべてを判断して生きる生き方をする人にほかなりません。つまり「古い人」は自分の力だけによって自己中心的に生きる人にほかなりません。「古い人」は生命の根源である神との交わりから離れた生き方をする人を指しています。

これに対して「新しい人」は、こうした神から離れたところで自己中心的にすべて判断し追求し生きようとする「古い人」を捨てて、それを超えて「キリストによって、あるいはキリストに結ばれて」新しい生命を与えられ、愛と奉仕に生きようとする人間を指し示しています。

こうした「古い人」から「新しい人」への根本的転換は、パウロが言っているように、「キリストにある」、つまり「キリストと結ばれる」ときに可能となるということです。キリストに結ばれて、キリストに支えられるならば、私達は「新しい人間」として生きることができるという約束です。「キリストと結ばれる」信仰というのは、「キリストが私達を支えていて下さる」という信仰です。これは「主われと共にいます」信仰、あるいは「インマヌエル」の信仰であり、これほど私達を励まし、私達に安らぎを与えるものはほかにありません。「キリストにある信仰」というのは、「キリストはいつでも、どこでも、私達と共にいまし、私達を支え、私達と共に歩んで下さる方である」

という信仰と言えます。

あのエマオという村への途上で復活のイエスに出会った二人の弟子たちの記事（ルカ、第二四章一三―三五その他）は、まさにこの信仰をよく表しています。復活されたイエスは私達が人生の旅人として歩いてゆくとき、同じ旅人の姿をとって、私達と一緒に歩いて下さいます。ですから遠藤周作はこれを「同伴者」イエスと呼んだわけです。

次にこの「新しい人」＝「内なる人」は日々新たにされてゆくと、同じ第四章一六にあります。「だから私たちは落胆しない。たといわたしたちの外なる人は滅びても、内なる人は日ごとに新しくされていく」。「新しい人」は日々新たにされ成長してゆく、キリストによりいっそう深く結ばれてゆく。毎日毎日のキリスト信仰に基づく決断によって新しく生きる人間とされてゆくと、パウロは語っています。

しかし、このような信仰に基づく生き方、すなわち「古い人」からの日々新しい転換によって成長してゆく人間の生き方というのは、ただ観念的に頭の中で分かっているだけではなんの力にもならないことを、私達はよく知っています。この生き方が私達の日常生活の中で、私達を本当に動かす生きた原動力として働き、根本的変革の力となるのでなければなりません。

この生き方は、教会の礼拝の中だけや、教会生活の中だけで働くものではありません。私達が実際に毎日毎日生きてゆく中で働くものでなければなりません。ということは、私達がいまここに生きている場、そこで働き、絶えず変化する社会の中でぶつかるさまざまな具体的な問題とのかかわりの中で、この「キリストへの信仰」による決断が試されます。日常生活においてこそ私達がキリストによって生きる「新しい人」であるかどうかが問われることを意味しています。

私達とくに現代のキリスト者にとって最大の落とし穴は、「キリストにあって生きる人」とはこういう人だということを聞いて、なるほどとすぐ分かり、観念的に分かって安心してしまい、ただそのようなキリスト者になりたいと思うにとどまってしまうことではないでしょうか。私達の信仰は私達の毎日の現実の生活の中でどれだけ生きて働いているのでしょうか。キリスト者としての生き方を理解しても、それをそっとどこかにしまっておいて、日曜日に教会に来るときに、やおらそれを取り出してきて、ホコリを払い、礼拝にもってくるようなことになっていないでしょうか。

「いまに生きる」というもう一つのキーワードですが、私達の生きている「いま」という時はいったいどんな時なのでしょうか。このいまという社会で私達がぶつかるいろいろな問題について、私達はよくよく注意していなければなりません。イエスが言われたように、「いまの時代を見分ける」ことが必要です。いまの時代、いまの社会、そこで問題となっていることがらを明確につかんでいることが要請されます。もしこの点がおろそかにされたら、「信仰による生き方」も、人々の心を動かす説得力をもちえません。

したがって、キリストに従う生き方は、いつも実に狭い厳しい途なのです。職場でも、学校でも、家庭でも、世間的にみてやはり有能であり、力ある者であることが求められています。少なくとも私達にはそれをめざした不断の努力が必要です。と同時に、私達にはその具体的な問題状況の中で、具体的な働きの只中において、この世的基準を超えた「キリストに従う新しい人」としての生き方が日々求められるからです。

私達がキリスト者として生きるということは、具体的なことがらとのかかわりにおいて、具体的な生活の歩みの中で、私達が「キリストにあって生きる」「新しい人」であるかないかが、問われ試されるということです。

職場で学校で家庭で、また知人・友人との交わりなどで私達はキリスト者としてほんとうに「ノー」と言わねばならないときに、「ノー」と言っているでしょうか。ほんとうに「イエス」と言って、積極的に賛成し支援し、一緒になって共に働かねばならないときに、黙っていないでしょうか。そして心から「イエス」と言うとき、それに適わしい行動を起こしているでしょうか。

「ノー」という言葉を口にするとき、私達はただ評論家的に、あるいは教科書的に「ノー」を言っているだけで、現実の複雑な諸問題をどこまで把握し判断をくだしているでしょうか。また同じく「イエス」と言うときにも、私達はどれだけ状況をよく理解し、どれだけの配慮をもってそう言っているでしょうか。そしてそれをどこまで行動をもって示しているでしょうか。

市立尼崎高校で、試験に合格しながら、身体的理由だけで不合格とされたことで抗議した玉置直人君の主張が裁判で認められ、ほんとうによかったと多くの人々が感じています。その通りです。しかし、もし私達があのような誤った判断と決定をくだした校長の立場にたってみた場合、自分は果たしてどうしていたか、校長とまったく異なる判断をくだしていたかを考えてみなければなりません。あるいは、もし校長の判断を聞いた市立尼崎高校の先生方の立場だったら、自分はどう発言し行動したか、あるいはしなかったかを考えてみることが大切ではないかと思います。私達は障害者について、障害者教育についても日頃から勉強し、十分な理解をもっていなければなりません。これなくして無責任な評論家的発言は許せませんし、同時に勇気ある「ノー」の発言もできないでしょう。

玉置君は多分、市立尼崎高校へ進学することになると思いますが、今回のことで玉置君が関西学院高等部の試験に合格し、高等部が玉置君を心から歓迎したことは、キリスト教主義学校のこの問題に対する基本姿勢をひろく社会的に鮮明にした点で、とてもよかったと思います。これこそキリストの「証し」にほかなりません。

玉置君の例はほんの一つの例にすぎません。私達が社会でぶち当たる問題は実に多く、またさまざまです。これらの問題に直面したとき、実際その只中にあって、どこまで私達のキリストにある生き方を貫き、共に生きてゆくことができるかが、キリスト者としての根本的な生き方の中心問題だと思います。私はこれこそキリスト教社会倫理の根本だと信じています。

イエスのゆるしと愛に応答し、決断をもって具体的現実に生きる人間が、私達のめざすべき「新しい人」の内実であるとするならば、この私自身のいまの現実はどうなのでしょうか。私自身がいまぶつかっている問題の一つ二つに触れて、今日の「証し」の締めくくりにしたいと思います。

一つは文部行政との関係です。従来から私は文部省のさまざまな行政に根本的な批判をもってきました。この姿勢を私は、例えば教科書問題に関連し、あるいは戦前では「文部省訓令第十二号」問題に関連して、機会あるごとに表明してきました。今も変わっておりません。

しかしながら、私は文部省と一切かかわりあいをもたないままでよいというのではありません。たまたま昨年私は文部省の大学設置審議会の専門委員を依しょくされ現在に至っております。この審議会で私にできることは、大学・短大やその学部・学科、あるいは大学院の設置の審査という現実の問題のなかにあって、もし機会があれば、キリスト者としての自分の生き方にふれる発言をすることです。

大学設置に関連した具体的な審査という作業の中で、ある種の判断を求められることがあったり、またその問題をめぐって他の委員と意見を交すさいに、私自身の根本的な考え方が試されると思われるときがあります。文部省の役人が好む方向をただ指示する「イエス」でもなく、反対に大上段にかまえた単なる「ノー」でもなく、いかに批判的に「ノー」の姿勢を貫くことができるかが問題です。私にできることはささやかなことに過ぎませんが、「キリストによる信仰」がこのようなときと場において、いかに生かされうるのかを、私は絶えず考えざるをえないわけです。これが「新しい人」に向けての私自身の生き方の一断面と言えると思います。

同じことは、これも今年から関係するようになりました西宮市の行政の一端との関係でも言えるかと思います。市長・助役・収入役・市会議員等の報酬を審議する特別職報酬審議会でのことです。一般にこういった種類の審議会というのは、建て前だけであって、委員は市の役人がお膳立てしたものを承認するだけであり、法令に従った単なる権威づけのためのものであって、いわゆる民主主義的手続きのカクレミノに過ぎないと考えられることが多いと思います。したがって、これにはできるだけタッチしようとしないのが専門家——とくに財政の専門家——の態度だとされています。これは残念ですがほぼ事実を反映しているように思われます。

しかし私は貴重な時間をとられるのを覚悟したうえで、これを引き受けることにしました。というのは、その審議の過程で、私は納税者市民の立場にたって、市民の生活感情をどこまで反映させられるか、むろん私一人では何もできませんが、もし言うべき機会があれば発言し、問題のありかを指摘し、審議を少しでも実質的なものに近づけたいと思うからです。たとい結果として、市の役人が敷いた路線に落ち着くことになっても、少しでもごく普通の市民の立場と生活感情を代弁する機会があればと思っています。同僚などからは、私はいろいろと手を広げすぎだと苦言を呈されていますが、今のところ私はできる限り新しい具体的な問題とのかかわりで、「新しい人」の生き方を問い続けたいと考えています。

実はもう一つ大切な問題を私自身がかかえています。それは日本の生んだ優れたキリスト者であり、社会運動家、社会思想家である賀川豊彦という人を今日どう再評価するかということです。私はいまという段階で賀川さんの生き方からもう一度キリスト者の生き方について根本的に学んでみたいと考えているからです。でも賀川さんについては別の機会にゆずらざるをえません。

私が今日ここで申し上げたいと思いましたことは、ある意味で簡単なことがらです。私達キリストを信じる者は、歴史的激動期のいまの時代にあって、キリストの福音信仰のうえにたち、具体的日常生活の問題の只中にあって、日々決断を与えられつつ、キリストにある自由と愛と奉仕に生きる生き方を求められているということ、これ以外にありません。最後に申し上げたいことは、とくに教会の若い人達に私は大きな期待をもっているということです。どうぞ「新しい人」としての生き方を積極的にバイタリティをもって切り開いていただくようお願いします。この教会における交わりを通して、私達がたがいの問題とそこでの生き方を知り、共に励まし励まされて歩みを進めていきたいものです。

（一九九二年三月二二日、甲子園教会）

4　主を呼び求める――八木重吉における詩と信仰――

今日の「証し」の題目ですが、「八木重吉における詩と信仰」という題を指宿先生にお伝えしてから、実はずい分と後悔しました。まず私は詩人でもありませんし、詩の評論をよくするわけでもありません。それに八木重吉の信仰については、あれこれと言う資格など毛頭ありません。あの純粋で烈しく、ひたむきな重吉の信仰に、私はただ励まされるばかりです。にもかかわらず、今日私が重吉における詩と信仰を取り上げたいと思いましたのは、重吉の詩を愛する私なりの感じ方から、重吉の詩はどうして私達の心にこうまで大きな感動を呼び起こすのか、なぜ重吉の詩はあのようなどこまでも透きとおった詩なのか、とりわけキリスト教の信仰詩として私達の心をここまで打つのかについて、お話ししてみたいと思ったからです。

私は、重吉の詩が大好きです。とくに疲れて何もする気力がなくなったときなど、私は聖書を開くのと同じように、手許にある重吉の詩を静かに読んできました。私がはじめて重吉の詩に接し、それまで味わったことのない深い感動をおぼえたのは、今から四〇年ほど前のことです。私は二〇歳台の前半でした。

重吉は昭和二年に若くして昇天しました。戦前ごく一部の人にしか知られていなかった重吉の詩は、戦後一九五〇年から六〇年代になって、キリスト教界である意味でのブームを迎えました。重吉まがいの短詩がキリスト教界に沢山現れたのもこの頃でした。皆さんのうちには、この時期にはじめて重吉詩を知られた方もいらっしゃるのではと思います。

その後いろいろな形で重吉詩集が出ました。一九八二年には全集三巻が筑摩書房から刊行され、それをもとに一九八八年には、ちくま文庫で二巻ものの『八木重吉全詩集』が出ています。これによって今では、重吉の詩と詩稿のすべてをたやすく読むことができるようになりました。

そして現在では、詩人八木重吉の研究は、重吉の内にあってキラキラと輝く、どこまでも澄みきった、あの透明な発光体の光源はいったい何なのかをめぐって、さらに深く深くさぐる方向へとすすめられてきているように思われます。これまで重吉の詩について、いろいろな詩論が書かれてきましたが、そうしたものを読んでみて思いますのは、やはり詩と信仰が重吉のうちにあって、どう切り結んでいたのかという問題に行き当たらざるをえません。

八木重吉は明治三一年（一八九八年）、東京の南多摩郡堺村相原（大戸）というところ（現在の町田市相原町）の自作農の次男として生まれました。成績優秀だった重吉は、神奈川県師範学校（小学校の先生になるための学校）から、東京高等師範学校英語科（旧制中学・師範学校の教員になるための学校）へ進学しました。東京高師時代、重吉は文学にひかれ、イギリスのロマン派詩人キーツや、日本では北村透谷らの影響を受けます。同時に大正八年、当時「神人合一」を説いていた、東京駒込基督会の富永徳磨牧師から受洗します。しかし間もなくこの教会を離れ、内村鑑三にひかれ無教会主義、聖書主義、再臨信仰に近づいていったとされています。

大正一〇年、東京高師を卒業した重吉は、四月に御影師範学校の英語教師となります。よく一一年七月に島田とみと結婚して御影に住み、詩作に没頭していきます。この御影時代約四年ののち、大正一四年四月に千葉県の柏（現在の柏市）に新設された東葛飾中学に転任、一年を過ごします。しかし大正一五年（昭和元年）二月に結核で療養生活に入り、昭和二年余病を併発して一〇月二六日、二九歳で昇天しました。

重吉には自選の詩集はたった二冊しかありません。一冊目の詩集は大正一四年（一九二五年）に出版された、わずか一一七編からなる『秋の瞳』です。これはおよそ御影時代の重吉詩を代表するものと言えます。第二詩集『貧しき信徒』（一〇三編）は、柏時代の詩が中心で、やはり自選によるものですが、重吉はこれの出版を見ずに亡くなり、その刊行はかれの死の翌年でした。ほかに生前雑誌に発表されて、これら二つの詩集に未収録の詩が三一編あります。

しかし『八木重吉全集』によって明らかにされていますように、重吉はこのほか数多くの詩稿（一八一四編）と、晩年病床でノートに書き綴った詩（一八〇編）を遺しています。それらすべてを加えますと、重吉は二四歳から二九歳までのわずか五年ほどの間に、実に二二〇〇余編にのぼる詩を書いております。これは驚くべきことです。

重吉の詩について話しをするには、直接に重吉の詩にできるだけ多く触れるのが第一と思いますので、コピーを用意しました。それをご覧になりながら、重吉における詩の展開と、かれの信仰の深まりをみてゆくことにしたいと思います。

高村光太郎も申しましたように、「詩人八木重吉の詩は不朽である。このきよい、心のしたたりのような詩は、いかなる世代の中にあっても死なない」と言えます。その重吉の詩は四期に分けて考えることができます。第一期は初期から『秋の瞳』まで（『秋の瞳』と詩稿Ⅰ）、第二期が御影時代最後期（詩稿Ⅱ）、第三期が柏時代（『貧しき信徒』と詩稿Ⅲ）、第四期が療養期（病床ノート）です。

戦後に詩人の田中清光さんが述べていますように、詩そのものとしてみた場合、重吉の詩で一番すぐれており、完成度の高いのは、柏時代のものです。次いで御影時代後半期のものは、この柏時代を用意した優れたものです。これらに比べれば、最も初期の『秋の瞳』収録詩には、技巧的にみてまだまだと思われる詩も多いと思われます。
　しかし、最初の詩集『秋の瞳』には、のちに完成された重吉の詩の原型が十分示されております。あの平明で素朴な言葉による、ひらがな多用の短詩形です。その詩は、重吉の「透明でまっすぐなレンズ」が映し出すすべてが「清い透明な心象」（草野心平）となっていたのであり、この詩の透明な美しさに重吉の詩の独特の世界があります。今ここで多くの詩をあげることはかないません。よく知られた、そして私も好きな五編だけを挙げておきました。

幼い日

おさない日は
水が　もの云ふ日
木が　そだてば
そだつひびきが　きこゆる日

夕焼

ゆう焼をあび
手をふり
手をふり
胸にはちさい夢をとぼし
手をにぎりあわせてふりながら
このゆうやけをあびていたいよ

○

ふるさとに　かへりゆけよ
しづかなる　みづのほとりにゆけよ

素朴な琴

この明るさのなかへ
ひとつの素朴な琴をおけば
秋の美しさに耐えかね
琴はしづかに鳴りいだすだらう

空を　指す　梢

そらを　指す
木はかなし
そが　ほそき
こずゑの　傷《いた》さ

『秋の瞳』には、明示的な信仰詩はひとつしかありません。それは「宇宙の良心」と題する「宇宙の良心――耶蘇」という、たった一行の詩です。しかしこれ以外の詩にも、たとえば「大木をたたく」のように、「真理」への呼びかけという形での、重吉の神を呼び求める姿が既にそこに明らかと言えます。

大木　を　たたく

ふがいなさに　ふがいなさに
大木をたたくのだ
なんにも　わかりやしない　ああ

このわたしの　いやに安物のぎやまんみたいな
「真理よ出てこいよ
出てきてくれよ」
わたしは　木を　たたくのだ
わたしは　さびしいなあ

このことは、同時期に書かれた多くの詩稿Ⅰをみれば、とくにはっきりしてきます。詩稿Ⅰには、幼い日、少年の日を想う詩がつづくと共に、「ナザレの人」と詩人キーツへの想いが読まれています。さらに「なくてならぬものはひとつなり」とあるように、信仰による自己への厳しい問いかけが容赦なくなされます。それの一番ギリギリのものが、有名な「私へ」の問いただしだと思われます。

私へ

妻と　子があるから　自分が捨てられないって!?
でも——子が無いとき　妻だけでも
妻がないとき　私みづからだけでさへ　捨て得なかったのに、

さらに重吉にとって、「詩のしょうばい」を問いただし、「名」を求める自己を問うて、厳しく問いただす形の詩論が表白されてゆきます。そしてこれはのちに、もっと烈しくなってゆきます。

これが御影時代の最後期（詩稿Ⅲ）になれば、重吉の信仰はさらに深まり、「あらゆる　みゆるもの／きこゆるもの、／またわが食らふこの米も神なり」と、重吉は言い切ってゆきます。米は生きるために神から与えられたものと言った、まわりくどい凡庸な言い方でなく、重吉はずばり、すべてのものの中に神による大いなる支えと、主の臨在を心鋭く感じとって、「すべてのものは神なり」とまっすぐに告白せざるをえないのです。重吉は「キリストがわたしをだいてゐてくれる」という信仰の深みをはっきりと感じとっています。

重吉の詩は大正一四年（一九二五年）二月一七日、ひとつの大きな転機を迎えます。これは「われはまことにひとつのよみがえりなり」という言葉を記した詩稿から、はっきりと父なる神とイエスをひたすら呼び求める信仰の詩へとさらに大きく展開してゆきます。

「おんちちうえさま／おんちちうえさま／ととなうるなり」。「われはみなをよぶばかりのものにてあり」。神を呼び求めれば見えきたるものがある。しかし「われがよぶは　みえきたるもののこころのうごきゆえならん」と告白し、「もったいなし／おんちちうえへ／ととなうるばかりに／ちからなくわざなきもの／たんたんとして／いちじょうのみちをみる」という、よく知られた称名の詩へとすすんでゆきます。

『貧しき信徒』の中から六編だけとり出してみました。数少ない明示的な信仰詩のひとつ、「神の道」は、神よりの厳しい問いかけとして、重吉は自分はこれでいいのか、これでいいのかと、自分自身の実存を問いただしていきます。イエスを呼び求める言葉は次第にイエスの名をひたすら呼び称える称名の詩へと、ますます純化されていきます。

そしてついに、重吉は「わたしの詩よ　つひにひとつの称名であれ」と祈っています。主を呼び求める称名は、「イエス様　イエス様　イエスサマ‥‥」と、ただひと途に呼び求め、主の名を称えまつる詩的信仰告白の極地に到達しています。ですから重吉にとって「頌栄」は「イエスさま／イエスさま／イエスさま」の三行詩に凝縮されてきます。重吉が自己を問いつめ、「なくてならぬただひとつのもの」をのこして、他をすべて削りとり、その内なる光に導かれて言葉をこれ以上削れない限界まで削りとって、そこに残った根源的なものが、「イエスさま」という称名の極点でした。

重吉が結核で療養中に書いた病床ノートでは、これはもっともっと純化されてゆきます。ただひたすら主を呼び求め、ただ主の御名を称えることに徹した重吉の詩は、まさに透きとおりきった光り輝く祈りの言葉と化しています。それは、ただ十字架だけを描き、その下に書かれた「一念に主を呼ぶべし」となりました。「キリストの名を呼ぶことを一番よい仕事としたい」と「イエスに近づく為めに最後の一銭を支払うことが出来るようになりたい」との、求道に徹した祈りとなりました。

重吉は空や雲や林や花といった自然と、妻と二人の子供たちの人間と、みえるもの、聞こえるものすべて、そして重吉自らの実存に絶えず問いかけ、主イエスのご臨在をはっきりと感じとり、イエスの言葉に聞き入って、要らぬものをはぎ取り、削れるものすべてを削りとって、「本当のもの」に迫ってゆきます。重吉の生の根源にあるイエスご自身を呼び求め、呼ぶことを許され、主の声にただ一途に応答し、主の御名を称えて主イエスとの交わりの中に入ることを求める重吉の信仰告白が、ここに美しく透きとおった珠玉のような詩的告白となって結唱してゆくのをみることができます。これが重吉における詩と信仰とを鋭く切り結ぶ張りつめた緊張関係の終局的な姿であります。これこそ近代詩人、重吉によって、わが国ではじめて示されたキリスト教信仰の詩的告白の極地にほかなりません。

重吉詩論の中には、重吉の内に溢れる信仰にふれた側面を高く評価しないものもあります。これは戦後ただかれの信仰詩だけを一方的に強調し過ぎたキリスト教界での重吉詩ブームに対する批判という形もとって表されてきています。しかし詩人重吉にあって一番大切なのは、詩と信仰との鋭い切り結びの在りようを、かれの深いキリスト臨在感と再臨信仰と、そしてただイエスを信じて呼び求め、その御名を称えてイエスにすべてをゆだねていこうとする信仰そのものなのです。

重吉が生きて詩を書いたときは、まさに第一次世界大戦後（大正九年）の恐慌から関東大震災（大正一二年）の動乱期であり、賀川豊彦の『死線を越えて』（大正九年）が出た時期でした。詩の世界では、民衆詩と象徴詩との台頭期でした。重吉は、このような背景のもとで、直接に外的社会にではなく、自己の内的実在と向かい合い、民衆詩、象徴詩のいずれとも異なる、近代詩でありながらキリスト教信仰を根源にもつ詩人として、ユニークな詩境を切り開いた詩人と言えます。

重吉の詩のうちに厳しい自己への問いただしにたった信仰のいっそうの深まりに対応した、実存の詩的言語化の結唱としての詩の到達点をみることができるとき、はじめて私達は、重吉こそ近代詩人でありつつ、同時にキリスト教信仰詩人として光り輝くのをみることができます。

読んでいただきました、聖書（ルカ一〇、三八－四二）のマルタとマリヤの個所にでてくるイエスの言葉は、なくてならぬものは多くない、ただひとつ、主の言葉に聞き入ることだということです。みてきましたように、「なくてならぬものはひとつなり」と詩った重吉こそは、かくも深く鋭く、幼な子のように心清く純粋に、その言葉通りに感じとり信じることができたのでした。そしてただひたすら主の御名を呼び、称えて、安らぎを得、死をも喜びのうちに迎えることができたのが重吉でした。

最後に私が今、重吉の多くの詩の中からとくに深く教えられる詩をあげて終わろうと思います。それは病床ノートにある詩です。「これ以上の怖《おそ》れがあらうか／死ぬるまでに死をよろこび迎えるだけの信仰が出来ぬこと／これにました怖《おそ》れがあらうか」。これは今の私の祈りにほかなりません。

（一九九三年三月二八日、甲子園教会）

5 「いのち」の流れと教会的信仰 ― 再び八木重吉における詩と信仰について ―

学校ではテストのシーズンが終わったようですが、私の教会での「話し」は年に一度でして、一年間でお前の信仰はどうなったのかという、私の信仰のテストのように思えます。

昨年はちょうど三月二八日に、私は「主を呼び求める ― 八木重吉における詩と信仰 ―」という「証し」をしております。八木重吉の詩と信仰の世界を取り上げて、私達の信仰の課題をさぐることを目的といたしました。そのさい、二九歳という若さで昭和二年に昇天した重吉の生涯と、かれの詩作の展開にふれ、重吉の平明で透きとおるような日本語による詩が、かれの信仰の深まりと共に、主を呼び求める詩として展開され、ついにただひたすらイエスの御名を呼び称えまつる称名の詩に到達・結唱していった次第をみました。

そして重吉にあっては、かれの生きることとの根源にあるイエスご自身を呼び求め、主イエスとの交わりの中に入ることを求めるかれの信仰告白が、あの美しく透きとおった珠玉のような詩的表白を次々と生み出していったことを確かめることができました。重吉の詩の中のその奥深いところに光輝く、幼な子のような純粋な信仰の大切さこそ、私達の学ぶべきものではないかというのが、私の「証し」の主たるポイントでした。

あれから早一年が経ちました。その間重吉の詩を折にふれて幾度か読み直し、重吉における詩と信仰の問題を考えてきました。今日は今の時点でもう一度、重吉詩の私なりの読みくだきと、なかでもかれの信仰の特質を再考し、皆さんと一緒に考えることができれば幸いです。むろん重吉の詩は、詩それ自体として大変質の高い作品です。しかしかれの詩と切り離すことのできない重吉のキリスト教信仰の特質を問うことは重要であるだけでなく、とくに私達キリスト者にとっては決定的に重要な意味をもつものと思われます。

私達の「信仰」なるものは、私と主イエスとの生きた直接的な関係に、本当のところ、どこまで根ざしているでしょうか。私達は日々生きてゆくうえで、生の根源であるはずの主イエスとの「いのち」のつながりを、ただ頭の中だけの理解でなく、重吉のようにどこまで直感的に感じとっているでしょうか。日々の生活の中で私達は本当に主の臨在をはっきりと感じとれる宗教的体験をどこまでもっているのでしょうか。

重吉の詩には自然が溢れんばかりに取り上げられています。しかもかれは日本的感性豊かに日本の自然を題材にいたしました。重吉の代表的な作品の一つ、「素朴な琴」がそうです。「この明るさのなかへ／ひとつの素朴な琴をおけば／秋の美しさに耐えかね／琴はしづかに鳴りいだすだらう」「素朴な琴」は重吉自身であり、この美しい秋の詩は普通、重吉の心が秋の美しさに共振して鳴り出す感動を詩ったものとされています。その通りなのです。しかし重吉の信仰の背景を見逃さずに読めば、これにはもっと深い意味が隠されていると思われます。澄みきった日本の秋の美しさの中に素朴な琴をおくということは、秋の明るさの奥に直感される山川草木のひびきに共振してなりだす重吉の無心の心を指しており、天から降り注ぐ神のあたたかい愛の恵みに包まれることを意味しております。降り注ぐ神の愛の恵みにつつまれ、その喜びに耐えきれず、おのずから心の琴線が鳴り出すだろうと解するのが、後期における重吉の信仰の深まりに即した理解のように思われます。たとえば、山根道公という方はこの点を実によくつかんでおられます。

重吉は花鳥風月の世界をうたう日本人の感性から、旧く長い日本的伝統に深くつながりつつ多くの詩を書きました。「花がふってくると思ふ」という詩をみてみましょう。「花がふってくると思ふ／花がふってくるとおもふ／この　てのひらにうけとらうとおもふ」。この詩は、ただ幼い無心の子供が降り散ってくる花びらを手のひらにうけとろうとすることを詩ったに過ぎないようにみえるかもしれません。さくらの花が散ります。その花びらをそっと手のひらに受けてみたいと思うのは、私達日本人の独特の感性のあらわれです。花の美しさ、それがそよ風に舞い散る美しさの中の哀しさ、美のうちに「はかなさ」といさぎよさとともに、「もののあわれ」を想う心の静かな感動、これを重吉は見事に土台にすえています。

しかし、この詩にはその奥深いところにキリスト教詩人、重吉におけるもっと深いものが秘められており、それがこの短いわずか三行の詩がよび起こす感動の世界の根底をなしていると言えます。花がふってくると思う、それをそっと手のひらに受けとろうとする私達日本人の深層心理を共有し、花にたいする日本の伝統を感じさせながら、しかしそれに重吉はとどまっていません。重吉は「花が散る」とは言わず、上から「花がふってくると思う」と言い、それをこの手のひらに受け取ろうと思うと表現することで、重吉は母の慈愛のような神からの愛の光りに包まれる幼な子にもどって行こうとしているのだと言えます。

この詩も、花を日本人の伝統的感性にもとづいて詩いながら、その奥深いところで実は、やはり神の愛の恵みを求める重吉の信仰をあらわす構造になっています。ふってくる花を、無心の幼な子が自然にそっと手のひらを差し出して受けるように、神からの温かい愛の恵みを、この手のひらの上に、ただ無心にいただきたいという、重吉の信仰の表白にほかなりません。これも日本人としての感性の地平にたちながら、その奥にキリストの道を求める重吉の信仰の深みを示す代表的な宗教詩と言えます。ここに重吉詩の最も大きな構造的特質があるように思われます。

次にあげましたのは「果物」という三行詩です。「秋になると／果物はなにもかも忘れてしまって／うっとりと実のってゆくらしい」。秋になって果物が実ってゆくそのさまを、「なにもかも忘れてしまって／うっとりと」と表現するところに、私達は秋の明るさに包まれた大地の自然の実りに溶けこんでいる重吉の日本人としての自然にたいする豊かで繊細な感性を感じとることができます。これだけでこの詩は、秋の実りのさまをみる私達日本人の心の風景にふれる優れた作品と言えます。

しかしここでも、重吉詩は二重構造のうえにたっています。つまり秋になって果物がなにもかも忘れてしまって、うっとりと実ってゆくその姿のうちに、神から自分の魂にふりそそがれている「いのち」の流れを、そのままに受けて、ただ自ら無心にうっとりと実って行きたいという重吉の願いが伝わってきます。ここにも神を求める重吉の姿がその根底によこたわっています。

司会者に読んでいただいたヨハネによる福音書、第一五章一―一〇にある、イエスのぶどうの木のたとえを、重吉はここで意識していたと思われます。ぶどうの木につながって「いのち」の流れを受けている間、ぶどうの枝は生きて実を結びます。しかし木の幹から離れた枝は、「いのち」の流れを受けることができず枯れてしまいます。重吉は自らが神から注がれている「いのち」の流れにつながって無心に実ってゆく自分の姿を求めているのです。

次の詩はこのことをもっと直接的に表現しています。「根なき花は　枯れる／天の父のふところに根をはりて／たえずいのちをすひもとめざれば／われらの愛はひと日にて枯れはてる」。

重吉には「草にすわる」という優れた詩があります。「わたしの　まちがひだった／わたしのまちがひだった／こうして草にすわれば、それがわかる」。

「草にすわる」、つまり草にすわって大地に直接触れるという、日本人的伝統的感性からして、この詩は日本人になんの抵抗もなしにすっと受け入れられて、私達の心を揺さぶり動かします。しかしこの詩で重吉の言う「まちがひ」は、単なるちょっとしたミスなどではなく、二度繰り返して告白せざるを得ないような根源的な間違いに違いありません。

草とそれが生える大地とは、重吉にとっては、神からの「いのち」の流れるところを指しています。その「いのち」から離れてゆく自分がそれにつながることで、はじめて根本的な間違いに気付くことを意味しています。ここでの草と大地は、日本の土俗的信仰につながるものではなく、キリストの「いのち」の流れを指しております。

この重吉の「草にすわる」をそのまま生かして、この大地の神の「いのち」に触れることを失ってしまった現代に生きる自らをうたったのが、日本の現代詩人の代表者の一人である谷川俊太郎の詩「間違い」です。

重吉の詩が私達の心をかくまで打つ秘密はどこにあるのでしょうか。既にみましたように、①ひとつには、それは日本の風土に根ざした日本人の伝統的感性の中に生まれており、それが平明で澄みきった、ひらがなを多用した日本語によって表白されていることにあります。しかし②同時に、それは自然のうちに注がれている神からの「いのち」につながることではじめて生きることができるのであり、その道をひたすらに求める重吉の心の風景をその奥に秘めた二重構造の中にあるのではないでしょうか。

ですから、こうした重吉の信仰詩がさらに結唱していけば、最後にあげておきましたが、「きりすとをおもひたい／いっぽんの木のようにおもひたい／ながれのようにおもひたい」という詩の形をとります。生きた木のように、川の流れのように、神の「いのち」の流れの中に入って、「いのち」の源であるキリストに向かって行こうという祈りの詩となっています。

こうした日本人の感性に深く根ざした信仰の平明な日本語による重吉詩は、井上洋治さんや山根道公さんによって、新たな評価を受けています。それは福音の西欧直輸入型ではなく、福音の「日本の文化内開花」として高く評価されてきています。日本人の感性に従った「いのち」の流れとの合一としての信仰のもつ純粋性、求道性という点で、重吉はわが国ではじめてと言ってよい「日本のキリスト教詩人」となり得たのであり、ここにこそ日本近代詩における重吉の占める位置があると思われます。

しかし、こうした重吉詩にみられる純粋性、求道性は、他者との共同性を欠いた個人主義的信仰という枠組みを超えるものとは言えません。神からの「いのち」の流れへの合一をひたすら求める重吉の、生命あふれる信仰は、その純粋性のゆえに、友を見出すことが難しく、教会からも社会からも離れ、孤独な重吉独特の信仰の在り方を示すことになりました。重吉詩に出てくる、かれ以外の人は、主に妻の登美子と二人の子供（桃子と陽二）と、父、母、弟、叔父などの肉親の数人にほぼ限定されています。

自然のうちに「いのち」の流れを直感した重吉だが、かれはその「いのち」の源なるイエスご自身へと向かうのみで、他者たる隣人のうちに、兄弟としての「いのち」の流れを見つけることができませんでした。重吉は自己にも他者にも信仰の純粋性を求めるがゆえに、そこにもっぱら否定されるべき側面のみが見出されることとなったと言えるかもしれません。ですから重吉はいつも「キリストと二人きり」の世界しか求めることができなかったのではないでしょうか。

既に指摘されているように、若い頃に受洗した富永徳磨牧師から受けた「神人合一」的信仰の影響もあったでしょうし、またその後間もなく内村鑑三の聖書中心主義の無教会派的なピューリタン的信仰の影響も考えられないわけではありません。しかし重吉の信仰の在り方は、歴史的にみれば、結局のところ、当時の個人主義的信仰の枠組みを超えるものではなかったと言えます。

重吉のイエスとの出会いは、幼な子のように純粋そのものでしたが、それはやはり個人主義的な出会いであって、他者との共同性における出会い、つまり「教会的出会い」によらないものだったと言えます。重吉はついに「教会」を理解することができず、「教会的信仰」に向かうことはありませんでした。ここに孤独なキリスト者詩人として昇天した重吉の詩と信仰の世界の優れた純粋性の側面とともに、その限界があったと言えます。私達にとっては、これをいかに超えて他者との共同性、教会的信仰、社会的信仰に生きるかが、今日的課題なのではないでしょうか。

重吉はかれの信仰の純粋性ゆえに、当時の伝統的教会に失望し、そこから離れてゆきました。しかし本来の「教会」は、ボンヘッファーも『現代キリスト教倫理』の中で言っているように、「キリストを崇拝する者たちが（ただ）集まって造った宗教団体」ではありません。なるほど教会は目に見える限り、キリスト者の集まりであり、その点だけからみれば、そこには罪を背負った人間のさまざまな側面がみられます。これらにつまずくキリスト者もまた多いことは私達のよく知るところです。

しかし教会の本質的に重要な側面は、もう一つの神的側面にあります。つまり教会は「人間の形をとり給うたキリスト」であります（ボンヘッファー）。教会は罪を背負った人間の集まりであると同時に、確かに神の子キリストのからだであります。重吉は自然のうちに「いのち」の流れを感じとり、それをぶどうの木の幹から離れた枝が枯れざるを得ないということと重ねて覚りながら、教会という「いのち」の流れの源なるぶどうの木につながることがありませんでした。ですから他者との共同性の中でキリストに出会うことができず、ついに孤独な個人主義的信仰の次元にとどまらざるを得なかったのではないでしょうか。

むろん私達は重吉の純粋な求道的信仰に深い感動を覚える者であり、それに深く学ぶことがとても大切です。彼の詩はこれを深く教えてくれています。重吉が体験したような宗教的体験をもたない安易な「教会的信仰」にもたれかかることのないように、私達は絶えず自戒し祈らねばなりません。さらに他者との共同性においてイエスに出会い、「いのち」の流れに生きるキリスト者は、教会内にとどまらず、教会がそのなかにおかれている「社会」へと本質的につながっており、「社会の諸問題」に対して発言し行動する社会的信仰の実践者でなければなりません。重吉の信仰から学びつつ、それを教会的信仰、社会的信仰にいかに生かしてゆくことができるかが、問われているのではないでしょうか。

（一九九四年三月二七日、甲子園教会）

6　「内なる人」は日々新たに

ここ三回ほど感動と涙を呼ぶ定年を迎えたサラリーマン・シリーズの証しがありました。先週の伊志峰さんの証しは五幕ものにまとめられて見事でした。ユーモアを交えながら、涙を見せないように、じっとがまんされていた姿は、なんといっても感動的で大きな励ましを与えられました。

さて、教会で行われるこうした「立証」とはいったいどういうものなのでしょうか。原点の聖書に返ってあらためて考えてみました。ルカによる福音書第一七章一一―一九に、よくご存知のように、一〇人のらい病人のいやしが記されています。主イエスによっていやされた一〇人のらい病人のうち、サマリヤ人だった一人だけがイエスのもとに戻ってきて、ひれ伏して感謝したとあります。このサマリヤ人は、イエスの言われたことをその通りにしたらいやされたことに歓喜し、イエスが自分にして下さったことを「証し」し、神を賛美したとあります。これが「証し」の一つの原型であると聖書は私達に示してくれていると思います。

聖書をもう一カ所みてみましょう。ヨハネによる福音書、第九章に詳しく述べられている、これまた非常によく知られた、シロアムの池を舞台にした生まれながらの盲人のいやしの物語りです。ここでは、いやされた盲人とファリサイ派の人々との間の問答、やりとりという形で物語りが展開します。

「お前の目はどのようにして開いたのか」と繰り返し問いつめられる問いに対して、このいやされた盲人は、イエスのされたこと、イエスの言われた通りにしたら、「見えるようになったのです」と、ただ事実をそのまま繰り返し述べています。この人は「ただ一つ知っているのは、目の見えなかったわたしが、今は見えるということです」と、はっきりと答えています。こうした事実確認ののち、いやして下さったイエスをどう思うかという問いに対して、まずかれは「預言者」と呼んでおります。そしてかれのところに来られたイエスに、「主よ信じます」と告白し、イエスを拝したとあります。

これこそ盲人による具体的な「証し」です。これはけっして複雑なことでも、難しいことでもありません。ことがらはある意味で単純そのものと言えます。二六節にあるように、イエスは「お前にどんなことをしたのか」、主イエスが私にして下さったことを、そのまま証言し、神を信じることが「証し」にほかなりません。

もちろん私達は、とくに現代社会に生きる私達は、この盲人よりも実はより複雑でこみ入った問題状況のもとにおかれているかも知れません。一人一人の問題状況は個別的であり、具体的に異なっております。より複雑な人と社会との関係のもとにあることを、主イエスはすべてお見通しのうえ、「証し」は主イエスが私自身に対してして下さったことを感謝をもって立証し、その愛に言葉と行いとをもって応答してゆく、単純なこと――信仰の単純さ――であることを示して下さっていると思います。

「証し」がこのようなものであるならば、私は今回どのような内容で「証し」の責任を果たすことができるのかと考えてきました。が私はどうしても大震災での経験と、あれから一年余りの間に私自身が感じ考え、祈り行動してきたことを通して「証し」をさせていただくしかないのではと、思うようになりました。同じく被災された教会員の多くの方々にとって、震災はまだ終わっていないのではと思いますが、私の中でもまだ終わっておりません。もう思い出すのも嫌だと思われる方もいらっしゃるかも知れませんが、大震災とあれから一年余りの間に主イエスが私自身にして下さったことを中心に、今日の「証し」をすすめさせていただきたいと思います。

一月一七日の早朝、私と家内の二人は二階でやすんでおりました。ガタガタという音と烈しい揺れに目を覚まし、私は「地震だぞ」と言いながら、すぐ服を着ようとしますと、「ドーン」と突き上げられ、あっと言う間に、ほんとにわずか二〇秒経つかたたないうちに、家は壊れたと思います。「ふとんかぶれ」と言っているうちに、真暗闇の中で何かがとんできてぶつかったりしました。これはあとでテレビだったことが分かりました。四枚の大きなガラスがバリバリとものすごい音をたてて、次々と割れ裂け、仰向けに下へ大きく傾いてゆきました。私は一瞬「ああ落ちていく、もうこれで助からないかも知れない」と直感していました。

それで家内に「大丈夫か」「大丈夫か」と声をかけると、家内は気丈で私よりもいち早く立ち上がりかけていました。これはあとになってのことですが、家内は私を「大げさすぎる」と言いますが、私は家内を「鈍感」だと言い返して笑っております。

あたりがガラスの破片だらけですので、次に私は足を保護しないとダメだと感じ、「スリッパさがせ」と言いながら、手さぐりでスリッパをさがし当てました。私はともかく階下へ降りる階段を足でおそるおそるさぐってみたのですが、階段がないのです。「階段がない！」と叫び、「北の部屋へ行け」と言っていました。すると家内は北の部屋から、やや白ずんできた外をみすえ、「倒れたのはうちだけみたいよ」、「お向かいもちゃんと建ってるよ！」、「なにー！」。ところがガスもれの臭いが強く、早く外へ逃れないとダメだと思い、壁に開いた大きな穴から外へなんとか出ようとしたのですが、いろいろなものに妨げられて出ることができませんでした。

　そうこうしているうちに、お向かいや東隣の家の大学生たちがはしごをかけて上ってきて、逃げ途をなんとか確保していただきました。傾いた部屋とひさしの間が一・五メートル以上も離れてしまい、自力では危なくて出られなかったからです。寒いのでお向かいの家の方に靴下とレインコートなどをお借りし、部屋に入れていただきました。

　大学生たちはご近所の全壊した家で生き埋めになっている老夫婦らを助け出すのに駆け廻っていましたので、私はなんとか少しでも手助けしなければと思い、思わず出かけようと思いました。でも、ふと気がついてみますと、私はパジャマの上にレインコート一枚、靴下ははいていますが、靴はなくスリッパのままでした。これでは断念せざるをえませんでした。それでしばらくは、ただ家の前に茫然と立ちつくしておりました。

　それから大分時間が経ってから、玄関のドアをバールのようなものでこじあけてもらい、恐るおそる玄関に入って中を見ました。やっとメガネとカバンを見つけ出したところだったでしょうか。私がくずれ落ちた二階にいたときでした。指宿先生が来て下さり、玄関のところから声をかけていただきました。これはほんとに嬉しかったですね。そのときの握手の温かさが忘れられません。

　ともかく着のみ着のままで、何も持ち出せておりませんので、お向かいの方に頼み、公衆電話で三田にいる娘に無事だけを知らせていただきました。娘はやがて車で三時間半（いつもの三倍以上）かかって三田から駆けつけてくれました。ですから私達二人はその日から娘一家のところに泊まることができ幸いでした。

　三田へ行く途中、ものすごいガスの臭いに恐れをなしていましたが、とくに新幹線の高架が落ちているのを見つけ、背すじが寒くなったりしました。いつもですと一時間ぐらいで行くところを、五時間半かかってやっと辿り着きました。

このようにして、妻と私の二人は不思議にかすり傷ひとつ負わずに、娘一家のところへ逃れることができました。これはまさに主イエスの特別のお守りによります。このことをまず私は「証し」せずにはおれません。

私は翌日一八日はダウンしてしまいましたが、一九日には三田から車で通っている職員の方にピックアップしていただき、図書館や経済学部へ行き、大学全体の危機管理のため、重要な決定機関に入り、会議会議に追われる日々が続いていきました。つぶれた家の方は娘夫婦にまかせざるを得ず、会議の合間をぬって大学から歩いて家の片付けを手伝うしかありませんでした。家が西隣りの家にちょっと寄りかかるかっこうになりましたので、震災の三日目から、早や解体業者さがしに追われました。

私達の場合、家屋が壊れただけでなく、壊れ方がひどかったため、家具などがほとんど壊れており、また本来なら持ち出せたものを、解体を急がねばならなかった関係上、ほとんど持ち出すことができませんでした。なかでも一番つらかったのは図書・資料を沢山失い、持ち出せなかったことです。貴重書は二階にあって一応は残ったものの、表紙などがとんでしまったり、背がダメになったりで大きな被害を受けました。本には壁土とガラス片がくいこみ、突きささり、ボロボロになっているものも多く、余震がくるなか放棄せざるをえませんでした。やっと持ち出せた本を大学の研究室の一室を借りてそこへ運び込みました。研究室も本棚がすべて倒れ足場もないほどの荒れようで、二つの研究室をひと通り整理するのに夏休み中かかりました。今だに何がどこにあるのか、「さがしもの」に日々追われています。

図書館の片づけ・再開へと必死の努力が続けられました。大学は入試と学年末試験、新入生受入れ準備等に追われる日々が四月はじめまで続きました。私は三田から大学へ行くのにバスの便が至って悪く、足の確保に苦労が続きました。一時は大迂回して大学へ辿りつきました。JRの三田から大阪へ出て、阪急電車に乗り換えて西宮北口へ行き、そこから門戸厄神まで乗って、あとは大学まで歩いて行きました。あの頃は皆さん大迂回でした。そのうちに宝塚―仁川間が開通し、仁川から歩いて大学へ行けるようになり助かりました。

震災から一年二ヶ月と少々経ちました。この一年余を振り返り、震災とその後に主イエスが私に何をして下さったのか、私はそれをどう受けとめ、どう主イエスの愛に応答しようとしてきたのか。その一端を私が記したノートによって私自身の心の動きに沿ってお話ししたいと思います。

二月七日という、まだ混乱と心の動揺の小さくなかったとき、ちょうど経済学部の入試にやっとこぎつけた日の記録です。

以前に八木重吉における詩と信仰について二度ほど証しをしたことがありますが、今回の地震で私は私の「内なる重吉」の大きさにいよいよ気づかされることになりました。

主よ　私と共に歩いてください
主よ　私と共に歩いてください
エマオへの道すがら　二人の弟子と

共に歩かれたように
Walk with me, oh Lord.
なぐさめと、はげましと
なによりも　勇気を与えてください
主が私と一緒に歩いてくださるだけでいいのです

主よ私の心の庭を
どうぞ一緒に歩いてください

庭に落ちた屋根を持ち上げ
狭くなった私の心を
高く拡げてください
冬空の向こうまで
高く押しあげてください

重吉のあの澄みきった瞳を
今こそ与えてください
あの透きとおった水晶玉を通して
すべてのおそれ　不安　なげき　うらみ・・・・

すべてを変えてください
おそれと不安は　安らぎに
なげきとうらみは　感謝と明るい光に
暗い影を　輝く光に変える力を
主よ　あなたはおもちです

重吉よ　いまこそ　ここにやどれ
主の声よ　今こそひびけ
インマヌエル　God is with me.
Jesus supports us.
Give us braveness to break through
This most critical situation in our life.

重吉のあの澄みきったまなざしに入り
もういちど　あの大空に　ひびいていこう

同じ日の別の詩があります。

主よ　重吉よ

主よ　重吉の心の庭を歩かれたように
私の庭に来てください
あちらに緑の木を植え
こちらに草花を咲かせ
あの澄んだ大空を取り戻してください

なだらかな草原を越え
小さな丘にのぼり
けあきの大木を仰ぎみさせてください
一本の光り輝く道に沿って
私と一緒に歩いてください
どこまでも　あの大空のかなたまでも

重吉に話したい
重吉が言ったように
二人してあの大空を天がけりたい
びんびんと　ひびいていきたい

この二つの詩はあとから思いますと、それぞれが重吉の詩に深くかかわっていることに気付きました。そして三つ目の詩は二月二六日のものです。

重吉よ

「花がふってくると思ふ
花がふってくるとおもふ
この　てのひらにうけとらうとおもふ」

私の心の中の重吉よ
もしかしたら　あなた
主イエスではございませんか

「この　てのひらにうけとろうとおもう」
重吉と同じように　私も

これは「花がふってくると思ふ」という、重吉の詩のうちでも一番すぐれた詩の一つだと私が思う詩に関連しております。

主イエスのお守りは確実に私のストレスを自然な形で取り除いて下さいました。妻も震災直後、一時狭心症的症状に悩まされましたが、その後発作らしいものも起こらず元気にいたしております。これも主のお守りです。

大震災で私共は教会員の方々はむろんのこと、学会の関係者をはじめ、私のゼミナールの卒業生、同窓生、友人、知人、ご近所の方々、親戚など、とても沢山の方々から温かいお見舞いやお励ましをいただきました。とくに外国からのファックスが大学宛に次々と送ってこられ感動しました。ことに二月はじめにオランダのロッテルダムでの国際学会で研究報告をするはずだったのに、キャンセルせざるを得なかったとき、ペイパーの代読をオーストラリアのシドニー大学の友人に依頼したところ、こころよく引き受けていただき、報告の義務を果たすことができました。友人の温かい支えによってほんとに大きな励ましを受けました。

　ペイパーの代読頼むのファックスに
　友の優しきＯＫシドニーから

しかし一二月には喪中のハガキが次々と配達されるようになり、悲しいつらいときが続きました。

　喪中のハガキ来るたびに
　またよみがえる大地震《おおない》の朝

これが私の気持ちでした。

最後にもう一つだけ取り上げさせていただき、私の「証し」を締めくくりたいと思います。それは「ひびいてゆこう」という重吉詩に対応したものです。「びんびんと」という表現は重吉詩ならではのもので、私の心を揺り動かしてやまなかったものの一つです。

びんびんと　ひびいていこう

「おほぞらを
びんびんと　ひびいてゆかう」
と重吉は言った

この冷たい　透きとおった
大空を　どこまでも
ひびいていこう

びんびんと
そうだ
びんびんとだ

大空を
びんびんと
ひびいていけば
そこにだれかが待っている
そうすれば
きっとすべては開けてゆく

重吉よ
いっしょに
ひびいていこう
びんびんと
そうだ
びんびんとだ

（一月三一日）

主イエスは、震災のときに私共を特別に守り、その後もずっと一緒に歩いて下さっています。大震災の苦しみの中で、主イエスが私にして下さったことを、私が「証し」としてのべること、これが今日の私の「証し」として申したかったことであり、これに尽きます。

はじめに読んでいただきました聖句、コリント第二の手紙第四章一六―一八に戻ります。ここは対比型の見事な構成をとっていて分かりやすい個所ではないかと思います。「外なる人」は衰え過ぎ去るけれども、「内なる人」は日々新たにされ、永遠に存続することが明らかにされています。ですから私達は、「見えるもの」ではなく、「見えないもの」に目を注ぎ、生きてゆくことが、キリスト者の生き方であることがよく示されています。ただイエスを仰ぎ見、主の愛に支えられ、その愛に応えて生きてゆくとき、私達の「内なる人」＝霊的な存在、私達の精神生活は日々新たにせられ永遠に存続させられてゆくに違いないと信じます。

（一九九六年三月、甲子園教会）

7　共に生きる

いつの頃からでしょうか、定年退職を迎えた教会員が、礼拝で「証し」をすることになり、慣例のようになりました。今年は私もこの三月に定年を迎えた退職者ということで、原野先生から「証し」をと言われました。それで今日ご出席の皆さんには申し訳ございませんが、これから私の貧しい「証し」をお聞きいただくことになりました。もちろん定年退職というのは人生の一つの区切りに違いありませんので、あらためて「主が私にして下さったこと」を証しし、主の恵みに感謝し御名をあがめる機会を与えていただいたことに感謝する次第です。

私の職歴はきわめて単純そのものでして、一九五三年に旧制の大阪商科大学を卒業すると同時に、関西学院大学経済学部に助手として勤めることになりました。以来四五年を経過いたしました。キリスト教主義大学である関西学院大学が私の唯一の職場でした。今考えてみますと、よくも四五年もの間、関学に勤めさせていただいたと、本人が一番驚いているところです。

今日の「証し」の題名は「共に生きる」となっております。「共に生きる」という意味の「共生」という言葉がいまやキャッチフレーズとして流行語の一つになっております。確かに今日、「共生」ということが強調される社会的背景には、一人一人がますます孤立化し、自己の中に閉じこもり、他者に無関心となる傾向が、社会のあらゆる面で進行し、社会全体として大きな不安と危機感がもたれるに至っているという事実があります。

昨年から私は日本学術会議の会員に選ばれているのですが、この学術会議というのは、俗に日本の「科学者の国会」(？)とも言われているもので、自然科学、社会科学、人文科学のすべての部門から選ばれた二一〇名からなり、総理府に所属して、科学・技術・学問の研究と科学政策に関して首相に勧告をする役割りを担う公的機関です。

この学術会議でとくに今一番重要な問題として検討されているのは、環境問題、教育問題、そして新しい平和問題だと言えます。環境問題というのは、まさに「人と自然との共生」、それを通しての「人と人との共生」を追求する問題です。教育問題と地域紛争などを中心にした新しい平和問題とは、まさに「人と人との共生」という言葉を使ってとらえられております。

ところで、「共生」という言葉が示しているように、「何々と共に生きる」という場合、必ず「私と自然」とか、「私と他の人」といったように、絶えず二者の間の関係の中で生きることが意味されています。「私と自然との間で私はどう生きるのか」、「私と他者との間でどう生きるのか」というように、「私と自然」、「私と他者」との関係の中でこそ、私達は生きているのですし、また生きてゆかねばなりません。

そこで「他者とのかかわりで生きる」ことを前提にして、「どのように生きるのか」が最大のポイントになってきます。私と誰か、私と何かとの関係の中で、どう考えどう生きてゆくかが問題です。

私の場合は、この関係をいつの場合にも、一つの緊張関係として捉えてきました。つまり私は「学問と思想・信仰との間の緊張関係」の中で、手さぐりで生きてきたように思います。いま学問という言葉の中に研究と教育を含め、思想と信仰を一言で信仰といい表わすとしますと、「学問と信仰との緊張関係」が問題であります。この中で手さぐりであがき、破れ、挫折し、それでも再び希望と勇気を与えられて、なんとか今日まできたと思っています。その結果は敗北に近く、みすぼらしいものに過ぎませんが、その生きたプロセスこそが、貧しいながらも、私の生きたことの「内実」であり「証し」であったというほかありません。

「学問とキリスト教」との緊張関係の中に生きるということを、もう少し具体的に申しますと、一番分かりやすいと思われますのは、チャペルの理解の仕方にあります。私は関西学院大学で何千回かチャペルに出席し、少なくとも二〇〇回以上、チャペル講話をしてきました。そこで絶えず問題だったのは、キリスト教主義大学の関西学院大学で「なぜチャペルアワーなのか」ということでした。

第一時限と第二時限との間におかれている三〇分のチャペルアワーは、いうまでもなく普通の授業ではありません。チャペルでは学問じたいが教室におけるのと同様に扱われるのではありません。大学の働きである学問の研究・研究それじたいから離れて、学問じたいを、人間が生きるという根本的な観点から問い直すときが、チャペルアワーだと私は考えてきました。チャペルは授業と授業とを断ち切る形で置かれています。

しかし見方を変えれば、チャペルはまさに授業と授業をしっかりと結びつけるリンクでもあります。ここに断絶と連結という一つの緊張関係があります。こうした緊張関係の中で生きることこそ、キリスト教主義大学における学問とキリスト教とが切り結ぶ接点だと考えてきました。大学でのチャペルは、学問の研究・教育（学習）との本質的なつながりにおいてこそ、その存在意義をもつのであり、ここから離れたところでなされる、なにか道徳論や人生論などではないということです。それと同時に、チャペルは学問の研究・教育・学習の真の意義が聖書の光を通して、はじめて明らかにされる場でなければなりません。私達が研究・教育に主体的に取り組むその動機や意欲や勇気を、チャペルは与えてくれるものでなければなりません。

こうした断絶と連結の緊張関係から、私は関西学院のスクールモットーである「マスタリー・フォー・サーヴィス」も理解してきました。これは普通、「奉仕のための練達」という日本語におきかえられています。これによって大学で科学・知識・技術をマスターすることは、自分のためだけでなく、他の人々に奉えるためであるという、奉仕の精神を中心に語り継がれてきています。

しかしここでも大学における学問とそれを用いるキリスト教主義に基づく生き方との間の緊張関係の中で生きることが厳しく求められていると、私は受けとめてきました。しっかりとした学問のマスターへの追求が十分でなければ、奉仕は十分な意義をもちえません。一方で研究・教育の徹底した追及があってはじめて奉仕の精神が生かされるわけです。もちろんその知識・技術の追求は、他者に仕えることに生かされてはじめて意義あるものとなり光り輝くに違いありません。

経済学の研究と教育にたずさわる私は、一方で何よりも大学の使命としての経済学の研究と教育において、いかに自己を鍛えあげてゆくかが大きな問題です。このことだけでも私にはとても大変なことなのに、同時に他方でそれらの研究・教育はキリスト者としての信仰と、それに基づく人間や社会や歴史の理解から絶えず問い直されねばなりません。こうした二重の意味での厳しい緊張関係の中で生きることが、私の選んだ途だということを、絶えず感じさせられてきました。

「共に生きる」という「共生」が強調されていますが、この「何々と共に生きる」ということの最も深いところで根底において支えているものは、「主と共に生きる」ということだと思います。これを根底にしつつ、キリスト者が「共に生きる」ということを追求してゆくことが求められていると思います。ここでも社会における「共に生きる」という主張から離れたところではなく、まさにその「共に生きる」という社会の動き、人々の行動の只中で、それと切り結ぶ形で、私達の「主と共に生きる」姿が具体的に展開されることが絶えず求められています。こうした「主と共に生きる」ことの厳しさを支える原動力はどこからくるのでしょうか。それは復活のキリストであり、いまものちも絶えず私達と共にいます同伴者イエスにほかなりません。

私が心ひかれる画家の一人にルオーがいます。ルオーはその本質においてキリスト教画家だと私は感じています。そのルオーの作品にはしばしばイエスが登場します。ルオーにおけるキリストの追求は、「私達と共にいますキリスト」だと言えます。たとえば一九二〇年の作品「郊外のキリスト」は、郊外のうらぶれた通りにキリストと二人の子供が一緒にいる絵です（これは東京ブリッジストン美術館にあります）。

私が大分まえにスエーデンの美術館でみたルオーの絵に、一九三六年の銅版画「キリストと弟子達」がありました。これには日暮れどきキリストが真中におられ、両側に二人の弟子が一緒に歩いている後姿が描かれています。これは、さきほど読んでいただいた聖書の個所、エマオへの途上で二人の弟子たちに現れた復活のイエスを描いたものと思われます。エマオという村へ向かって歩いているときに、弟子たちは主イエスと分からずに、イエスの復活のことを話します。復活のイエスはかれらに語りかけられ、かれらと共に並んで歩いて行かれます。

ルオーはまさにこうした弟子と共に歩き語りかけられるイエスを描きました。これはルオーにおける同伴者イエスの心象風景にほかなりません。私はルオーのこの作品にとても心ひかれました。イエスは復活されたのです。そして復活のイエスはいつも私たちと一緒に歩いて語りかけて下さるのです。ただ私達は心にぶく、その人がイエスだと気付かないことが多いのです。

私は今度の大震災のあと、イエスのご臨在に突如気付くことが多くなりました。復活のイエスが私の同伴者として、私と一緒に並んで歩かれ、私に語りかけられ、私を支え、私をなぐさめ、勇気を与えて下さいました。

私が大震災後、八木重吉の詩の一節からとった詩集『ぴんぴんとひびいていこう』を出して以来、詩集は一人歩きしだしています。関学の図書館の職員の方で書家の山崎掃雪さん――この方は日本の近代詩を書にかくことの得意な書家です――が今回私の詩の一つを書にして展示会に出品されました。それは「重吉よ」ではじまる詩の一節です。「重吉よ、花がふってくると思ふ／花がふってくるとおもふ／このてのひらに」というものです。

大震災を経験したことがあって、「私にとって一番大切なことは何か」、「その大切なことについて、私に今何ができるか」。この問い直しと新たな追求が今の私の願いであり、祈りとなりました。重吉はこう書きました。「てんにいます／おんちちうへをよびて／おんちちうへさま／おんちちうへさまととなえまつる／いづるいきによび／入るいきによびたてまつる／われはみなをよぶばかりのものにてあり」（「み名を呼ぶ」大正一四年三月から）。私の最終的な願いは、この重吉の世界に入ることです。

（一九九八年四月一九日、甲子園教会）

Ⅲ　関西学院と私

1　『関西学院大学経済学部五十年史』刊行記念会「あいさつ」

編集委員長の柚木さんの「編集後記」に必要なことはすべて書かれておりますので、どうぞこれをお読みいただきたいと思います。それで、私は『五十年史』の編集・出版を企画・発議しました者として、関係各位の皆さまに、あらためて厚くお礼申し上げますと共に、少し気楽な立場でお話しさせていただきたいと思います。

本書のねらいですが、その第一部から第四部まで、それぞれ全体の中で重要な役割りをになっております。しかしもしその中心はどこかと聞かれたら、それは第二部と言えます。研究と教育を中心に学会の動きとの関連で五〇年を明らかにしようとする本書のねらいがどこまで達成されているか、また同時に経済学部における研究・教育の五〇年の内容じたいの評価については、読者の判断に委ねざるをえません。これは言うまでもなく、関西学院大学経済学部史ですが、同時に学部史を通してみた最近五〇年の日本経済学史への一つの接近であり、いわば「生きた経済学史」をなすと言ってもよろしいかと思います。

これを編集してみまして、実際に収穫がいろいろありました。たとえば、第一部での、創設の事情、戦争末期から敗戦直後の状況が大分明らかになりました。戦後の拡張発展期以降についても一応の見取図がえられました。とくに中心をなす第二部は、新しい試みであり、各専門グループを通して経済学部の研究と教育の全体像を浮かび上がらせるのに、まずまず成功したのではないかと思います。

第三部は、はじめの構想からしますと、かなり後退したものになりましたが、それでもこれは、とくに「経済学部の研究の伝統と特徴」を明らかにするうえで、大きな意義をもつと存じます。さらに第四部資料は、実は編集委員のエネルギーを大いに食いつぶしたのですが、スペースとしてギリギリのところまで収録することができました。

私考えますのに、この『五十年史』の編集委員会は、紛争以来学部でつくられた最大のプロジェクト・チームだったと思います。委員会は七〇回を超え、一回普通五・六時間でした。しかしこれは表面的なことでして、委員会はいつも膨大な宿題をかかえて散会し、次の会合までにこの宿題をこなさなければならなかったわけです。

とくに今年の三月から一〇月にかけては、チームの総力がふりしぼられました。胸突き八丁を何度か越えました。夏休みは予定通りほぼ返上されました。この頃委員会で出た言葉に「五十年史ウイドウ」と「五十年史オーファン」というのがありました。家庭サービスなどおよそ無縁な私など、この言葉と全く無関係でしたが、新婚間もない藤井さんは大変でしたでしょうし、林さんも小さい子供さんをどこへも連れていけず、つらい思いをさせてしまいました。しかし、皆さんそこはなんとかスマートに乗り切っていただいたようです。私を除く編集委員の方々、ほんとうにご苦労さまでした。ありがとうございました。

苦労はありましたが、しかし編集プロセスは私達にとってその結果以上に大切だったと思います。委員会では、研究と教育に関連したあらゆる問題が取り上げられました。たとえば、本学部のキリスト教と研究・教育との関連について、かなり長時間、何回か議論がなされました。さらに編集委員会だけでなく、編集に関連したあらゆる会議会合等を通して、私は経済学部における人のつながりの強さをつくづくと感じました。紛争期に小寺先生のもとでつくられたプロジェクト・チームで鍛えられたときに感じたと同じように、今回の『五十年史』プロジェクトで、経済学部はすばらしい人材をかかえており、ほんとに学問を愛し教育に力をそそぎ、学部と大学の発展のために努力を惜しまぬ人の和が実在することを感じつつ仕事をすることができました。ここにこそ、経済学部の伝統的な力の源があることを再認識できたことは、私の最大の幸せでした。

今からさらに五〇年を経て一〇〇周年を迎えるときには、ここにおられる方はすべて現役ではなくなっているはずですが、経済学部はどのように発展しているでしょうか。『五十年史』を生かしていただいて、学部一〇〇年に向けて、心を新たにしていただく一つの拠りどころとなれば幸いです。どうもほんとにありがとうございました。

（一九八四年一一月二一日、宝塚ホテル）

2　私の吉林大学交流記

はじめて北京に着いたときにみた、北京空港から市内に通じる幹線道路に沿ったあのすばらしいアカシアと柳の並木を今も忘れることが出来ない。一〇年前の一九八二年六月のことだった。

私は吉林大学へは二度訪問した。最初は吉林大学と関西学院大学との学術交流協定書を締結するために、経済学部長として本学の代表団に加わって訪れたときである。城崎進学長を団長とするこのときの代表団の動きについては重複をさけるために省略したいと思う。しかし、あれからもう一〇年も経過したことを想うと感慨もひとしおである。協定締結後、長春から吉林、北京、西安、蘇州、上海への旅もとても有益で思い出多いものであった。とくに吉林へ出かけたとき、吉林市長の歓迎晩餐会の席上、副市長さんから聞いた「団結起来　向前看!」という言葉に感激したことは、既に拙著『岩の上に――学問・思想・信仰――』(玄文社、一九八九年)に書いた通りである。

協定締結後、経済学部は翌一九八三年に直ちに吉林大学経済系から、日本経済論の研究のために、池元吉、趙鳳彬の二副教授を迎えて交流を開始した。これは吉林大学からのはじめての客員教授だった。さらに経済学部長として、本学経済学部から吉林大学へ最初の集中講義のために金子精次教授を派遣し、両大学の交流の第一ラウンドを完結することが出来たのは幸いであった。ことに趙鳳彬教授の経済学部での最初の日本語による中国経済論の講義は学生に大きな刺激を与えるものであり、私自身、教授の講義用テキスト『中国経済論講義』(関西学院大学経済学部、一九八四年四月)に「まえがき」を寄せ、両大学交流の意義にふれることが出来たのは光栄だった。

第二回目の訪問は、一九九〇年八月二五日から九月二四日に至る約一ヶ月間、招きを受けて、経済系で集中講義をしたときのことである。講義はとくに近代経済学史をということだったので、講義用シラバス「近代経済学史」（一四七頁）のプリントを用意し、「限界革命からケインズ革命へ」をその主内容とした。講義は三回の集中で、一回に十分の休憩をはさんで約三時間で、計九時間少しぐらいだった。聴講した学生は、院生・卒業生約六名を含め、平均約四〇名、それに教員が二～三名というところだった。通訳は経済管理系の麻彦春講師だった。麻さんは専門が異なるので通訳にずい分苦労されたことと思う。私は通訳がなされている間、次に述べることの要点を次々と黒板いっぱいに書くのに追われ通しだった。こんなに黒板をフルに活用したのは生まれて初めてと言ってもよいほどだった。私語のない、こんな静かな講義はもう日本ではみられないものだった。とくに一番前列に陣取っていた院生たちのキラキラと輝く目は今も忘れることが出来ない。

しかし通訳のもどかしさは避けられない。英語の出来る院生の質問は自然と英語になり、それに私が英語で答える場面が何度かあった。とくに講義後の質問と応答はすっかり英語になってしまった。のち私は宿舎だった長白山賓館で聴講生との自由な懇談会をもったとき、かれらの近代経済学と近代経済学史への関心の大きさを改めて実感した。これにこたえていくためには、吉林大学でのカリキュラムの検討が何よりも必要に思われた。

吉林大学を離れる前日に、私の希望により、経済系主任（学部長）李文哲副教授をはじめ経済系の教員六名と懇談会を開いていただいた。中心テーマは、中国の大学における近代経済学および近代経済学史（ひろくは経済学史）の研究と教育の現状であった。無論私は日本における経済学史の研究と教育について簡単に説明した。この懇談会じたい有意義だったことは言うまでもないが、その場で私の質問に最も的確に答えてもらった、経済学史を専攻する若手の呉宇暉講師に会えたことは私にとって幸運だった。これがきっかけで、氏にこのテーマに関する論稿（英文）の執筆を依頼することになった。それが私の訳出した「中国における外国経済学説の研究と教育の現状」（『経済学論究』四五―一、一九九一年七月。のち拙著『ヒュームとスコットランド啓蒙―十八世紀イギリス経済思想史研究―』、（晃洋書房、一九九二年三月に収録）である。その「訳者あとがき」に書いたように、これには、両大学間の「交流をよりいっそう実質的なものにしてゆくうえでも」、また「これをきっかけとして、日本と中国の経済学史研究者の交流を深めることに少しでも役立てば」という願いがこめられていた。

改革開放路線をおし進めていく中国にとって、市場経済と社会主義政府による経済政策はますます重要となるため、市場経済の有効性とその欠陥の分析も含めて、西側の近代経済学の研究と教育は中国でますますその重要性を増すことは確かである。そうすれば、近代経済学の特質をより深く知るうえで、近代経済学史の知識が不可欠であることがいっそうよく理解されることになろう。

長春での集中講義の前後に、今回も長春を含め東北部と北京・上海を中心に各地を旅することが出来た。大連、瀋陽、ハルピン、北京、上海、蘇州、杭州へと旅したが、宿舎の利用との関係があって、遼寧大学（瀋陽）、黒竜江大学（ハルピン）、復旦大学（上海）、浙江大学（杭州）を見学することが出来、中国の大学についても多少とも知る機会を与えられた。

キャンパスで見たさまざまな事柄のうち、最も印象に残ったのは軍事教練と政治学習の強化であった。ちょうど天安門事件後一年三ヶ月ほど経過したときであり、北京大学をはじめ中国のすべての大学で新入生は一ヶ月以上の軍事訓練を受けていた。吉林大学でも、一年生と二年生は一ヶ月間、軍に入隊して軍事訓練と政治学習を受けていた。ハルピンの黒竜江大学でみた新しい軍服・軍帽を身につけたピカピカの新入女子学生が左右に父母と手をつなぎながらキャンパスを案内していたのは忘れられない光景だった。なんとその女子学生は軍靴でなくハイヒールをはいていたのだった。

二回目の訪問のさい、私はとくに希望して、瀋陽では柳条湖に、そしてハルピンでは「中国侵略日本軍七三一部隊罪証陳列館」に行くことも出来、私にとって新たな歴史学習となった。

中国での移動と見学のため、吉林大学日本研究所の李玉潭副教授と同外文系日本語科の田力講師に通訳と案内の労をとっていただいた。とくに田講師の抜群の日本語能力と日本人も及ばない心づかいのおかげで、私はすばらしい旅をし、多くのことを学ぶことが出来た。上海からいよいよ日本に帰るときには、十年来の旧知の人と別れるような思いがして不思議だった。

主に大学の宿泊所にお世話になったが、連絡が不十分なためか、いろいろ小さなトラブルがあったことも事実である。こんな経験もした。上海から杭州に出かけたとき、浙江大学では係りの人に会えず、真夜中になっても宿がきまらず、少々うろたえ気味だった。大さわぎのあとやっととれたホテルが、なんと杭州一といってもよい花家山賓館の、それも先日アジアのどこかの大統領が泊まったばかりという広大な二室からなる部屋だったのには驚くばかりだった。

最後に、十年来の両大学の交流をさらに実のあるものとするためにささやかな提案をしておきたい。その一、本学から派遣されて行われる短期の集中講義は、出来る限り吉林大学の正式なカリキュラムに入れ単位を与えるよう改善すべきであろう。でないと中途半端なものに終わってしまうからである。その二、今後の展開のひとつとして、柚木学・地元吉編『日中産業経済の総合研究』（文献出版、一九九一年）、中国語版『中日経済及其比較研究』（吉林大学出版社、一九九二年）をふまえ、さらに一歩をすすめて、より組織だった本格的な共同研究の開始が望まれる。終りにお世話になったすべての方々に感謝すると共に、両大学間学術交流のいっそうの発展を切に祈るものである。

（『関西学院大学　吉林大学交流一〇周年記念誌』関西学院大学、一九九三年九月）

3　関西学院と私

ある日ふと気が付いてみますと、経済学部では、金子精次先生が亡くなられまして、私は経済学部の教授会では一番窓際にいつのまにか座っております。そこは大体長老が座るところではないかと言われておるところでありますが、いつのまにか座ることになってしまいました。私は、旧制の大阪商科大学、現在の大阪市立大学を卒業しますとともにゼミの先生でした堀経夫先生について経済学部の助手になりました。それが四一年前、一九五三年の四月でございます。ご承知の方も多いかと思いますけれども、堀経夫先生は、日本学士院の会員にも選ばれました方で、関西学院大学では、一九五五年（昭和三〇年）から一九六六年（昭和四一年）まで、一一年間の長きにわたって学長を務められました。関西学院大学のアカデミズムの振興という点で大変大きな貢献をされたわけでございます。この四一年間の間に私は、関西学院、とくに関西学院大学から実に多くのものを学ばせていただきました。今日はそのことに関連しまして、一つ二つお話しさせていただければと思っております。

今日の私の話のキー・コンセプツを挙げよと言われますと、次の三つになろうかと思います。第一番目のコンセプトは、「研究教育とキリスト教主義」と言うことでございます。そして「建学の精神の問い直し」これが二番目で、最後の三番目が「今」と言うことではないかと思っております。それぞれが大変重たいコンセプトでございますのでなかなか充分に論ずることが出来ません。それで、限られた時間でありますので落語の三題噺よろしくどうぞ気楽な気持ちでお聞きいただければ幸いに存じます。

ところで、関西学院の歴史を見て参りますと、関西学院は少なくとも四回の危機を経ているのではないかと私には思われます。まず最初の危機は、明治三〇年代から明治四二年にかけまして中学部、当時は普通学部とよんでおりましたが、中学部のいわゆる文部省による認定および、指定という問題をめぐっての危機であります。そして二番目は、第二次大戦の末期、昭和で申しますと、一九・二〇年、終戦の年の二〇年八月まで、そういう時期に非常に大きな危機を迎えております。そして三番目がご存じのように一九六八年（昭和四三年）から一九七五年（昭和五〇年）にかけて、とくに一九六九年の前半は、大学紛争、関学紛争、そしてそれに続く大学改革とそういう危機でございます。そして最後の四番目の危機と申しますのは、今現在私達がその只中にある新しい大学改革のうねりの中にある危機ではないかと思っております。

第一番目の、いわゆる文部省による認定・指定問題、これに関しましてはお手元にありますプリントの一番最後のところに私が書きました一番簡単なものをコピーさせていただいております。詳しくは、関西学院史の資料室が発行しております「関西学院史紀要」の創刊号に書いておりますので、それをお読みいただければ幸いでございます。

二番目の、戦争の時期の関西学院が遭遇した大きな危機という、これにつきましては私は一九八四年に経済学部で『経済学部五十年史』というものの企画編集に係わりました。その時に、大学は実際昭和九年から授業を開始しておりますから、それから五〇年というそういう正史の勉強を致しました時に、終戦末期の関西学院がどういう危機的な状況にあったかということを少し詳しく知ることが出来ました。『五十年史』にもそのことがいろんな形で触れられております。

三番目の紛争に関しましては、六九年の三月から実は七五年の三月末まで五年間ほど、最初は小寺武四郎先生が学長代行ということになりまして、学長代行の下で特別調査企画委員と当時申しておりました、なにしろ悪い奴の集まりだという風によく言われていたのですけれど、そういう学長補佐的な役目に就きました。その後は学長付きというような役割になりまして、いわゆる学長補佐的な仕事を五年間ほどいたしまして、関西学院が全学封鎖されている、それを如何に開放し、キャンパスを取り返し、そして新たな大学改革を推進していくかと、そういうことが最大の課題であったわけであります。

ですから、単なる紛争による事態の正常化というようなことではなくて、それをどういう新たな大学改革によって関西学院が新たに生まれ変わるかというのがその当時の課題であったかと思います。ですから、「学長代行提案」と呼び慣わされているものがありますけれども、これはキャンパスを奪回することもありましたけれども、どういう改革を実際に関西学院はやるのか、今流行りの言葉で言いますと、徹底した自己評価を行ないながら改革をどう進めていくのか、大学と学院全体のレベルでどうするのかということが最大の問題でありました。でその代行提案なるものは『関西学院大学改革に関する学長代行提案』と、そういうふうになっております。大学改革ということが如何に重要であったかということを示しているかと思います。私はそれの執筆等にも一部参加いたしました。そういうことがありまして、今や紛争をご存じない方が大分増えてきまして、先日は中條和夫さんも亡くなられまして、私も感慨を新たにせざるを得ないような状況になっておりますが……。

そういうことで、今、学院史の資料室の方で関西学院百年史の編集が進んでおります。私もそれに大きな期待をもっております。こういう四つの危機、それをどういうふうに具体的に分析し、記述されるのか、それに大きな関心をもっております。とくに紛争期を今日から歴史的にどういうふうに位置付けるのか、大きな問題ではなかろうかと思います。それによって、関西学院の百年の歴史というものが問われるのではないかとも思うわけであります。

で、こういう危機の中身についてここで軽く簡単にでも触れることはなかなか出来ません。それを大変私は残念に思うわけでありますけれども、しかし、こういう危機について全般的に考察してみますと、それらの危機はいずれも単なる経営上の危機ではありません。また、単なる教育研究上の危機でもなかったと思います。そうではなくて、本質的には教育研究と関連した学院のキリスト教主義の危機であったというふうに感ぜられるわけであります。現在もまた、それ以外の何物でもない、というふうに思っております。時代が変わっていきまして、教育研究の諸制度が変遷していきます。さらにそれに対応する形で、校地や設備、あるいは教員組織やカリキュラム、そういうものが展開されていきます。それに伴いまして、その中で学院のキリスト教主義というものがどう活かされていかなければならないかと、それがまさに問い直されているのではないかと思うわけであります。この意味で、建学の精神の問い直しというものは、まさにこうした学院の危機の本質というものを成していると言えるのではないかと思います。また、そのように理解されるべきではないかと、私は考えているわけでございます。

こうした学院の歴史から学びながら、また一部それに直接参加する中で、私が絶えず感じてきました大切な点を、今、とくに大学との関連におきまして、一言でもし言い表すとすると、それは一体どういうことであろうかと今回考えてみました。それは結局の所ですね、大学の使命である研究・教育と ― 私は研究を先にしたり、教育を後にしたりいろいろひっくり返したりしますけども、これは中黒で結ばれておるものでありまして、今更説明するまでもないと思いますが、そういう意味で使っております ― 学院の建学の精神であるキリスト教主義との緊張関係ということではないかと思います。この研究・教育とキリスト教主義との極めて厳しい緊張関係の中で生きていくことの難しさと申しましょうか、苦しさといいましょうか、しかしそれと同時に、その中での喜びと感謝と、そういうものを体験しつつ、その危機を乗り越えるために私達は一体何をすればいいのか、何が出来るのか、何を為さねばならないのか、これが今問われていることではないでしょうか。

私は、教育・研究とキリスト教主義との緊張関係というものを示す一つの重要なシンボルとしてチャペルを取り上げてみたいと思います。お手元のコピーの一枚目にあります、「Mastery for Serviceと私」という短いまずい文章ですけども、この中で学生に一体チャペルとは何かということについてこんなふうに言って来たわけでございます。時間割で見ますとチャペルアワーというのは、第一時限と第二時限の授業の間にあります。そして授業を切り離しているように見えます。チャペルは、授業（学問と言ってもいい）、教育・研究と言ってもいい、それ自体ではなくて学問の連続を断絶させているのではないかと思われます。これは教育・研究という大学の日常活動を人間の生きることの全体から根元的にとらえ直す大切な機会を与えるということを意味していると思います。科学主義であるとか、技術主義であるとかそういうものの誤りの指摘も、こういうところにおいて行われていくのではないかと思う訳であります。しかし同時にチャペルは、また第一時限と第二時限の間にあって実は両者をつなぐリンクといいますか連結環をなしているとも言うことが出来ようかと思います。教育研究活動を行う大学でのチャペルというものは、研究・教育との繋がりにおいてこそ、その存在意義をもつことが可能になるのではないかと思います。

このように大学でのチャペルというものは、研究・教育との断絶と連続とのいわば、緊張関係においてのみ真の意味において成立しうるのではないかと思う訳であります。かりにもしその断絶面だけが、教育・研究の実体とかけ離れたところで語られることに終始するならば、こういう時の建学の精神というのは、ただの建て前に過ぎない。ただの題目に堕してしまうことになるのではないかと思います。勿論誤解の無いように申しますと、学問の固有の領域にキリスト教主義が直接入って行くのではございません。その研究・教育活動を進める際のその主体の力の源にキリスト教主義が、なっていくわけであります。それでその学問に基本的な方向性を与えていく点でキリスト教主義は極めて重要な役割を果たすのではないかと思います。この辺りの議論は、今日はごく簡単にしか申せません。もっと詳細な論理を必要とするかと思います。

さらにもう一つ大切だと思いますことは、キリスト教主義というのはこういう意味で研究・教育を可能にする物的・人的なそして組織的な環境というものを如何に整え発展させていくか、そういう経営管理上の具体的な諸問題との関わりの中で、具体的に明らかにされなければならないのではないかと思うわけであります。

コピーの一枚目の裏から始まっています「関西学院－チャペル＝0について」と言うまずい文章

がございます。これも文脈は違いますけれども、先ほどとほぼ同じことを述べたものでございます。関西学院での教育研究のもつ意義と言いますのは聖書の光を通して初めて根元的に明らかにされますとともに、聖書の光というのは、大学において明らかになるためには何よりもまず、ひたむきな教育・研究活動というものが生き生きと追求されていなければならない。これが大学におけるキリスト教主義の意義ではないかと思うわけであります。キリスト教主義が、大学の教育・研究ときり結ぶ形で絶えず語られ具体的に示される場こそが関西学院大学であり、そこでこそキリスト教主義と言うものが真に大学において生きて働くのではないでしょうか。

現在の大学改革という四番目の危機について考えてみたいと思います。クローチェと言う歴史家が申しましたように、すべては現代史であります。そういう意味で考えてみたいと思いますけれども、今私達に問われているのは、教育・研究そしてそれを支えていく経営管理の具体的な諸問題とのかかわりの只中でキリスト教主義に基づく建学の精神を新たに問い直すことであって、キリスト教主義は現在の大学改革の中で具体的な姿を取って展開されなければならないのではないかと思います。

一例だけで恐縮ですけれども、例えば総合政策学部でチャペルアワーの帯が時間割の上で何とかやっと確保されたと聞いております。キリスト教主義が具体的にそういうことによって貫かれていくことにともかくも落ち着いたことを、私は非常に喜んでおります。これはまあ言ってみれば当然のことでありますけれども素晴らしいことに違いありません。しかし、半面、そのプロセスを考えて見ますと危なっかしいと申しましょうか、そういうところが感じられて楽観できないのではないかというふうにも考えるわけでございます。またもう一つは、総合政策学部では、自然と人との共生、人と人との共生、そういうエコロジカルな観点に力点を置くといわれております。これも大変素晴らしいことでございます。むろん設立にあたってご苦労されている方は、始終その準備のために考えを進めておられることと思います。ですが、キリスト教主義というのは、例えばその具体的なカリキュラムの中で、今申しました焦点との関わりの中で具体的にどういうふうに展開されていくのか、ぜひ一層明確にしていくことが期待されるわけでございます。

数年前によく出ておりましたテレビのＣＭを今思うのですが、多分これは、ウイスキーの宣伝だったと思いますけれども、「錆びるな男よ」と言う言葉があるんですね。それを今思い出しまして、これを私はいつもですね、ＣＭがしょっちゅう出てくるもんでありますから、「錆びるな関西学院よ」というふうに聞いてきました。流れというものに身をさらしてこそ錆びつかないわけでして、今の激流に身をさらしまして、その変化と圧力の只中にあってキリスト教主義の建学の精神を絶えず問い直して具体的な教育・研究の活動現場とそれを支えていく経営管理の場での行動を通して、関西学院の存在意義を世に問うものでありたいと願うものであります。

「錆びるな関西学院よ」「錆びるな関西学院のキリスト教よ」、そして、「錆びるな関西学院のマスタリー・フォー・サーヴィスよ」。

ありがとうございます。

（春季宗教運動・教職員の集い説教、一九九四年四月一九日）

（関西学院宗教活動委員会・関西学院宗教センター編『ＫＧキリスト教フォーラム』七号、一九九六年二月）

4　関西学院大学の新たな改革に向けて ――「学長代行提案」の指し示すもの――

文部省の「大学設置基準の改正」（一九九一年）、いわゆる「大綱化」をきっかけに、一八歳人口の激減、入学志願者の減少という事態の下で、現在日本全国の大学で大学改革が進行している。この改革の動きと、ほぼ四分の一世紀前、一九六九年前後の大学紛争期の大学改革とはどのように関連しているのだろうか。言われているように、両者の間には関連はないのだろうか。そもそもあれほど激しく吹き荒れた大学紛争はいったい何だったのか。あの時期に提出された多くの大学改革案は何だったのか。それらはどう実現されたのか、実現されなかったのか。

二一世紀に向けて関西学院大学の改革が進められて行く中で、紛争のさなか一九六九年五月七日に提出された「関西学院大学改革に関する学長代行提案」はいまどのように位置付けられているのだろうか。こうした問題についてあらためて考えることにより、関西学院大学の新たな改革にむけて問題提起のひとつにでもなれば幸いである。

Ⅰ　大学紛争と大学改革

「日本では大学紛争はまだ総括されていない」というのが基本的な現状と言ってよかろう。個別大学の紛争についての若干の記録とその評価に関する感想程度は言われているものの、全体としての大学紛争の原因、経過、特徴、紛争が残したもの、紛争期に提案された大学改革案、紛争後の大学改革の実行等について一定の共通した見解が出されているわけではない。大学紛争を歴史的事件として全体的な総括を行うには、まだ十分な時間が経過していないのかもしれない。

とはいえ、十分な分析はないが、紛争が国際的潮流の中にあったことは確かである。アメリカ、フランス、西ドイツ、イギリス、そして中国の文化大革命の流れである。学生運動もまた戦後生まれの世代の大学生の登場と共に、一般的に言って新左翼の台頭が重要だったことは言うまでもない。とくに日本の場合は、学生運動における共産党主導への反発と新左翼の影響の増大が著しい。

日本の場合、各個別大学紛争での直接的なきっかけとしては、東大の医学部問題や日本大学の脱税問題から、一般的には学生会館、学寮、カリキュラムなどであったが、私立大学では、直接の原因は学費値上げであった。これは慶應、早稲田、明治、中央をはじめ関西の諸大学でも同じであった。これはすでに一九六五年くらいから問題となっていた。関西学院大学でも同じであった。この背景には明らかに一九六〇年安保後の所得倍増政策という名の高度経済成長政策により、理工系を中心とした学生の急増が求められ、それは私学中心の大幅な拡充によって実現が図られたのであった。この結果、一九七〇年には、私立大学の学生が全大学生の七八%を占めるに至っている。学費収入にその財政基盤を置く私学は学費値上げを余儀なくせられ、学生負担は増大した。もともと貧弱な施設・設備が十分な改善を見ないまま、学生数の増大のため、教育条件の悪化が生じた。一方で学生会館や寮などの学生のための施設の貧弱さが目立ち、劣悪な環境にもかかわらず、次々と学費値上げが行われることとなった。これは明らかに、政府の教育政策の誤りであった。

他方、こうした大学の大衆化に対応できていなかったのは設備だけではなかった。一九四七年に新制大学ができて以来、結局うまく定着しなかった「一般教育」をはじめとする教育課程問題が深刻化してきていた。これは教養部が紛争の中心となったことの一因といえる。大学の自治＝学部教授会自治という組織と教員の伝統的意識が強く、大衆化によってエリート意識を喪失した学生と教授との関係はその基盤を失いつつあった。大学は学生の不満・不安を十分理解せず、必要な情報を十分与えることもなかったといえる。要するに、伝統的大学と大学の大衆化の進行との矛盾が限界点に達したことが大学自体の抱えた問題であり、紛争の規模とその激化をもたらしたことは確かである。

むろん学生運動の形態も大きく変化した。「全共闘」を中心とし、多くのノンセクト・ラディカルを生み出し、一般学生を巻き込む形で、紛争は大規模化し、全国化した。とくに直接参加・直接行動を特徴とする運動組織である「全共闘方式」、「大衆団交」方式の強要、鉄パイプ・角材等による暴力行為、バリケード封鎖、設備・図書などの破壊、セクト間の暴力による主導権争いなど、負傷者や死者まで出すに至ったことはよく知られている。

しかしこうした過激な行動を引き起こし主導したセクトの一致したスローガンは「大学解体」であり、学問の自由や大学の自治も含めて、これまでの大学のあり方・存在自体までも否定しようとするものであった点が思想的にはやはり大きな特徴といえる。末期にはセクト間の暴力闘争とセクト内の分裂抗争によって自滅せざるを得なかったが、彼らの言う「大学解体」ののち、どのように大学を創り変えるかについては、展望も構想も何もなかったのが大きな特徴であった。この点は思想的に突っ込んだ分析が必要であろう。彼らは学生の「無権利状態」を指摘したが、大学自治への「学生参加」を否定した。彼らは「専門馬鹿」という言葉を叫んだが、これをいかに克服するかには無関心だったといえる。

Ⅱ　関学大紛争と「学長代行提案」に基づく大学改革

関西学院大学でも一九六〇年代から次第に学費値上げが深刻化していったが、一九六七年の学費値上げの発表は全学共闘会議の結成を生み、学生の処分がその撤回闘争へと展開していく中で、いわゆる「六項目要求」が提出され、一九六八年三月卒業式当日の学院本部の封鎖へとエスカレートし、後は大衆団交を要求してのバリケード封鎖が激化していった。一九六九年に入ると一月の第五別館封鎖に始まり、三月には全学部と他の大学施設および学院施設のほぼすべてが封鎖されるに至っている。警察力の導入で入試だけは何とか行い社会的責任は果たしたが、その後はただちに全学が再封鎖され、卒業式も中止せざるを得なくなった。

経済学部の小寺武四郎教授が学長代行に就任した三月一九日は、まさにこのような状況下であった。学長の諮問機関として「特別調査企画委員会」が設置され、大学改革にもとづく紛争の解決が模索され始めた。一方でアンケート方式により学生の意志を確認しつつ、同時に大学改革のために、次々と委員会を作り、教員による検討がなされ、答申が提出されていった。カリキュラム、キリスト教教育、学長選考、大学評議会改組、教授会改組、処分制度等の全面的検討がなされた。これらの改革を目指す委員会の答申をまとめる形で出来上がったのが、「学長代行提案」であった。

「学長代行提案」は五段組一六ページ、約五万字に及ぶものとなった。当時紛争を経験していた大学が、それぞれ大学改革案を発表していたが、その中でもこの「学長代行提案」は特筆に値するものと社会的に受け取られた。その全文を掲載した朝日新聞の取扱いはそれを最もよく示していたといえる。

「学長代行提案」はまず「私学の苦悩」で始まり、私学の学費値上げをもたらした国の文教政策の極度の貧困を指摘し、長期的展望に立った大学政策こそ不可欠であることを強く訴えている。そのうえで、「関西学院大学における大学理念」を取り上げ、「教育の改革と問題点」、「研究体制改革の展望」、「大学における意思決定と管理」、「法人組織における意思決定と経営」、「職員の役割と事務の合理化」、「学生の自治と参加」に及んでいる。そして「学生の諸要求に対する大学当局の見解」として「六項目要求」に直接回答している。最後にそれは、「改革に当たって各層、各界への要望」として訴え、「改革の実現に向かっての具体的展開」によって改革案の全学的検討、改革の基本方針確認のための全学集会を経たキャンパスの自治回復を呼びかけて終わっている。

このような構成をもつ「学長代行提案」は、大学及びキリスト教主義大学の理念を問い、教育・研究体制の改革、大学及び法人の意思決定、職員の役割、なかでもとくに学生の自治と参加に力点を置きその意義を明らかにしている。それぞれの中身についてはここでは省かざるをえないので、「代行提案」自体にぜひ目を通して頂きたい。初めて読まれる方は、ここから大学改革のもつ基本的な問題点を考える意味で、今なお大きな刺激を受けるに違いない。紛争の解決に当たって、全学を挙げてこのような改革案作りを行い、全学集会においてその基本方針を確認する方式をここまで貫いた大学は、当時極めて少数だったことは確かである。

しかし特徴はこれにとどまらない。キャンパスに戻ったあと「代行提案」での提案の具体化に向け膨大なエネルギーが投入され、改革のための全学を挙げての検討とそれを順次実現する努力がなされた。これは関学大の改革の第二の大きな特徴である。これはいくら強調してもし足らないようなきわだったものといえる。当時大学改革案は作成したものの、単なるペーパーに終わった大学がいかに多かったことか。改革案は紛争を収拾するための単なる見せかけの手段という性格をもたされる例が実に多かった。

このようなときにキャンパスに戻って、まず土曜日が「改革推進日」とされ、この日は授業はなく、改革について、用意された「討議資料」によりながら、教員学生がひざを交えて話し合う場が提供された。教員の方は「代行提案」にもとづいて設けられた各種の委員会で具体案を次々と作成していった。それは、除斥投票とリコール制による学生参加の学長選挙、学長選への職員の参加といった学長選考規定の改正から、大学評議会・教授会の改革、新助手制度の導入などが行われた。さらに、C・O・D（キャンパス創意開発機構）やオフィス・アワーの新設、土曜オープンセミナー、「総合コース」の開設、総合教育研究センターの開設等が次々と実現していった。なかでも一・二年生の「基礎ゼミ」あるいは「人文ゼミ」を全学的に設け、小集団教育に力が注がれることとなった。また広報活動も重視され、広報室が設けられ、「上ケ原ジャーナル」、「KG Campus Record」、「K.G. TODAY」などが発行されるようになった。

Ⅲ　現在の大学改革と紛争期改革との関係

いわゆる「大綱化」以来急速に展開している大学改革と紛争期の大学改革とは明らかにその背景を異にしていることは言うまでもない。今進行している大学改革は大学紛争とは一応無縁である。紛争期には学生は、さまざまに立場は異なるものの、大学を構成する一員としての自覚をともかく前提にしていた。そこから「学生の大学における無権利状態」が指摘され、その正当な改善が要求されたのであった。大学改革において学生の参加は不可欠の重要な問題であった。

しかし現状は大きく異なってきている。現在は、大学間の競争が激しくなり、大学志願者とその保護者は、消費者として一層厳しい目で大学を選択の対象としている。競争原理が働く限り当然のことであろう。こうした状況下で大学改革はもっぱら教職員サイドで進められている。消費者に訴える魅力をいかに作り出すかが、何よりも重視されているといえる。

このようにして入学した学生は、教員たちの講義もこれまで以上に選択の対象としていく。その選択の基準が適切である限り、このような意味で大学が活性化することは必要であり、有意義なことである。これによって講義やゼミの内容が充実し、教育・研究が見せかけではなく、実質的に改善につながるのが望ましい。

しかし問題はそう簡単ではない。大学は競争原理だけでは発展しない。学生が単なる消費者の立場からだけでなく、大学を構成する構成員としての自覚をもち、自治能力を高め教員・職員と協力して、教育・研究の場で学生としての役割を積極的に担うのでなければならない。「代行提案」の大学の理念で説かれている「協同社会」としての大学は、この重要な側面を指摘しているのではなかろうか。今現場で直面している問題は、まさにこのことであり、学生をいかにして単なる消費者的傍観者にとどめず、大学の重要な構成員としてともに大学の活性化をにない得るようになるかにあるといえる。

現在の改革と紛争期の改革の間には、何の関係もないと言われることがある。紛争を振り返って、紛争期になにも改革しなかったことをよしとし、それをその大学の伝統でもあるかのように述べる国立大学さえ存在する（大崎仁編『「大学紛争」を語る』有信堂、一九九一年を参照）。また例えば、関西のある国立大学は、何の改革案ももたず、全学集会はおろか、大学横成員の意志も十分確認せず、ただひたすら警察力に頼ってキャンパスの正常化を計ったに過ぎなかった。こうした大学の責任者だから、二つの大学改革の間の関係など問題にもならないのも当然と言える。

あれだけの激しい学生からの抗議にもかかわらず、改革の姿勢すら示さず、また改革案は一応作成しても、それは正常化の口約束に過ぎず、キャンパスに戻ればそれまでで、改革の約束を忘れてしまった大学が極めて多く存在した中で、関西学院大学の改革は約束を守り、律儀過ぎると思われるくらい、その具体化と実現に力が注がれたといえる。

こうした「代行提案」にもとづく改革の実行は、関西学院大学の歴史において画期的意義をもっており、それが今日の大学を作り上げ、それの延長線上に現在の改革が進行していると見ることができる。あの大学改革の討論とその実現にむけての誠実な努力・経験の上に、今新たな条件を考慮した改革が進行していると考えられる。「代行提案」にもとづく改革が一巡した後、不幸なことに大学側と経営側とに生じた根深い対立は、大学、学院全体の停滞と大きな後れをもたらすことになった。しかしこの対立が終わり、今遅れはしたが、新たな改革にむけて動き出したことは確かである。

Ⅳ　「代行提案」の精神はいかに生かしうるか

「代行提案」にもとづく大学改革の精神と経験を生かすためには、まず第一に、改革の目標を明確にすることが必須と思われる。何事もそうだが、とくに大学というところでは理念が極めて重要であることはいまさら言うまでもない。理念なき改革は、結局気がついてみれば、継ぎはぎの、なし崩しの迎合的・一時的改革に終始する危険が大きい。このように「理念」をもち出せば、いまさら何をといった雰囲気が感じられる大学は、この危険性をはらんでいると言ってもよかろう。あの激しい紛争のさなかに出された「代行提案」が「関西学院大学における大学理念」から始められたことは、何も建前を重んじたのではなく、改革はまさにここから始まるべきことを明確に示そうとしたものと考えられる。紛争では、さまざまな制度・組織・政策が問われただけでなく、まさに大学は何かと言う「理念」が問いただされたのであった。したがって、「代行提案」は関西学院大学の過去と現状を明らかにした上で、関西学院大学の「新しい大学像」を示そうと試みたのであった。「大学における学問と教育」、「大学の自治」、「大学とキリスト教」、そして「新しい大学の構造」として、先に触れた「協同社会」の構想を提示したのだった。とくに「マスタリー・フォー・サーヴィス」が象徴するキリスト教主義大学の理念を、大学改革案の冒頭において、これほど明確に論じたことは、関西学院大学始まって以来の画期的な出来事だったことは確かである。議論の評価は別れても、こうした関西学院大学の根源を抑えた議論なしの改革は無意味に近い。むろん「マスタリー・フォー・サーヴィス」を単なるお題目、スローガンに終わらせないためには、それを新しい状況下において、いかに教育・研究の質的向上につながるように、絶えず創意をもって具体的に展開していくかにかかっている。この具体的・積極的挑戦なくして大学の「理念」は決して生かされることはない。

第二点は、大学改革の方法である。あえて強調しておかねばならないことは、関西学院に伝統的な民主的方法の重要性である。なるほど関西学院大学での意思決定における「超民主主義」のもつ非効率はただされる必要がある。本質的でないささいな事柄まで全員がいちから取り上げることは時間の無駄と言える。教授会や大学評議会等の議論を見ればわかることである。しかし、これにこりて安易なトップダウン方式に走るのはもっと危険と言わねばならない。とくに責任体制が不明確なままでのトップダウン方式への切り替えは、民主化と透明化という基本的方向を見失わせることにならないだろうか。

第三点は、やはり経営と教学との優れた意味の緊張関係の重要性である。現在の大学改革では、「生き残り」と言う言葉と共にとくに経営が強調される。経営なくして教学もない。だが財政主導の大学改革は結局、大学の目的である教育・研究体制の発展方向を誤る危険性をはらむことがある。財政的にいかに発展し、はでに目立っても、それが教育・研究の質的向上に必ずしもつながらず、大学の理念もころころと変わるようでは、大学の発展にはならない。このことは絶えず問い直されねばならない点であろう。

最後にどうしても指摘せざるを得ない点は、「代行提案」において重要な問題点として明確に指摘を受けながら、その後の改革でも結局のところ、解決されていない問題として、学院の意志決定機構における、院長、理事長、学長という組織である。三者、とくに院長の権限と役割はいまだに明確ではない。これの未解決は、例えばキリスト教主義による中・高・大一貫教育においても、「日曜入試」問題においても、さらには阪神大震災時における日本キリスト教団との関係をめぐる問題においても、院長職に疑問を抱かせる結果を生んだと言えよう。結論はどうであれ、この点の改革は是非早急に必要であろう。

今大学の第二次中長期計画が作成されようとしている。設備の充実・改善もさることながら、やはり一番遅れている情報環境の整備は急務であろう。しかし大学が一番にあげている「大学院の充実整備」がやはりもっとも重要と思われる。これに関連して一言だけ述べておきたい。

　高度職業人教育として「関西学院大学プロフェッショナル・スクール」の開設が提案されている。商学研究科のマネジメント・コースと経済学研究科のエコノミスト・コースを母体に、新たに法学研究科にジュリスト・コースを設け、それらを結集してプロフェッショナル・スクールとする構想である。私はすでに数年前から、大学設置審議会の専門委員の経験から、高度職業人教育として、関西学院大学に「総合社会科学研究科」を設けてはと提言してきた。とくに独立研究科が問題となったとき、外国語教員も入り得る形の、総合的な社会科学を中心とする昼夜制の研究科構想を、学長に求められて進言したことがある。これからジュリスト・コースが加わろうとしていることは、私にはこの構想に向かっての一歩前進と思える。社会学研究科と間もなく開設されることになる総合政策研究科がまず同様なコースを設けて、これらの研究科が相互に乗り入れることから始め、次の段階として、それらを総合する形で、関西学院大学がもつ大きな特色である社会科学の強みをフルに生かして、「総合社会科学研究科」へと前進することが望まれる。これによって初めて高度職業人教育の社会的ニーズに大学として答え得ることになるからである。

　これと同時にとくに注意が望まれるのは、これら社会人向け研究科コースの新たな展開には、その学問的水準の維持に一層組織的に対応する必要があろう。さらに関西学院大学はこれと同時に、優れた研究者養成のために、これまでのような指導教授による個人的な指導だけではなく、もっと組織としての共同的な指導体制を確立することが肝要であろう。まだまだ閉鎖的過ぎて、視野の狭い研究者の養成にとどまっている現状を変えていくのでなければ、国際学会で活躍できる研究者の養成はむつかしいと思われる。今や大学はもっと先のことに思いを致し、改革のヴィジョンを育てていかねばならない時ではなかろうか。

（関西学院キリスト教主義教育研究室『建学の精神考、第3集――「学長代行提案」から三〇年――』一九九八年一月）

Ⅳ　書物の紹介・「まえがき」・書評などから

1　「経済学部五十年史」の編集について

ご承知のように、本学が旧制大学として出発したのが、昭和九年（一九三四年）のことであり、このときに商経学部は法文学部と共に開設されました。したがって昭和五九年には経済学部は学部創立五〇周年を迎える運びとなります。そこで経済学部では五〇周年記念事業の一環として、『関西学院大学経済学部五十年史』の編集出版事業の企画をすすめております。既に昨年九月の教授会にて、豊倉三子雄教授を委員長とする「五十年史編集企画検討委員会」が設けられ、その答申に基づいて「五十年史編集委員会」（委員長は柚木学教授）が発足しています。三年後の昭和五九年秋に四五〇頁ほどのものを出版することをめざして、編集委員会はすでに活発な活動を開始しております。こうした種類の仕事は最低三年を要するのが常識だからです。

このような伝統ある経済学部の『五十年史』——経済学部史としても初めての試みです——を編集する目的は、経済学部における五〇年にわたる経済学の研究と教育を明らかにし、本学経済学の伝統を明確にし、伴せて、外国語・人文演習等の一般教育およびキリスト教教育・活動の意義を明らかにすることにあります。このような目的から、『五十年史』は無味乾燥な単なる制度史に堕すことを避けて、経済学の研究と教育の学問的究明に力点を置き、学問的にみて読みごたえがあり、同時に読んで興味深いものにしたいと考えております。

さらに『五十年史』は、他の諸大学の経済学部史とくらべても、極めてユニークなものとなるはずであり、単なる一私立大学の経済学部史を超えて、戦前、戦後にわたるわが国の最も有力な私学の一つの経済学部における経済学の研究・教育の歴史的状況を明らかにするものであり、わが国の大学における経済学の発展史という学問的観点からみても大きな意義をもつものと言えます。また、それは経済学部の五〇年の歩みを明らかにすることによって、本大学の歴史解明に役立つばかりか、昭和六四年（一九八九年）に創立一〇〇周年を迎えようとしている学院の一〇〇年史の重要な一部を実質的に先取りすることにもなります。

このようなねらいと意義をもつ『五十年史』の企画実現のため、同窓の皆さま、とくに商経学部・経済学部の卒業生、関係者各位の大きなご支持をお願いいたします。編集出版費の補助を学院にお願いしていますが、具体的な情報や資料等にかんするご協力はむろんのこと、本企画の完成のため、財政的ご支援をお願いいたしたく、その節はよろしくお願いいたします。『五十年史』以外の五〇周年記念事業については目下検討中でありますが、これに関してもよいアイディアがあれば、お聞かせ下さい。昭和五九年には、経済学部の半世紀がなんであったのかを皆さんと共に考え、次の半世紀に向って良き備えをなし、経済学部の優れた伝統のいっそうの展開に尽力いたしたいと願っております。

（『母校通信』一九八二年四月）

2　読むに値する「本」を

最近の調査によると、「大阪の大学生は東京の学生に比べ、アルバイトに励み、レジャーを楽しみながらがっちり貯金も」だそうである。それに一ヶ月の本代は三四〇〇円から四四〇〇円と少ない。本は図書館で読むのかと思うと、読書時間は一日四四・五分でしかなく、全国平均をも下回ると出ている。そこで「レジャー志向、読書は短時間」という見出しがピッタリときてしまう。残念ながら本学も基本的にこの傾向の外にはない。アルバイト結構、貯金も悪くない、レジャーも必要だろう。しかしそれらに明け暮れて、まともな本も読まず、集中した深い思考体験もろくにもたずに、これが果たして大学生の生活といえるのだろうか。

受験体制の締めつけの中で、諸君が使ってきた教科書、参考書、問題集などの「本」というものは、本来諸君にとって読みたくて読みたくてむさぼり読むとか、あるいは日々読み親しむ「本」ではなかったはずだ。しかし、受験が終わって大学に入ったいまも、「本」に対するこのような感覚に諸君が捉われている限り、本当の読書は始まりっこない。大学では基本的に、読むこと、書くこと、考えることを抜きにしては、何も実体あるものは手に入らない。受験勉強でしみついた「与えられるからそれを憶え学習する」といった消極的な態度を一日も早く棄て去り、自分をあらためて問い直し、すっかり荒れてしまった諸君の心を開いて、本当に自分の読みたいもの、読むに値するものに積極的に取り組んでほしい。いまがその大転換のときであり、諸君はいまこれを最も必要としている。こうした大学で読むに値する「本」を手に出来たとき、受験生としてこれまで持ち続けてきた「本」に対する、あの押しつけがましい暗い感触が一掃され、目からうろこが落ちるように全く別の天地が開けてくることを祈りたい。これを出発点にして、どの講義もそうだが、とくに経済学部が充実を期している、人文演習、経済学演習、研究演習での四年間にわたる積み上げシステムを十分に生かし、基本的思考法と共に、経済学部が期待する基礎的な「経済学的見方」をしっかり身につけるよう努力してほしい。

来年は経済学部の創立五〇年目に当たる。この半世紀の間に培われてきた、経済学部における研究と教育の誇るべき伝統をもう一度確認しつつ、それを新しい時代に対応した新たな展開のうちにどう生かしていけるのか。経済学部としてのこの課題追求の隊列に、いまや新入生諸君が新しいエネルギーをもって学生として積極的に参加してもらいたい。

（『関学ジャーナル』第五〇号、一九八三年四月七日）

3　趙鳳彬『中国経済論講義』（一九八四年）「まえがき」

この「中国経済論」は、中国吉林省、長春市にある吉林大学経済系（経済学部）の趙鳳彬副教授により、一九八四年四月から六月の間に関西学院大学経済学部において、「経済学特殊問題」の一つとして行われる講義である。

本学部が、吉林大学と関西学院大学との学術交流提携が一九八二年に成立したのに伴い、吉林大学から最初の客員教授として、日本経済論の研究を目的とした池元吉、趙鳳彬の両副教授を迎えたのが一九八三年の春であった。この講義は本学部での最初の中国の経済学者自身によって日本語で行われる「中国経済論」として、とくに意義深いものがある。このように、本講義は両大学間の学術交流のうえで大きな意義をもつものであることをここに特記すると共に、この講義の準備のため種々ご努力いただいた趙鳳彬先生に感謝の意を表したい。

一九八四年三月八日

関西学院大学　経済学部長
田中敏弘

4　田中敏弘著『岩の上に――学問・思想・信仰――』（玄文社、一九八九年）

（自著紹介）

この本は、キリスト教主義大学である関西学院大学でキリスト教に関連して著者がこれまで語ったり書いたりしたものと、著者が属している教会の礼拝で語ったものを中心に集めた講話集である。

第一部は主に経済学部や他の諸学部のチャペルでの講話が一六編、第二部は本学の「チャペル週報」に書かれた小文など八編と短い書評二編からなっており、第三部には、日本キリスト教団甲子園教会での講話一〇編が収められている。そして最後の第四部には、関西学院の歴史とキリスト教主義教育を論じた論説「明治の天皇制国家主義と関西学院」が収録されている。

チャペル講話のトピックは、たとえば、「開拓者の光と陰――オーストラリアにて」、「もうひとつの満州」、「なぜチャペル・アワーなのか」、「『関西学院大学経済学部五十年史』に想う」、「『Kwansei Gakuin ― Chapel = 0』について」、「経済学と人間」、「マンハッタンで見えたもの――レーガノミックスについて」など多彩である。

「チャペル週報」の短文には、新入生や卒業生に宛てたものや、「O先生との出会い」、"Mastery for Service"と私」などがみられ、賀川豊彦『死線を越えて』と大塚久雄『生活の貧しさと心の貧しさ』の短い書評二編が加えられている。

教会礼拝での講話には、本書の書名に選ばれた「岩の上に」をはじめ、「『見える』ということ」、「キリストこそわたしたちの平和」、歴史の改ざんとキリスト者の生き方にふれた「塩と光」などがみられる。

この本は、著者に信仰上とくに大きな影響を与えた、故太田俊雄先生（元敬和学園高校長）と、アメリカ留学中に出会ったJ・R・カーペンター牧師とに捧げられているが、学問や思想の上で心の支えとなった人びとについてもふれられている。

しかし、この本全体で追求されているのは自由と民主主義と平和の尊さであり、そこに一貫して流れているテーマは、学問と思想と信仰との緊張関係であり、そのはざまに引き裂かれつつも、なんとか生きた証しを得たいと願う一人のキリスト者の生き方に他ならない。したがってこの本は、他でもない著者自身への問いかけと言える。

（『クレセント』関西学院通信、一二―三、一九八九年三月）

5　同著『堀経夫博士とその経済学史研究』（玄文社、一九九一年）（自著紹介）

この本は堀経夫教授（一八九六―一九八一）の没後一〇年を記念して開催された経済学史研究会に合わせて出版されたものである。堀教授は一九三六年から六六年まで二十五年間の永きにわたって本学で教えられ、一九五五年から十一年余学長をつとめられ、本学のアカデミズムの発展に大きな貢献をのこされた。また学界ではわが国の経済学史学会の代表幹事を十年余もつとめられた経済学史の大家であり、学士院会員でもあった。

この本は、その焦点を経済学史家としての堀教授とその業績に合わせている。教授は何よりもリカードウ経済学研究の国際的権威であったから、まず第一部では、堀教授のリカードウ研究の形成・展開過程が詳細にあとづけられ、その名著『リカアドウの価値論及び其の批判史』（岩波書店、一九二九年）に結実したリカードウ研究の特質が明らかにされている。これによって、どこまでも原典を重視する教授の研究方法のもつ意義も明確にされている。

堀教授の経済学史研究のもう一本の柱は、西欧経済学の学史的研究との関連で、それと並行して行われた、明治期を中心とした日本経済学史の研究であった。それは一九三五年の『明治経済学史――自由主義・保護主義を中心として――』を生んで、まさに「日本人による最初の本格的日本経済学史」と評された。この本では、今日の日本経済学史研究の著しい進展状況からみて、それに大きく貢献した教授の明治経済学史研究の特徴が、その展開過程と共に明らかにされている。

これら二つの主要論文に加えて、教授がイギリス留学中に購入された極めて珍しい資料の一つである。「女性解放への貢献にたいしてJ・S・ミルに贈られた感謝状（一八七〇年）」（現在本学図書館所蔵）を解説した短い論文が収められている。

第二部は、堀教授の略歴について、教授の「経済学史研究の伝統」や、これまた教授がイギリスで入手された「J・S・ミルの肖像画」（現在大学図書館貴重図書室に掲げられている）、本学図書館に収められている「堀文庫について」の短文と「堀経夫先生を偲ぶ」という新たな一文からなっており、弟子の一人として教授の人と研究について語っている。

なおこの本の著者によって、本書と同時に、教授が晩年にその改訂版を出そうとして果たされなかった、『明治経済思想史』の増訂版（日本経済評論社、A5判・五六二頁）が編集され、解説論文を付して出版されたことを付け加えておきたい。

この本の全体を通して著者は、堀教授による経済学史研究の学問的遺産をあらためて確認すると共に、その伝統のいっそうの展開こそめざすべき目標であることを示していると言える。

（『関西学院通信』No.4, 一九九一年一一月）

6　同著『ヒュームとスコットランド啓蒙――一八世紀イギリス経済思想史研究――』

（晃洋書房、一九九二年）

（自著紹介）

本書は「デイヴィッド・ヒュームとスコットランド啓蒙」を研究対象にしているが、それを全面的に取扱うことを目的としたものではない。それは、著者がこれまで『社会科学者としてのヒューム――その経済思想を中心として』（未来社、一九七一年）と『イギリス経済思想史研究』（御茶の水書房、一九八四年）によってすすめてきた、社会科学者としてヒューム像をさらに追究した、ヒューム研究の継続的展開として、その後に発表された論文等を集め一書に編んだものである。ただし本書では、主に政治思想の側面からヒュームを取り上げており、しかも、その取扱いが、スコットランド啓蒙思想研究という国際的なヒューム研究の枠組みの中で行われていることが、最大の特色といえる。

本書は三部からなっている。第一部の「ヒュームとスコットランド啓蒙」に収められた四論文、①ヒュームとスコットランド啓蒙、②ヒュームとジャコバイト・イデオロギー、③ヒュームとコート対カントリ論争、④ヒュームとスミスが本書のメインをなす。なかでも、②と③は欧米でのヒューム研究を超えようとする試みといえる。とくに④は、『新スミス全集』にも収録されるに至った、本大学図書館所蔵の「ヒュームのアダム・スミス宛未公表一書簡」をはじめて解題したものである。

第二部は、「スコットランド啓蒙と経済思想」に関連して著者が書きためてきた種々の書評、学界展望、文献資料、翻訳等、読み易い一一編からなる。このうちには、本大学図書館が所蔵する「ロック、スミス、ミル父子著作文庫」、「スコットランド啓蒙思想コレクション」についてのやや詳しい解説もあり、さらに、スミスの現代的意義にふれた「アダム・スミスと現代」という、スミス没後二〇〇年記念名古屋国際シンポジウム（一九九〇年）の報告にたくした書下しの一文もみられる。

最後の第三部には、付録として、一八世紀をこえてさらにひろい経済学史に関連した書評や翻訳六編が付されている。

全体としてみた場合、スコットランド啓蒙思想家たちの中で、ヒュームがスミスと共に、ユニークな社会科学者としての側面をもち、それが経済学を成立させるに至ることが示されている。

（『関西学院通信』No.5，一九九二年六月）

7　D・ウィンチ著・永井義雄／近藤加代子訳『アダム・スミスの政治学』

（ミネルヴァ書房、一九八九年）

一九七〇年代以降、スコットランド啓蒙の研究が盛んになったが、思想史的研究では、伝統的な自然法学的接近に対して、ポーコックをはじめとする「共和主義」あるいは「シヴィック・ヒューマニズム」的接近が行われている。ウィンチは本書で、この「シヴィック・ヒューマニズム」の分析視角を歴史方法論として基本的に受けいれ、同時にフォーブズのヒューム研究における「懐疑的ウィッグ主義」の視角に立ちながら、これまで十分な取扱いを受けてこなかった、スミスの政治思想に体系的な検討を加えている。これによって著者は、スミスが企画しながら完成させなかった「法および統治の理論と歴史」の内容を明らかにしようとしている。

ウィンチがスミスの当時の政治問題として具体的に検討したのは、①商業と自由の関連、②常備軍・民兵論争、③公債問題、および④アメリカ問題である。これらの検討においてウィンチは、「シヴィツク・ヒューマニズム」的枠組によってスミスの政治思想のコンテキストを明らかにしつつ、そこで問題となった、経済の発展と、「腐敗」、「徳性の喪失」、「武勇の精神」や「公共精神」の衰微といった市民的資質の喪失に関連したスミスの立場を明らかにし、全体としてこれらの問題に対処する「立法者」の科学としてのスミスの「政治学」を強調している。

本書は、スミスの政治思想の最初の本格的研究であり、新資料の「法学講義」も利用しており、またスミスとの関連でモンテスキュー、ハチスン、ヒューム等を取り上げているし、とくにハチスンとスミスの関連を論じた章は興味深い。総じて読者に多くの示唆を与える研究書である。

このような大きなメリットにもかかわらず、本書はさまざまな誤解や批判やコメントを呼び起した問題提起の書といえる。幸い読者は、訳者の適切な配慮によって加えられた付論、「アダム・スミスと自由主義の伝統」（一九八七年）によって、本書の内容の要約と共に、諸批判への反論・コメントを知ることができる。既に指摘されている論点も含め、かなり重要な問題点がみられる。まず著者自ら認めているように、本書はスミスの自然法学の倫理的・哲学的基礎を欠いている。自然法学的枠組と「シヴィック・ヒューマニズム」パラダイムが排他的でないとするウィンチにはこの重要性は大きい。また、ウィンチにあっては、スミスの法と統治の「理論」とその「歴史」との関係は十分論じられているとは言い難い。ミークらが強調した、いわゆる「四段階理論」的把握と具体的政治問題にかんするスミスの見解との関連は明らかとは言えない。さらに、スミスの政治思想の全体的把握のためには、経済学を含むより広い思想的枠組との関連を抜きにすることはできない。このような意味から、本書はやはり「シヴィック・ヒューマニズム」的偏りをもたないとは言えない。こうしたスミスの扱いは、ウィンチのヒューム論にもみられ、フォーブズが軽視したヒュームの経済分析を含むより広い枠組との関連という視角の欠如を指摘しうる。しかし、本書以降、ホーコンセンのスミス、ヒューム論、ロバートスンのスコットランド民兵論、シャーの「穏健派」研究、わが国の田中正司『アダム・スミスの自然法学』も出て、論点が次第に深められつつある。本書は荒削りだがスミス研究、スコットランド啓蒙研究には欠かせない文献である。（たなか・としひろ氏＝関西学院大学教授・経済学史専攻）

☆D・ウィンチ（一九三五～）はロンドンに生まれる。プリンストン大学で博士号を取得。現在はサセックス大学教授。著書に『古典派政治経済学と植民地』『経済学と政策――歴史的研究』など。

（『週間読書人』一九八九年三月一三日）

8　田中正司編著『スコットランド啓蒙思想研究 ―― スミス経済学の視界 ――』（北樹出版、一九八八年）

本書はスコットランド啓蒙思想にかんする日本語の最初の論文集である。執筆者は、編者であり序章を書いている田中正司氏と、終章の水田洋氏を別にして、すべて新進気鋭のスコットランド啓蒙研究の第一線で活躍している研究者からなっている。本書は、その成り立ちからみれば、編者の定年退官を記念する論文集であるが、相互の関連において緊密さを欠く論文の寄せ集めでないばかりか、明確な編集方針に支えられた優れた論文集となっている。

なかでも編者による序章は、本書の自然法学的アプローチによるスコットランド啓蒙思想研究に大きな枠組みを提供している。そしてこの枠組みが編者のロック研究以来の研究成果をまとめた『アダム・スミスの自然法学 ―― スコットランド啓蒙と経済学の生誕 ――』（御茶の水書房、一九八八年）における鋭い問題提起と豊かな蓄積とを背景にしていることは言うまでもない。したがって、編者自ら述べているように、「本書の究極的対象はあくまでアダム・スミスにある。一七世紀以降のヨーロッパの思想伝統とスコットランド啓蒙の思想課題がいかにスミスに集約され、それがどのように継承・拡散・批判されていったかを追究することを通して〝スミス経済学の視界〟を問おうとした」ことが本書の狙いである。事実上、本書は編者の上掲書を前提として、それを補う形をとっていると言える。

そこでとくに序章に注目しなければならない。そこではまず、一八世紀スコットランドの思想家たちが、スコットランドの当面していた商業社会化に対応する必要から、一七世紀の近代自然法を批判的に継承し、自然法の道徳哲学化という課題を担うに至ったことが指摘される。他方、その政治的従属と経済的後進性とを克服し自由と繁栄を実現するため、かれらにとっては経済発展を図りつつそれに伴う腐敗を防ぎ、徳と公共精神と武勇の精神を保持する途を模索するという「富と徳」の問題が共通の主題となった点が認められる。しかし著者のシヴィック・ヒューマニズムに対する評価は厳しく、これ以上のものではない。かれらは、こうしたシヴィック的伝統の影響を受けながらも、これとは本質的に異なる「商業社会イデオロギーとしての自然法」を受容し、経済発展のための商業化の要請に前向きに応答しようとした点が強調されている。

そこで「近代自然法の主題と構造」が、一七世紀のそれから、シャフツベリ、ハチスン等の道徳感覚理論の展開による自然法の「経験化・主体化」が、「富と徳」の矛盾への対応として述べられる。さらに、ヒューム、ケイムズ、スミスによる展開の論理が整理される。とくにヒュームとスミスは、経済発展が自由をもたらすという論理と歴史観に基づいて、商業がもたらす奢侈に伴う腐敗と徳性の喪失を強調するシヴィック・ヒューマニズムを批判し、「富と徳」問題に前向きに応答していった点が明らかにされている。ここに『国富論』成立の意義が求められている。ついでこうした意味でのスミス経済学の成立以後の思想史的課題として、スミスの自然法学に対するコモン・センス哲学およびベンサムの功利主義からの批判と、それに対するスミスの修正的対応を明らかにしたのち、スミス以後これら二つへの分化の流れの中で失われることとなったスミスにおいて結実した一八世紀啓蒙の社会科学の精神は、やがてヘーゲルを経てマルクスにより批判的に継承されるという展望が示されている。

第一章から第一〇章を構成する論文は三つのグループに分けてみることができよう。一章～四章はいわばスミス以前であり、主にフレッチャー、シャフツベリ、カーマイクル、ハチスン、ケイムズが対象とされており、ついで五章～七章は中心をなすヒュームとスミスに当てられており、最後の八章～一〇章は、スミス以後のD・ステュアートと、ベンサムやマルクスとスミスとの関連を扱っている。終章の水田論文は、アメリカ革命およびフランス革命とスコットランド啓蒙思想家たちとの関連を取り上げて視角を拡げると共に、啓蒙の解体と拡散に光を当ててこの論文集の締めくくりをなしている。

これらの個別論文の諸論点をここで誤解を与えずに要約することはおよそ不可能である。紙数の制限のため、残念だがただ論題を列挙するにとどめざるを得ない。第一章は「シャフツベリの道徳論とマンドヴィル」（八播清文）、第二章はフレッチャー、ヒューム、J・ステュアートを扱った竹本洋氏の「商業社会と統治」、第三章は「スコットランド道徳哲学におけるカーマイクル、ハチスン、ヒューム」（川久保晃志）。第四章が田中秀夫氏の「ケイムズ卿におけるユートピアと改革」である。これに続く第五章の渡部峻明氏の論文はフォーブズの研究を軸によく整理された「ヒュームの自然法学」である。第六章「スミス科学論の知性史的文脈」（只腰親和）は、ロックからスミスに至る経験的認識論の展開過程、スミス科学論とハットンとの関連に光を当て、スミスの体系志向性にこうした科学観から説明を与えている。「スミス経済学の成立過程」と題された第七章（新村聡）は、道徳哲学体系からの『国富論』への分離・独立過程を「アンダーソン・ノート」と『法学講義』に即して取り上げており、正義の原理と便宜の原理との区別のもつ意義を明らかにしている。最後のグループの第八章は「D・ステュアートの道徳哲学」（篠原 久）、第九章は高利論をめぐる「ベンサムのスミス批判」（千賀重義）を取り上げて両者の関連を扱い、第一〇章（的場昭弘）は「パリ・スミス・ノート」の分析によって「マルクスとスミス」の関連を問うている。

既に紙幅の制限を超えてしまったので、以下ごく簡単にコメントを付け加えるにとどめたい。本書のスコットランド啓蒙思想研究の中心はスミス経済学の成立に求められているが、第二章の竹本論文はジェイムズ・ステュアートにおける経済学の成立を念頭においており、この限りでは本書の枠組みからはずれる可能性が示されていて興味深い。また、シヴィック・ヒューマニズム的アプローチについても、編者はこれを「富と徳」問題という共通の思想課題としてのみ捉えることで、早々と自然法学的アプローチの補足として位置付けてしまっているが、この点の評価については論者の間に必ずしも一致がみられるとは思われない。このアプローチによって明らかとなる思想の豊かな諸側面のゆえに、もう少し寛大であっても自然法学的アプローチは損なわれないのではなかろうか。さらにコモン・センス哲学というスコットランド啓蒙思想の重要な要素についても、編者のケイムズ研究にもかかわらず、リードを初めとするアバディーン・サークルやD・ステュアートとその系統をひく学派の全貌の分析はやはり今後の課題であろう。今後、スコットランド啓蒙の全体像の把握に当たっては、スミス中心から一旦離れることもあるいは必要になるかもしれない。いずれにしてもさらに一層の個別研究の積重ねがまだまだ必要であろう。ともあれ本書は一八世紀スコットランド啓蒙思想の研究者にとっての必読文献であるだけでなく、ひろく啓蒙思想に関心をもつ思想史研究者にも貴重である。

（『日本18世紀学会年報』第4号、一九八九年六月）

9　井上琢智著『ジェヴォンズの思想と経済学——科学者から経済学者へ——』（日本評論社、一九八七年）

本書は論理学や自然科学から純粋経済学や応用経済学の分野にわたる「科学者」（a Man of Science）ジェヴォンズの思想の全体像を明らかにしようとするものである。本書において著者は、ジェヴォンズを何よりも「科学者」として捉え、この「科学者」から経済学者への展開を明らかにすることによって、かれの思想の全体を明らかにし、これとの関連において、経済学者としてのジェヴォンズの特質を解明している。

本書は次の八章から構成されている。

第一章　時代的背景
第二章　ジェヴォンズの思想形成
第三章　思想の確立と開花
第四章　科学、論理学、そして経済学
第五章　ジェヴォンズ経済学の基本問題
第六章　ジェヴォンズ経済学の生成と構造
第七章　ジェヴォンズの応用経済学
第八章　統計学者ジェヴォンズと貨幣・景気変動論

本書は大きく三部に分れている。第一部は第一章、第二章および第三章からなっており、伝記的研究によって、「科学者」ジェヴォンズが経済学者となっていった過程を、その時代背景とそのもとでの思想の形成という観点から取り扱っている。第二部は第四章と第五章からなり、「科学者」から経済学者となる過程において、ジェヴォンズの経済学研究の基礎をなした論理学と科学方法論を明らかにし、かれの純粋経済学や応用経済学がかれの全体としての科学体系中に占める位置を明らかにすることによって、ジェヴォンズ経済学の特質を浮き彫りにしている。そのうえで、第六章、第七章、第八章からなる第三部においては、ジェヴォンズの経済学プロパーが分析の対象とされ、その形成から主著の『経済学の理論』における展開に至る過程が取り上げられ、その理論的構造の特徴が示されている。さらに、経済政策のアドヴァイザーとしてのジェヴォンズを中心とした、かれの応用経済学と、統計学者としてのジェヴォンズ、ならびにかれの貨幣・景気変動論が取り扱われている。

第一章では、ジェヴォンズが生まれ育った、新興都市リヴァプールが社会経済史的方法によって描き出され、そこで指導的役割を担ったミドゥル・クラスの一員としてのジェヴォンズ家の状況が明らかにされ、こうした典型的ヴィクトリアンだったジェヴォンズの思想形成の基盤が取り上げられている。

第二章では、ジェヴォンズの関心と教育が数学・物理学・化学・気象学・鉱物学といった自然科学であり、自然科学者として成長したジェヴォンズがオーストラリアにおいて社会問題や経済学の研究に向うに至ったこと、さらに、この時期にかれは数学を全科学の基礎とみなす考えを確立し、経済学も数学化されねばならないと考えた点が明らかにされている。

第三章では、マンチェスターのオウエンズ・カレッジで経済学研究を専門科学の一分野として確立しようとするジェヴォンズにとって、J・S・ミルの経済学と論理学の批判が必要となったこと、これによってジェヴォンズが経済学者として、また論理学者として、さらに経済政策のアドヴァイザーとして広く活躍し大きな影響をもったことが示されている。

第四章では、ジェヴォンズは論理学と科学方法論の分野で記号論理学の形成や論理学と科学方法論の結合に寄与した点が評価され、とくに数学の論理学化への道を切り開いたとされる。またミルと異なりジェヴォンズが不確実性の概念を導入したこと、さらに諸科学への数学の導入という基本思想に基づいてミルと対立しつつ、経済学への数学の導入に努力したことが明らかにされている。

第五章では、一八七〇年代に始まった経済学方法論争との関連で、ジェヴォンズの方法論の位置づけとかれが理論の基本問題をいかに捉えたかが解明されている。演繹法対帰納法の問題については、ジェヴォンズは「本質的な形式における帰納法」を提唱して、演繹と帰納とを有機的に併用することを主張し、厳密科学としての数理経済学と精密科学として計量経済学の存在を認め、前者から後者への発展に期待した。またかれはこのように厳密科学・精密科学となりつつある経済学の科学性を強く主張した。さらに経済学の総合化対細分化をめぐる問題に対して、かれは科学の細分化を主張し、同時にそれらの有機的関連を強調した。このようなジェヴォンズの経済学方法論上の特質のあらわれとして、ジェヴォンズ経済学における専門用語の取り扱いが検討されている。

第六章では、ジェヴォンズの純粋経済学の形成史とその構造が問題とされている。一八六二年の「論及」から「概要」を経て『経済学の理論』の初版から第二版への展開が、経済学への数学の導入がもたらす自律的展開という観点から明らかにされ、そこから生じたジェヴォンズ経済学の特質が古典派経済学やマーシャル、ワルラス、メンガーと対比されて明らかにされている。

第七章では、ジェヴォンズがかれの経済学方法論を政策方法論として展開した点を明らかにし、その政策方法論に従ってかれが当時のさまざまな社会・経済問題に有益なアドヴァイスを与えたことが指摘されている。かれの方法は、「最大多数の最大幸福」を目的とし、産業的自由を中心とした諸政策を手段として、それらの諸政策の妥当性を費用・便益分析的に明らかにするものであった。

第八章では、まず統計学者としてのジェヴォンズが取り上げられ、かれの統計理論における貢献が、確率論、平均論、統計図表および時系列、物価指数論等について検討され、このような統計理論によって、厳密科学としての経済学を精密科学としての経済学に変えることが可能というジェヴォンズの主張が再び強調されている。ついで、貨幣・金融問題、および景気変動に関するジェヴォンズの応用経済学者としての側面に光が当てられている。

近代経済学の建設者の一人とされるW・S・ジェヴォンズの経済学は、限界革命の研究の進展と共に進められてきたが、本書はジェヴォンズに深く内在し、かれの思想・学問体系をその生成・展開という観点からとらえ、単に純粋経済学だけでなく、その経済学体系全体の特質を明らかにしようとする本格的なジェヴォンズ研究である。

また本書は、これを近代経済学生成の経済学史的研究という観点からみるとき、従来の狭い経済理論史的アプローチによる研究をはるかに超えて、社会経済思想史・学説史的に接近しようとするひとつの有力な試みであり、その意義は小さくない。

本書のメリットとしては次の諸点が重要である。

（1）本書は、ブラック編『ジェヴォンズ文書・書簡集』（全七巻）と多数のジェヴォンズの著作を全体として検討することによって、ジェヴォンズの思想体系の全体像に迫ろうとしており、その方法的枠組みのうちに、かれの経済学を位置づけ、その特徴を経済学史・思想史的に明らかにしている。

（2）本書は、ブラック編の伝記的研究を十分利用しながら、それにとどまらず、ジェヴォンズをヴィクトリア後期イギリスの社会・経済的および思想史的世界に位置づける試みを行なっている。

（3）本書は、ジェヴォンズ経済学体系の基礎としてのかれの論理学と科学方法論とを慎重に検討して、ジェヴォンズ経済学の特質構成上もつそれらの意義を明らかにしている。

（4）本書はこうした「科学者」ジェヴォンズの体系から、かれの純粋経済学の形成と特徴を「科学の厳密化」と「科学の精密化」として捉え、ジェヴォンズにおける数理経済学と計量経済学の形成を明らかにしている。

（5）同じく「科学者」ジェヴォンズの観点から、従来、断片的に取り上げられるにとどまった、かれの応用経済学を一貫して取り上げ、とくに経済政策論とその意義を明らかにし、統計学者としてのジェヴォンズ、およびかれの貨幣・金融論、景気変動論への応用を明らかにしている。

（6）なお、本書に付された「W・S・ジェヴォンズ著作文献目録」は、経済学関係だけでなく、自然科学関係をも網羅するものであり、ジェヴォンズの全体像を把握するうえで不可欠の資料として重要であり、著者の努力の跡がよく示されている。

本書には以上のようなメリットが認められるが、次のような問題点を指摘することができるし、惜しまれる点もみられる。そのひとつは、ジェヴォンズの純粋経済理論の性格づけと関連している。従来みられた効用理論の数学化というよりは、経済学の数学化から出た数学的理論に合致した理論内容としての効用理論の採用という本書での理解は新しく重要である。しかし、ジェヴォンズの意図がそのようなものであったとしても、数理的方法と効用理論という内容とは、ジェヴォンズの理論において一体としての理論的意義をもつものと理解される。したがって、経済学の数学化のための「ひとつの手段」としての効用理論という評価の仕方（四八頁）には問題がある。目的と手段といった把握は必ずしも適切とは言えないであろう。本書のこうした力点は、ジェヴォンズにおける効用理論の意義を失わせるものではなく、ベンサム的功利主義やユニテリアン的立場からする効用理論への接近ともけっして矛盾するものではない。またジェヴォンズの経済政策論の基礎に対するベンサム主義の影響も重要であろう。方法と理論内容とは本来相補的なものであり、結合してひとつの体系をなすものといえる。したがってジェヴォンズの場合、数学化の方法と理論内容としての効用理論とはひとつに結合したものとして、ジェヴォンズ経済学の特徴をなすと考えることが出来よう。このように理解することによって、従来の効用理論とそのベンサム功利主義的背景を強調した諸研究を吸収し、新たな地平からジェヴォンズ理論を経済学史的に把握しうるであろう。

また、本書では、ジェヴォンズによる経済学の自然科学化――数理科学化と精密科学化――に関して、そのメリットは十分明らかにされているが、もし、そのデメリットないし限界を合せて考察しようとする視点が用意されていれば、現代からみたジェヴォンズ経済学の特徴はよりいっそう明らかとなったであろう。たとえば、本書では、マーシャルとの対比がさまざまな論点について行われているが、経済学の数学化に関しても、それに重要な警告を与えたマーシャルとジェヴォンズを対比する視点が明確にみられないのが惜しまれる。

しかし、本書は、近代経済学生成期のジェヴォンズに関するわが国のみならず国際的にも最初の本格的な経済学史的研究として学界に寄与するところが大きい。

（これは著者、井上琢智氏の博士論文審査要旨［一九八九年五月、関西学院大学］にもとづくものである）

10　熊谷次郎著『マンチェスター派経済思想史研究』

（日本経済評論社、一九九一年）

本書は、これまで反穀物法運動とだけ関連した自由貿易の主張とされてきたマンチェスター派の経済思想を、今世紀戦間期に至るまでのイギリスの経済的自由主義の運動として積極的に位置づけ、この期間における自由主義経済思想の展開と、変容を明らかにしようとしたものである。これは、マンチェスター派経済思想一〇〇年の歴史を経済思想史のひとつの重要な領域として明らかにしようとする開拓者的研究と言える。

このマンチェスター派経済思想の一〇〇年史は、次のような九章構成によって描き出される。

序　章　マンチェスター派の形成と展開
第一章　コブデンの経済思想
第二章　反穀物法運動と需要重視の経済論
第三章　コブデン・クラブの経済思想
第四章　マンチェスター派価値論と社会主義批判――ルイス・マレットの「自由交換」論
第五章　マンチェスター派と帝国――T・H・ファーラーの「迂回的貿易」論
第六章　二〇世紀初頭のコブデン・クラブ
第七章　F・W・ハーストの経済思想――二〇世紀のマンチェスター派
第八章　日本におけるマンチェスター派――田口卯吉の経済思想

まず序章では、マンチェスター派は従来反穀物法同盟（一八三九―四六年）の運動を支える思想として理解されてきたが、コブデンを中心としたこの狭義のマンチェスター派は、のち二〇世紀の二〇年代にイギリスが自由貿易政策を放棄するまで生き続けたのであり、この広義のマンチェスター派の経済思想の展開が本論文で跡づけられることが明らかにされる。

しかも、本書の著者によれば、狭義のマンチェスター派の経済思想は、単にイギリス古典派経済思想と異なるというだけではなく、積極的にその特徴として、リカードウ理論とは異なる①市場の重視、②需要側面重視の価値論、③階級調和に基づく自由貿易による市場拡大を主張するものであった。しかし、コブデン以後のイギリス経済の展開と共に、世紀末のマンチェスター派は、帝国主義と社会主義の挟撃に対して、自らの思想をいかに位置づけるかに直面し、マレット、ファーラー、ハーストなど、広い意味のマンチェスター派の思想展開を生むこととなった。

第一章では、マンチェスター派の中心人物たるコブデンの経済思想が取り上げられる。ここでは、コブデンの自由貿易論が、P・トムソンの影響を受けて、リカードウの比較生産費説ではなく、スミスの余剰はけ口説に基づいていること、そしてこの余剰はけ口としての市場重視は、コブデンをリカードウの賃金・利潤相反説の批判に導くものであったことが明らかにされている。

第二章「反穀物法運動と需要重視の経済論」では、穀物法がイギリス工業品に対する市場を狭める点を批判するマンチェスター派の主張の理論的根拠は、スミスからウエイトリーへの学史の流れに属するものであり、ポウルトンによって体系的に展開されたことが明らかにされている。ポウルトンの経済論の特質として著者は、①効用価値論的色彩をもつ需要供給的価値論、②流通・交換の観点からする所有権論、③交換は人間の本質に根ざすという交換論、および④所有と自由な交換に基づく階級調和論を指摘している。

以上が著者による狭義マンチェスター派経済思想の特質理解であり、以下の第三章から第七章の諸章においては、従来取り上げられなかったものであり、本論文の最大の特徴と言える、コブデン以後のマンチェスター派自由主義経済思想の展開が示される。

第三章「コブデン・クラブの経済思想」では、コブデンの死後、一八六六年にコブデンの思想の普及と発展を目的に創設されたコブデン・クラブの活動の経済思想的基礎として、主に次の二点が指摘されている。ひとつは、マンチェスター派による輸出拡大のための自由輸入という主張に対して、「大不況」期に一八七〇年代末以降台頭してきた互恵主義・公正貿易への反論であり、マレットとメドリーの主張が検討される。反論の論拠は対外取引のバランスを財貨の輸出入バランスだけでなく、総合収支でみるべきだとする視点であった。他のひとつは土地改革に関する見解であり、コブデン・クラブは、土地の自由取引論を主張して、ヘンリー・ジョージの土地社会主義を批判し、同時に限嗣相続制度を批判したが、J・S・ミルの提唱した土地私有の部分的否定や部分的国有化論、ならびに国家の力による小農創設論を批判した。かれらはどこまでも土地の自由取引を重視し、土地を市場メカニズムに委ねることを主張したのであった。

第四章「マンチェスター派価値論と社会主義批判」。ここではマレットが取り上げられ、かれの「自由交換論」が私的所有の絶対的弁護論と反社会主義思想としてのマンチェスター派の特徴として明らかにされる。マレットは、チェンバレンらの急進派綱領（一八八五年）やヘンリー・ジョージの土地国有化論、およびJ・S・ミルによる土地の部分的国有化、これに基づく小農制の創設、および不労増価への課税論に共通するものとして、そこに「社会主義」をみてとり、これを批判した。

この批判のなかで、需要重視の価値論が主張され、古典派の労働価値論との対立が示される。マレットはマクロードの学史解釈の影響をうけて、マンチェスター派の価値論をスミス→リカードウの労働価値論の流れと対立する、コンディアック→バスティアの「交換の科学」の流れに求め、それをイギリスのウェイトリー→マクロードの系譜に見出したのであり、これはイギリス古典派とは異なる、交換過程に価値の発生を求めるものであった。

第五章「マンチェスター派と帝国」では、主にファーラーの「迂回的貿易」論によって、新領土の拡大を主張する膨脹的帝国主義と関税同盟による母国と自治植民地との結合をめざす「統合的帝国主義」とを批判して、自由貿易と平和主義をあらたな帝国主義段階において主張した点が示されている。このさいファーラーが強調した「迂回的貿易」論は、イギリスの財貨の輸入超過は、インドを回転軸としたインドと諸外国との貿易に迂回されて、結局のところイギリスの輸出超過に結びつくというものであった。

第六章「二〇世紀初頭のコブデン・クラブ」では、主として一九〇三年のチェンバレンの関税改革運動に対する反対論と、それと関連した社会改革全般への対応の仕方との二点が焦点として取り上げられる。保護関税と帝国特恵とによる帝国の統一を主張するチェンバレンの関税改革論に対して、コブデン・クラブは、自由貿易による「目にみえない輸出」(とくに海運業)の発展と、自由貿易体制においてインドが占める中軸的位置の重要性を強調し、こうしたイギリス経済のもつ循環構造が植民地特恵の関税改革によって破壊されると論じた。しかしかれらのうちには、国家機能の拡大による社会改革を標榜する新自由主義者のマクドナルドやリーが属していたことからも分かるように、関税改革運動には厳しい批判を加えたものの、個人主義的由由主義と社会改革との関係は複雑だったことが指摘されている。

第七章では、広義のマンチェスター派の最後の代表者、ハーストの経済思想が検討される。世紀転換期にハーストは、マンチェスター派の個人主義、自由貿易主義、平和主義と、哲学的急進派の思想との統合を図ろうとした。かれは社会改革に大きな関心を示し、工場立法、累進的所得税、地価の不労増価への課税、都市独占事業の市営化といった、この時期には「社会主義的」とみなされていた法改革を支持し、旧来の自由主義と新自由主義との調和を図ろうとした。しかし第一次大戦以降は、軍備の拡大、保護主義的傾向の進展、社会改革費の膨脹といった事態の進行は、この調和を不可能なものにし、ハーストは、自由貿易と健全財政という伝統的見地へと後退し、ケインズ的な福祉国家政策に反対すると共に、帝国主義に反対し、社会主義あるいはそれに類する一切の経済管理制度に反対したのであった。

以上にたいして、最終の第八章は、『自由交易日本経済論』（一八七八年）を著した日本の自由主義経済思想家、田口卯吉を取り上げる。かれの経済思想には、スミスの国際分業論、自然的自由の体系論、自由貿易による諸国民の富裕の実現といった議論の影響はみられるものの、かれの経済思想の源泉は、マンチェスター派であったことが、田口自身がマクロードの学史理解によって、自らの経済学をマンチェスター派とそれに連なるバスティア、マクロード、ペリーのいわゆる第三学派に近いと位置づけていることを指摘することでよく示されている。

以上に要約された内容から、本書の最も重要な特徴とメリットとして、次の二点を指摘することができよう。まず第一に本書は、その文献目録が示しているように、著者がマンチェスター大学での調査・研究も含めて、膨大な量に及ぶ第一次文献の利用によって、マンチェスター派経済思想の一〇〇年の歴史を正面から明らかにしたことである。

第二に、それによって、これまでのスミス、リカードウ、J・S・ミルといった正統派の自由貿易論を中心とした自由主義経済思想とは別に、主として実業家たちの、いわばマイナーな人物の経済思想が取り上げられ、ポウルトンやマレットなど、これまでほとんど問題にされなかった人物の経済思想が積極的に取り上げられて、今世紀の大恐慌に至るまでのイギリス自由貿易政策の背後にあった理論と政策思想の全体について、ひとつのまとまった展望が与えられることとなった。既に評者の小林昇氏が指摘しているように（『桃山学院大学経済経営論集』33巻2号、一九九一年七月）、このような研究は「おそらく内外をつうじて熊谷氏の本書を嚆矢とする」と言ってよい。

ただ、問題点がないわけではない。その第一は、別の評者、服部正治氏も指摘しているように（『立教経済研究』45巻3号、一九九二年一月）、反穀物法運動にかかわる「厳密な意味での」マンチェスター派と、コブデン・クラブの運動にかかわる「広義の」マンチェスター派と、さらに「総体としての」マンチェスター派との関係把握の仕方である。確かにマンチェスター派としての連続面は認められるものの、広義のマンチェスター派の思想には、新自由主義との関連もあり、さらに例えばホブスンのような社会改革派も含まれており、社会改革という観点だけからみても、事柄はかなり複雑であり、これに関しては必ずしも十分明確な思想史的説明が与えられているとは言い難い。したがって、この点についてさらにたち入った検討が必要と思われる。

第二に、マンチェスター派の経済理論の重要な特徴のひとつとされた、ポウルトンやマレットにみられる「需要重視の経済論」は、きわめて素朴なものであり、ジェヴォンズなどの限界概念をもつ理論との関連はどう理解すればよいのか。また、需要重視といっても、その需要はどのような構造をもったものと理解されていたのか、さらにそれと貨幣・信用理解との理論的関連についても必ずしも十分な検討を経ているとは思われない。とくに本書の後半、コブデン・クラブの経済思想に関連した部分でのこうした理論史的検討が望まれる。

第三に、これは同じく服部氏によって鋭く問われた疑問点だが、マンチェスター派の自由貿易と農業あるいは食糧自給との関連という問題である。マンチェスター派は農業をも含む諸利害の調和を主張したけれども、これは果してかれらの国際分業の主張と矛盾なく主張しえるものであったか。その後のイギリス農業の衰退をみる限り、自由貿易下でイギリス農業は繁栄可能というかれらの議論には、現実にあった安価な農産物の大量供給の可能性は取り除かれて議論されていたのではないかという点である。こうした点のいっそうの解明が必要であろう。

以上に指摘した若干の問題点にもかかわらず、本書がマンチェスター派一〇〇年にわたる経済思想の展開という前人未踏の領域に踏み入り、それを経済思想史的に分析し、積極的な位置づけを行った功績のもつ価値はけっして害われるものではない。

（これは著者、熊谷次郎氏の博士論文審査要旨［一九九二年七月、関西学院大学］にもとづくものである）

11　竹本洋著『経済学体系の創成――ジェイムズ・ステュアート研究――』（名古屋大学出版会、一九九五年）

本書は、ジェイムズ・ステュアートの主著『経済の原理』（初版一七六七年）の本格的・体系的研究である。アダム・スミスの『国富論』をもって経済学の成立とみるこれまでの定説にとらわれることなく、ステュアートの『原理』の画期的に精緻な分析により、それが『国富論』と対照的な理論体系をもつことを明らかにし、この著作に経済学の生誕を認めうることを主張しようとしたものである。

この目的のため、本書は序章と終章を含め、次のような七章からなる構成をとっている。

序　章　ポリティカル・エコノミーの近代的定立
第一章　人口と経済発展
第二章　釣り合いの理論
第三章　貨幣と鋳貨
第四章　流通の理論と信用
第五章　公債と租税
終　章　ポリティカル・エコノミーの思想空間

まず序章では、経済学の祖をアダム・スミスとみなす常識に対して、これまで不当に軽視されてきたステュアートに光を当て、最初の経済学者としてかれを復位させようとする目的が明らかにされる。このため経済学の生誕に繋がる先行の諸学問について検討されるが、とりわけデイヴィッド・ヒュームの『政治論集』（一七五二年）による直接の影響が指摘される。ヒュームは「インダストリー」論を基礎に経済現象を把握し、それにより政治学の科学性を高めた。ステュアートはヒュームから「インダストリー」論を受け継ぎ、近代社会を「勤労社会」として把握したが、他面で、ヒュームが重要視しなかった貨幣や紙券信用の重要性を明らかにし、ヒュームからスミスへと継がれる実物的・非貨幣的世界から離れ、政治学とは異なる経済学を「正規の学問」として新たに樹立しようとしたことが強調されている。

以下第一章から第五章までは、五編構成をとる『原理』の編成にほぼ対応する形で、その内容の分析が進められている。第一章「人口と経済発展」では、まず人口増加の原因として、ステュアートが農工分離・社会的分業成立のプロセスを、インダストリーにもとづくファーマーによる農業剰余と、それを可能にするフリー・ハンズの成立、それによる農業剰余に対する需要の増大として描き出しており、かれの人口論は究極的には、工業における就業の確保を強調する点が指摘される。ついで『原理』は人口数および人口構成の二つの観点から最適人口を論じている。国民の生産力が最大であり、同時に農業人口と工業人口、労働人口と非労働人口との間の適正な配分関係がその条件として提示される。

封鎖体制下にある揺籃期の勤労社会を想定する『原理』第一編では、社会発展の基礎条件である工業人口の就業とその生活資料の確保、ならびにその効率的達成のための最適人口を考察して、就業の創出と増大を目的とする幼稚産業の保護育成政策が論じられる。

『原理』第二編では、勤労社会の発展を可能にする豊富で低廉な諸財貨の流通の条件が、開放体制を前提に考察されているが、本書では第二章で、その分析の中核を経済的・社会的な「釣り合いの理論」として捉えている。社会的には個別利益と公共の利益との釣り合いのため、公共の利益を代表する統治者の存在が不可欠とされ、統治における釣り合いが重要とされる。こうした社会的「均衡」を作り出し調整する場は市場に求められる。そこで市場における釣り合いの経済理論が重要となる。ステュアートの市場論における特質として、生産者と消費者による取引の均衡の実現のため『原理』が想定した「商人市場」を重視している。販売者も購買者もすべて商人を媒介にして取引を行うとすることにより、均衡価格での需給の均衡だけでなく、適正な利潤が確保されるとされる。

釣り合いの理論と並んで、次に重要な理論は不釣り合いの理論である。その復元に政策を必要とする不均衡の原因には、需給要因によるもの、貨幣的要因によるもの、および長期的経済発展によるものが考察されている。この不釣り合いの理論にもとづいて、『原理』は、価格理論としての貨幣数量説および正金の自動調節論（ヒューム）を批判しており、これのもつ実物と貨幣の二分法批判の立場と、したがって有効需要創出の論拠がここで示されたものとして重視されている。

第三章は第三編の貨幣論に対応する。第三編はブリテンやフランス、オランダの貨幣・鋳貨制度に関する詳細な記述とその問題点の指摘、そしてその改善を提示する難解な箇所であるが、著者は『原理』のきわめて独自な貨幣本質論に焦点を合わせ、それを『原理』全体の理論体系のうちに位置づけている。とくに金銀の現実の比価と法定比価との乖離に関して、『原理』は一七世紀末のロック＝ラウンズの鋳貨改革論争におけるラウンズの立場を継承し、ハリスの法定標準の引き上げ論を批判し、それの引き下げ論を唱えたことが指摘されている。

第四章。『原理』第四編は利子・銀行・為替・公信用を扱うが、公信用論は、本書では第五編の租税論と合わせて第五章で論じられている。

第二章で展開された釣り合いの理論を受けて、第四編では「富の均衡の振動論」が展開される。これは消費財を生産する勤労者とそれを貨幣で購入する富者との交換によって、富の均衡は次第に勤労者に有利になり、長期的に分配の相対的平等化が得られ、社会の安定化がもたらされる。この富の均衡の振動をもたらさない耐久財どうしの交換 — すなわち貨幣と土地や公債、株式との交換 — は資産選択の問題であり、利子率の動向が選択の基準となる。

『原理』は利子を貨幣の流動性を手放すことの対価とみ、利子率は財貨と同様に需給原理で決定されるとする。さらに貨幣が鋳貨だけに限られず、信用貨幣が創造されれば、貴金属量から解放されることとなり、ここに有効需要拡大の鍵が見出され、その意義が強調される。ここから『原理』は長大な銀行論を展開するが、『原理』独自の銀行論として、富の均衡の振動を促す土地担保発券銀行の仕組みと機能が要約される。『原理』はこのほか、イングランド銀行やアムステルダム銀行、フランスの信用制度としてのジョン・ローのシステムについて分析している。ただ本書の著者はローのシステムに対する擁護的な議論については言及を控えている。

第五章は公債と租税論である。『原理』は、ヒュームやスミスのように、公債有害説や均衡財政主義をとらない。公債のもつプラスの経済的・社会的効果を指摘し、その有用性を積極的に主張する。公債の最大の経済的効果として『原理』は、それを滞留貨幣にはけ口を提供することと、公債の使用による流通の拡大、総需要の増大とに求めている。ステュアートは、公債が自国民の間の公的な借り入れ制度であるかぎり、理念的には、ヒュームが恐れたような公債による国家破産はあり得ないという。ただし累積公債残高の利払い額が貿易収支の黒字額を超えないように公債の慎重な管理が求められている。

公債のこのような効果を得るためには、その財源を確保する租税制度の確立が、銀行による信用創造と共に前提となる。『原理』では、租税は政府の収入面よりもその支出面が重視されており、ここに特徴がある。課税三原則（公平と平等、規則性と明瞭性、最小徴税費）を認めた上で、『原理』が最も重視するのは、税源を勤労の所産にのみ限定し、その元本ないし資本に求めないという原則である。この原則から『原理』は比例税、累積税、対人税のうち、消費税に代表される比例税を最も適切な税とみている。しかし、『原理』租税論の最大の特徴は、公債の経済的効果と同様に、租税の支出による経済効果の分析と強調にあり、『原理』全体系の特徴と結合しており、財政支出による総需要増大の視点が一貫している。政府支出による公共事業が有効需要を増大し、就業を確保する点で、『原理』の基本的モティーフがここに最も明瞭に示される。

以上で、著者のユニークな視点と方法による『原理』全編の再構成は終わる。最後の終章では、『原理』の体系の本質について、スミスとの対比を意識しつつ、比較的短くまとめられている。『原理』は近代社会を「勤労社会」として捉えたが、これは『国富論』における「商業社会」と同じものであった。『原理』も『国富論』も勤労すなわち近代的労働を軸に近代社会を捉えようとしたのであった。この意味で両者はヒュームの継承者であった。

しかし、このような共通認識を前提にしながらも、両者を決定的に分かつのは、貨幣の存在とその機能に対する基本認識であった。スミスがヒュームを継承して貨幣を単なる交換手段・価値尺度として中立的存在とみたのに対して、ステュアートは貨幣に財貨と異なる存在と機能をみ、これをとなった。ここから有効需要概念が初めて使用され、その確保・増大が一貫して主張されることとなった。ここに『原理』は、貨幣的経済学として、スミスの実物分析の経済学と対照的な性格をもったのである。

スミスと異なる第二点は、市場の自律性あるいは安定性をめぐる認識の相違である。「見えざる手」に象徴されるように、スミスは市場の自然的な働きにより全体として調和ある秩序が成立することを確信していた。これに対して、ステュアートは市場均衡の不確実性を認識し、市場における不均衡を均衡へと回復させるためには、為政者による部分的な政策を必要とみたのであった。

さらに、『原理』はこのような市場における安定・秩序化を助ける働きをもつものとして、「身分」制度を指摘している。著者によれば、身分は封建的遺制という面をもちながらも、それが経済システムの円滑な働きを助けるという逆説的事態をステュアートが見抜いていたとされる。このようにして、『原理』は、貨幣と為政者の政策と身分とに、市場に還元し得ない社会の秩序化機能を認めていたのであり、著者はこれを『原理』の経済学体系の特質として強調している。こうした意味における「社会的な」経済学として、経済学は一七六七年にステュアートの『経済の原理』において創成されたのである。

本文三五〇頁に及ぶ本書を以上のように手短に要約することは、その鋭い分析と豊富な内容の多くを損なうことなしには不可能と言わねばならない。しかし以上の簡単な要約によってさえ、本書の優れた特徴と研究上のメリットは明らかであろう。

まず第一に、本書はその研究の基礎に、自らその中心的役割を果たしたステュアートの『原理』（第三・四・五編）の邦訳が置かれていることである。難解で知られるこの大著の翻訳と言う骨の折れる作業を背景に、『原理』の理解は隅々にまで良く行き届くこととなった。

第二に、『原理』の体系の分析と総合に当たって、著者は現代の観点に立ちながらも、あくまでも『原理』に則してそれを内在的に再構成しており、現代と古典との緊張関係の中で見事に具体的な学史分析を追求している。

第三に、基本的アプローチの方法として、スミス流の古典派、マルクス、ケインズ、あるいは一般均衡論的新古典派の立場のいずれにもとらわれず、自由に分析が展開されている点は重要である。

第四に、『原理』の体系理解に当たって、狭い意味の経済理論的側面だけでなく、歴史・制度的要因を重視した社会的諸要因との関連をみるパースペクティヴが用意されていることである。

第五に、『原理』のこうした分析と再構成によって、『原理』が『国富論』に九年先だって、最初の経済学体系を創成したこと、したがって『原理』は、経済学の成立に当たってスミス『国富論』と並立する位置を占めることを十分説得的に明らかにしたことである。

これら本書のメリットについては、すでにステュアート研究の世界的第一人者である小林昇教授により十分詳しく指摘されたところである（『大阪経大論集』47巻1号、一九九六年五月）。ただ問題点を挙げるとすれば、これもすでにわが国の優れたステュアート研究者、大森郁夫氏が指摘しているように（『経済学史学会年報』一九九六年）、本書ではジョン・ローのシステムに関するステュアートの論述と評価が、その重要性の認識にもかかわらず、意識的にとりあげられず手控えられた点である。これは『原理』の体系が貨幣的経済学を特徴とする以上、その経済学史的系譜とも深く関連して、分析が不可欠とみられるからである。『原理』の貨幣的経済学体系の理論的系譜全般の研究と共に、今後別個に取り上げられることが期待される。

以上から明らかなように、本書は、『原理』の経済学体系を、経済学成立のうえで『国富論』と並立する位置に復位させようとするものであるので、経済学成立の理解に関してあらためて問題を提起するものといえる。本書の出版によって、今後は、単にスミスにおける経済学の成立という理解を超えて、少なくともヒューム、スミス、ステュアートという新たな豊饒なデルタを視野に入れた経済学成立の研究が不可欠となるであろう。こうした意味での問題提起と勇気あるチャレンジという点からも、本書は学界に寄与するところ大きい。

（これは著者竹本洋氏の博士論文審査要旨［一九九七年五月、関西学院大学］にもとづくものである）

V　関西学院大学図書館

1　大学図書館長就任にあたって

このたび、図らずも大学図書館長に選任され、その重責をになうことになりました。私は専門の研究上、図書館とのつながりは深い方ですが、このたびは利用者側から利用者へのサービス提供側に立場をかえて、皆さんの期待になんとかお応え出来ればと存じます。図書館業務には全くの素人の私ですが、図書館員の皆さんのご協力を得て、重責を果したいと存じます。皆さんのご指導とご支援を心からお願い致します。

いま、私達の関西学院大学は二つの大きなプロジェクトをかかえており、その実現に関学の将来は大きくかかっております。それは、本学の歴史からみて画期的とも言える新大学図書館の建設と、神戸三田キャンパスでの新学部の設置です。とりわけ、伝統あるこの上ケ原のキャンパスの充実と発展に向けてのシンボル的プロジェクトがこの新大学図書館の建設であると言えます。この全学の期待に応えて、この大プロジェクトを推進することが私の最大の責務であると考えております。このために微力ながら全力を尽すつもりでおります。

新大学図書館の基本計画については、すでに昨年七月この『時計台』（No.52）でも明らかにされております。一言で言えば、新大学図書館は、①学術資料・情報センターとして、②利用しやすい機能的な、③情報化に対応した、④知的交流・創造の場としての、大学図書館をめざしています。この基本理念を実現するため、ハードとソフトの両面にわたって慎重な検討がなされてきました。とくに管理運営に関連した重要なソフト面では、引続き「新大学図書館管理運営問題検討委員会」でさらに検討をすすめ、いっそう整備し、万全を期したいと考えております。

新大学図書館は、学内・学外の学術情報の受信・発信基地としての役割を十分果しうるものでなければなりません。とくに、大学図書館が教育・研究を行う大学の「中心」としての役割を真に果すためには、個別の学部や研究所などとは違った「独自の総合的な知的発信機能」をもつことがきわめて重要です。時計台はただ大学の名目的なシンボルにとどまっていてはなりません。時計台をもつ大学図書館は、教育・研究を行う大学の実質的な「中心」とならねばなりません。それは大学の全学生、教職員、同窓等、学院につらなるすべての関学人に知的交流と創造の場を積極的に提供するところでなければなりません。このために、具体的に出来る限りの創意工夫をしてみたいと思います。

新大学図書館の着工はすでに一年半遅れており、早急に着工することが何よりも必要です。しかしその完成までの間、大学図書館は多くの制約をもった現体制のもとで、日常業務のいっそうの改善・充実が図られねばなりません。また、新大学図書館で実行が考えられていることがらのうち、完成前でも出来ることは早急に実現するよう努力したいと考えます。しかし一方で新大学図書館の建設をすすめつつ、現体制のもとでいっそうの工夫をして、日常の図書館サービスを充実することは、なみたいていのことではなく、多くの困難を伴うものと思います。図書館員の皆さんのいっそうの努力に期待すると共に、大学、学院の皆さんの特別のご理解とご支援を必要と致します。とくに新大学図書館の建設期間中、どうしても避けられない騒音や交通の不便等ご迷惑をおかけすることになりますが、よき理解をもってご協力いただけますようお願い致します。

大学図書館について、私もこの機会に初歩から勉強し直し、私達の新しい大学図書館が本学の教育・研究のレヴェル・アップに大きく寄与し、全関学人の知的交流の場として役立ち、関西学院大学の名声をますます高めるのに貢献することを望みつつ、力を尽したいと思います。皆さんのご理解とご指導、ご協力とご支援を心からお願いする次第です。

2　灘五郷・酒造りの歴史

大学図書館は大学の研究・教育を支える中心としての機能を果たさねばならない。その働きの上で、大学図書館が所蔵する貴重な特別資料を展示し、それに関する優れた専門研究者による解説を組織的に行うことは、とくに重要な働きのひとつである。

本学ではこれまでいろいろな事情のため十分に行われなかったが、今回新たな企画として、資料の特別展示と講演会を開催し、大学内外の要望に応えることとなった。

第一回は、大学図書館が所蔵する、灘酒造業の発展に関する貴重な資料の一端を展示し、この分野での権威であり、学士院賞（一九八二年）を受賞された、経済学部の柚木学教授に、「灘五郷・酒造りの歴史」と題して講演していただくことになった。地元、「灘酒の世界」のことを学んでいただければ幸いである。今後、こうした展示と講演会をバラエティ豊かに定期的に開催することにしたい。とくに学生・教職員・図書館関係者のご協力をお願いします。

大学図書館長　田中敏弘

（第一回大学図書館特別展示学術講演会、一九九二年一〇月）

3　シェイクスピア本文の系譜

昨年一〇月に大学図書館特別展示・講演会として「灘五郷・酒造りの歴史」（経済学部　柚木学教授）を開催して好評を得ました。今回は第二回として、シェイクスピアをとり上げることになりました。大学図書館が所蔵するシェイクスピアに関連する貴重な資料の一端を特別に展示すると共に、永年シェイクスピアの研究家として活躍されている、文学部の中條和夫教授に「シェイクスピア本文の系譜――著名な版本をめぐって――」と題して講演していただくことになりました。

この機会に展示と講演を通して、シェイクスピアの世界の入り口に立ち、しばし探索していただければ幸いです。特に大学図書館だけにできるこうした特別展示と専門研究者による解説・講演への参加によって、学術資料センターであり「知的交流」の場としての大学図書館の理解が深まることを希望する次第です。

関西学院大学図書館長　田中敏弘

（第二回大学図書館特別展示・学術資料講演会「シェイクスピア本文の系譜」一九九三年六月）

4　経済学の成立——アダム・スミスとジェイムズ・ステュアート——

昨年の秋から始められた大学図書館特別展示・学術資料講演会は今回で第三回を迎えることになりました。今回は「経済学の成立」をテーマに、大学図書館が所蔵する貴重なコレクションのうち、経済学の創始者であるアダム・スミスの著作を中心とした「アダム・スミス著作文庫」の一部を中心に特別に展示することになりました。

この学術資料に関連した講演会には、小林昇教授（立教大学名誉教授、アダム・スミスの会会長、日本学士院会員）をお招きし、「経済学の成立——アダム・スミスとジェイムズ・ステュアート——」と題する講演をしていただくことになりました。特に、「経済学の成立」というテーマについて論じるわが国における最も適切な小林昇教授をお迎えできることはまことに光栄であります。

この機会に展示と講演を通して、経済学をその原点に帰って問いなおすきっかけにしていただければ幸いです。特に大学図書館でだけ可能なこうした特別展示と講演への参加によって、「学術資料センター」であり「知的交流の場」としての大学図書館への理解が深まることを希望する次第です。

関西学院大学図書館長　田中敏弘

（第三回大学図書館特別展示・学術資料講演会、「経済学の成立」一九九三年一〇月）

5　「アダム・スミス著作文庫」について

関西学院大学図書館が所蔵する「アダム・スミス著作文庫」は、経済学の創始者 Adam Smith（1723-90）の著作とそれに関する貴重な文献から構成されている（一九八二年購入、現在九一点、一八六冊）。スミスは『国富論』（一七七六年、WNと略す）の著者として知られているが、かれには他に重要な『道徳感情の理論』（一七五九年、TMSと略す）と彼の死後友人により出版された『哲学論文集』（一七九五年、EPSと略す）がある。

このコレクションは小振りだが、質の高い優れたものといえる。WNについては、初版から生前の最終版である五版を含めて十一版（一八〇五年）まですべて揃っている。特に珍しいものとしてダブリン版初版および三版、バーゼル版があり、アメリカ版もかなりある。ほかにフランス語訳、ドイツ語訳、スペイン語訳、スウェーデン語訳が含まれている。

TMSについても、初版から重要な六版を含み、十一版を除き十二版まで揃っている。ドイツ語訳のほか、特別の稀覯本としては、最初のフランス語訳（一七六四年）がある。

EPSとしては、初版のほか珍しいダブリン版とバーゼル版もみられる。

以上のほかスミスに関する比較的珍しい初期の文献を含むが、特に貴重なものに、親友のデイヴィッド・ヒュームがスミスに宛てた自筆書簡（一七七二年十一月十七日付）一通がある。

なお今回は講演の主旨との関連から、展示にジェイムズ・ステュアートの『経済学原理』初版（一七六七年）などを加えた。更にこの機会に本大学図書館が所蔵する河上肇博士旧蔵の『国富論』初版本も特別に展示することにした。

この「アダム・スミス著作文庫」は、同じく本大学図書館所蔵の「スコットランド啓蒙思想コレクション」と共に、経済学の成立の研究に不可欠の資料となっている。この著作文庫に関する詳細は、関西学院大学図書館編『ロック、スミス、ミル父子著作文庫目録』（一九八五年）及び田中敏弘「ロック、スミス、ミル父子著作文庫、スコットランド啓蒙思想コレクションについて」（同著『ヒュームとスコットランド啓蒙』（晃洋書房、一九九二年）を参照されたい。

今回の展示資料の紹介には、篠原 久教授（経済学部）のご協力を得たことを記し感謝したい。

（第三回大学図書館特別展示・学術資料講演会、「経済学の成立」展示資料紹介、一九九三年一〇月）

6　近代詩の展開 ――「明星」を中心にして ――

一九九二年から始められた大学図書館特別展示・学術資料講演会は、今回で第四回を迎えることになりました。今回は日本文学の領域で「近代詩の展開」をテーマに、大学図書館が所蔵する貴重なコレクションのうち、故丹羽安喜子氏によって集められた、近代短歌を中心とする貴重な「丹羽記念文庫」の一部を特別に展示することになりました。故丹羽安喜子氏が与謝野晶子に師事した歌人であったので、明治・大正・昭和の短歌を中心に三〇〇〇冊に及ぶこの文庫の中心は、与謝野晶子と鉄幹に関連したものです。なかでも「明星」は原本で揃っており、特に貴重といえます。

この展示に関連して、今回は本学文学部の中島洋一教授にお願いし、『近代詩の展開 ――「明星」

を中心にして──』と題して講演をしていただくことになりました。近代詩を研究テーマのひとつとされる中島教授の講演を通して、近代詩の世界にしばし思いをよせるきっかけにして頂ければ幸いです。

特に大学図書館でだけ可能なこうした特別展示と講演会への参加によって、大学図書館の果たす役割について一層理解が深まることを希望する次第です。

一九九四年五月

関西学院大学図書館長　田中敏弘

（第四回図書館特別展示・学術資料講演会「近代詩の展開」一九九四年五月）

7　時計台はなぜ関学のシンボルなのか？
大学図書館の機能とその役割

時計台は関学のシンボルである。大学図書館の時計台は、私たちの心の内にシンボルとしての位置を占めている。だが、時計台はなぜ、どういう意味で関学のシンボルなのか、今あらためて問い直してみる必要はないだろうか？　大学の正門を入るとすぐ目に入るとか、キャンパスの中心に位置しているといった物理的理由だけによるのでないことは言うまでもない。ではなぜか？

時計台をもつ大学図書館は、一学部、一研究科、一研究所等にとらわれず、それらすべてからなる大学全体の研究・教育に不可欠な図書・資料・情報を効率的に収集・組織・保管し、すべての利用者に効果的に提供することによって、大学での研究・教育・学習を支え促進する機能を果たしている。大学図書館の本格的利用なしには、大学での学習は成り立たないし、およそその名に値する研究の展開も無理である。

一方での専門化の深まりと、他方での学際化の一層の進展、さらに国際化と生涯学習の要請と、なかでも目覚ましい情報化への組織的対応に迫られる中で、大学の教育・研究体制は今大きな変革期を迎えている。こうした大学の変革のうねりの中にあって、大学図書館はそれに対応した形で、あるいはそれを先取して自らを大きく変え、大学の新たな研究・教育体制を下支えし、推進する新たな役割を期待されている。

したがって、例えば、セメスター制の導入、カリキュラムの改訂、教育方法の改善、入学条件の多様化、社会人や外国人留学生の受け入れ等の変化に対応して、大学図書館はこれまで以上に、各学部、研究科との連携を具体的に深めていかねばならない。

だが大学図書館が大学全体の観点にたって、新しい機能と役割を十分果たしていくためには、各学部、部局、すべての利用者の積極的な協力こそ不可欠である。情報のシステム化ひとつをとっても、今や大学あげての協力体制がなければ、対応することができない。

新入生はじめ学生諸君は、このような改革の中にあることを自覚しつつ、さしあたり指定図書や参考図書の日常的利用はもちろん、リポートの作成、試験準備、卒業論文の完成等で大学図書館をフルに活用し、早くなじんでもらいたい。さらに、受け身的な利用をこえ、自らの関心に従って、自発的・積極的に図書館を活用してもらいたい。こうした図書館の活用は、必ずや大学でなければ味わえない貴重な体験となって心に残るに違いない。この体験をもとに、時計台こそ関学のシンボルであることの真の意味を理解し、時計台に一層の愛着を感じてもらえば幸いである。

（関西学院大学図書館報『時計台』No.60，一九九四年四月）

8　経済学の発展 ― ミル父子を中心として ―

大学図書館特別展示・学術資料講演会は回を重ね、第五回を迎えることになりました。特に今回は、本大学開設六〇周年記念行事のひとつとして開催されることになり、大学図書館として意義深いことと考えられます。

今回は「経済学の発展」をテーマに、大学図書館が所蔵する貴重なコレクションのうち、経済学の発展に大きな貢献を遺したミル父子の著作を中心にした「ジェイムズおよびジョン・ステュアート・ミル著作文庫」の一部を中心に特別展示することになりました。

この学術資料に関連した講演会には、元甲南大学学長杉原四郎教授（甲南大学及び関西大学名誉教授）をお招きし、「経済学の発展 ― ミル父子を中心として ―」と題して講演をして頂くことになりました。経済学史学会代表幹事、日本イギリス哲学会会長等を歴任された、経済学史の大家であり、特にJ・S・ミル研究においても主導的な役割を果たしてこられた先生をお迎えできることはまことに光栄なことであります。この機会に講演と展示を通して、ミル父子の業績を顧み、とくにJ・S・ミルの現代的意義について問い直すことになれば幸いです。

こうした機会をとらえ、大学図書館を「知的交流の場」として一層活用されることを希望する次第です。

なおこの場を借りて、順調に建設工事が進展している新大学図書館に一層のご理解とご協力をお願いする次第です。

関西学院大学図書館長　田中敏弘

（第五回大学図書館特別展示・学術資料講演会、「経済学の発展」、一九九四年一〇月）

9　「ジェイムズおよびジョン・ステュアート・ミル著作文庫」について

関西学院大学図書館が所蔵する貴重な特別コレクションのひとつに「ミル父子著作文庫」がある。これは経済学・社会科学に関連した「アダム・スミス著作文庫」、「ジョン・ロック著作文庫」、「スコットランド啓蒙思想コレクション」と並んで本大学図書館が誇りうる体系的なコレクションである。一九八三年に購入されたときは一二二点、一五〇冊だったが、その後補充され現在一六一点、一九四冊（うちジェイムズ・ミル関連は八点、二四冊）になっている。

ミル父子、とくにJ・S・ミルは多くの分野で活躍し、その著作は経済学、政治学、社会思想など広い範囲にわたる。さらにミルの著作は多くの外国語に翻訳され、わが国も含め世界の各国に大きな影響を与えてきた。こうしたミル父子の著作のほとんどのものがこの文庫に納められており、外国語訳についてもその補充が進められている。

今回の特別展示に当たっては、ミル父子の関連、J・S・ミルの学説、思想、活動の多面性、及び広範な影響等に力点を置くこととなった。いつもながら、スペースの関係で焦点を絞るのに苦労したが、子ミルの『経済学原理』の各版、『自由論』のドイツ語版、オランダ語版、わが国最初の邦訳『自由之理』(一八七二年)、『女性の隷従』、『自叙伝』の各版などを展示している。とくにこの文庫の特色のひとつであるJ・S・ミルの自筆書簡六通は、ミルと労働者教育との関係を補う資料として重要である。

この著作文庫の詳細については、関西学院大学図書館編『ロック、スミス、ミル父子著作文庫目録』(一九八五年)および田中敏弘「ロック、スミス、ミル父子著作文庫、スコットランド啓蒙思想コレクションについて」(同著『ヒュームとスコットランド啓蒙』一九九二年)を参照されたい。

今回の展示資料の選定については、講演をお願いした杉原四郎先生から貴重なご示唆をいただくことができた。記して感謝の意を表したい。また、展示資料の紹介には井上琢智教授(経済学部)の手を煩わした。お礼申し上げる。

(第五回大学図書館特別展示・学術資料講演会、「経済学の発展」一九九四年一〇月)

10　大学図書館長再任にあたって
新大学図書館第一期開館と神戸三田キャンパス大学図書館分室オープン

阪神大震災による被害や困難を乗り越えて入学された新入生の皆さん、おめでとう。大学図書館は皆さんを心から歓迎致します。また在学生、教職員のうちには震災の影響をなお大きく受けておられる方も多い現状ですが、もとの活気溢れるキャンパスを取り戻しつつあることを皆さんとともに喜びたいと思います。

私は思いもかけず大学図書館長に再任されましたが、私にとって関西学院大学での最後の仕事として、微力ながらベストを尽くしたいと思います。

今年一〇月、待ちに待った新大学図書館が第一期開館となります。どうか存分に利用してください。また、二年後の第二期開館に向けて、あらためてご協力をお願いいたします。

さて新大学図書館は、①学術資料・情報センターとして、②利用しやすい機能的な、③情報化に対応した、④知的交流・創造の場としての、大学図書館をめざしています。その実現のため、ハードとソフトの両面にわたって慎重に検討を重ねてきました。ハードの第一期ができあがり、ソフトとしての利用のためのルールもすでに基本が決定し、残りは詳細についての検討のみとなりました。七月春学期試験終了後に引越作業を行い、時計台建物以外の現図書館を解体し、一〇月開館に備えます。その間どうしても閉館せざるを得ずご不便をおかけしますが、臨時の閲覧室・事務室を学内に設けるなど可能な限りの対策によって、研究・教育に支障の出ないよう最大限の努力をいたしますので、どうかご理解くださいますようお願いいたします。なお一〇月からは現図書館跡地での工事が始まり、二年後の一九九七年一〇月に完成、全面オープンの運びとなります。

いうまでもなく、大学図書館はこれまで大学における研究と教育を促進してゆく上で重要な役割を担ってきました。しかし研究の高度化、教育の改革と充実、さらに情報化と国際化の進展とともに、大学図書館はこれまでのようにただ研究・教育をサポートするだけでなく、個別の学部や研究所などとは違った「独自の総合的な知的発信機能」を持つことが強く求められています。また今日、学問の専門分化と共に、その総合が今ほど強く求められている時はありません。この総合性の確保のためにも新大学図書館の資料・情報はもちろん、各学部・研究所の資料・情報もその全学的共同利用する必要があります。これによってはじめて関西学院大学の大学としての研究・教育水準の一層のレベルアップに貢献することが可能となり、関西随一の大学図書館となるものと自負いたしております。

もうひとつの重要な出来事は、総合政策学部の開設に伴う神戸三田キャンパスでの大学図書館分室のオープンです。総合政策学部の一回生となられる新入生と新しい場で働かれる教職員の皆さん、新しい学部の創立理念の実現のために大学図書館の分室が開設されました。これを積極的に利用して新しい研究・教育に役立ててください。

分室は、総合政策学部の最大の特色であるヒューマン・エコロジーを核とする、エコロジー政策、都市政策、国際発展政策の三専攻コースに即して、専門書（約一二〇〇〇冊）、言語文化、総合教育関係図書（約一二〇〇〇冊）、学術雑誌（一八七タイトル）、視聴覚資料等を備えた一二三六平方メートル、座席数二一三席からなります。むろんOPAC（オンライン目録検索システム）とCD-ROMを備えるとともに、パソコン群からなるメディア・フォーラムが併設されています。もちろん、上ヶ原の大学図書館による支援サービスを受けることが可能です。なお総合政策学部の図書関係予算は、四年後の完成時点での教員・学生数を基準に特別の配慮がなされています。大学図書館として今後なお一層の充実を強く要望してまいります。

神戸三田キャンパスの分室開設にともない、大学図書館は二つの拠点を持つこととなりました。両キャンパスのネットワークの可及的速やかな完成を急ぐとともに、情報の一体化、さらには両図書館機能の一体化を進めてゆかねばなりません。

以上のように、新大学図書館・三田キャンパス分室オープンという新たな節目を迎え、大きな期待とともに重大な使命を課せられていることを痛感いたしております。険しい道のりであり、まさにこれから正念場を迎えることとなりますが、図書館員一同、新しい大学図書館の完成と充実のために努力してまいりたいと思いますので、今後もご支援のほどよろしくお願い致します。

（関西学院大学図書館報『時計台』No.63，一九九五年四月）

11　「柚木重三教授収集文書」の刊行にさいして

関西学院大学図書館長　田中敏弘

関西学院大学図書館が所蔵する「柚木重三教授収集文書」は、本大学図書館の誇りうる重要な近世文書のひとつであり、柚木重三教授が本学商経学部在任中（昭和一一年四月～同一五年四月）に精力的に収集された、全国的広がりをもつ灘酒経済史関係の原史料である。教授の没後、史料は『灘酒経済史料集成』上下二巻として編集・刊行された。収集史料には、酒造の部と樽廻船などによる運送の部が含まれており、それは灘酒造史と海運史とに関する膨大な史料集成をなしている。

柚木重三教授亡きあと父のこうした実証的研究の学統は柚木学教授によって継承・展開され、灘酒経済史研究として大成された。それは学士院賞（一九八二年）の受賞に価する成果となった。こうした関西学院大学における柚木父子二代にわたる学問的成果は、今日の関西学院大学における研究水準の一端を示すものといえる。

今回、原資料の保存と、特にこれらの文書を広く研究者の利用に供するため、雄松堂書店によりマイクロフィルム版を作成し頒布することとなった。これにより史料へのアクセスが容易になり、この分野の研究の前進に大きく貢献することが期待される。


（関西学院大学図書館所蔵「柚木重三教授収集文書　全国酒造関係史料」

雄松堂書店〔雄松堂書店パンフレット〕、一九九五年七月）

12　新大学図書館第一期開館を迎えて

このたび、ようやく新大学図書館の第一期開館を迎えることになりました。建設に直接にかかわっていただいた方々にお礼を申し上げると共に、学生・教職員の皆さんのご理解とご協力にあらためて感謝する次第です。一月の大地震にもまったく被害を受けなかったことはまことに幸いでした。

ご承知のように、全館の完成は二年後の一九九七年一〇月を予定しており、今回の第一期開館ではまだ一部分しか使用できませんし、また仮設部分もあります。しかし第一期の開館によって大学図書館の設備・機能・環境は画期的に新しくなり、情報化と国際化、研究の高度化、教育の改革と充実に対応するまったく新しい大学図書館に向けて大きく前進することになりました。どうぞ学生・教職員の皆さん、新しい大学図書館を積極的に利用し、それぞれの学習・教育・研究に大いに役立ててください。関西学院大学における教育と研究を支え、そのレベルアップに貢献することこそ大学図書館の中心的役割であることは言うまでもありません。そうした役割をさらに十分果たすことができるように、一層のご理解とご支援をお願いいたします。

これから新大学図書館の完成までまだ越えなければならない山がいくつかあります。まだご不便をおかけすることになりますが、完成まで今後もどうぞご協力のほどよろしくお願いいたします。

（関西学院大学図書館、一九九五年一〇月）

13　グランド・オープニングに向けて

大学図書館は、来年一九九七年一〇月に完成し、グランド・オープニングを迎えることになります。建設関係者の方々はもちろん、学生・教職員の皆さんのご協力により、昨年一〇月に第一期開館を迎えることができました。一部とはいえ、大学図書館の設備・機能・環境は一新し、情報化と国際化、教育の改革と充実、研究の高度化と総合化といった新しいニーズに応える体制が基本的にでき上がりました。特に全面開架制は予想以上のインパクトをもち、利用者に歓迎され、成果をあげつつあります。また研究個室も好評で大学院生に利用されています。更に新しく設けられたレファレンス・カウンターの利用もようやく本格化してきております。大学図書館の利用者は一日に約三五〇〇名にのぼり、試験期には五〇〇〇名を超えるようになりました。午後六時から九時閉館までの夜間においても、数百名が利用しています。

しかし、現在は全館完成までの過渡期にあり、例えば端末やコピー機の台数不足、検索等に関する情報不足など、図書館職員の努力にもかかわらず、限界が見られます。図書館では現在のさまざまな問題点を十分検討し、その解決に一層努力していきます。完成までまだいろいろとご不便をおかけすることになりますが、利用者の皆さんのご理解とご協力をお願いいたします。

全関学人の協力により、大学図書館が完成し、それの十分な利用によって関西学院大学の教育・研究水準のレベルアップが内外に明らかにされることが望まれます。このようなとくに優れた図書館をもつ大学でこそ、本格的な学習・研究が可能になることは言うまでもありません。大学図書館の完成が関西学院大学の大学としての水準の高さを示すシンボルとなることが大いに期待されます。

（関西学院大学図書館報『時計台』No.65,一九九六年七月）

14　レファレンス・サービスの充実・向上に向けて

大学図書館長　田中敏弘

新大学図書館になってとくに力点が置かれている重要な利用サービスにレファレンス・サービスがあります。はじめは、利用案内に関する簡単な問い合せに追われましたが、少し落ち着いてくると、当然レファレンス・サービス本来の業務が増えてきました。図書・雑誌等の資料の書誌調査、所蔵調査、事項調査をはじめ、レファレンス・ツールの紹介、オンライン目録システムによる文献検索の指導、それにさまざまな外部データ・ベースを利用した検索や相互利用、文献複写など、一ヶ月に一〇〇〇件を超える実にさまざまな種類のレファレンスが行われています。

しかし、レファレンス・サービスは奥深く、学習・研究が進めば進むほどますます高水準のレファレンスに応えることが求められます。総合レファレンス・カウンターだけでは十分対応できない問題も出てきますので、将来的には社会科学、人文科学、自然科学それぞれにとくに関連した事柄について固有のレファレンス・サービスが提供できるように考えていく必要があります。また図書館職員にはより高度なレファレンスに応えうる能力が求められることになり、これに応えるためには、CD-ROM、インターネットなどコンピュータによる図書情報の自由な入手と共に、より高度な書誌学的知識に基づく新しい形態のレファレンス技術が必要となります。これには、職員の計画的な研修プログラムと人材の獲得が不可欠です。

より専門的なレファレンス・サービスをどこまで提供できるかが、図書館の水準を決めることになりますので、サービスの充実・向上に向けて今後とも努力してまいります。

（関西学院大学図書館報『時計台』No.66，一九九六年一二月）

15　随所に配置されるアート群

本年一〇月に迎える新大学図書館のグランド・オープニングに向けて、いよいよ最終の準備段階にはいりました。引越のため、八月・九月の夏季休暇中の閉館はやむをえませんが、十月には完成し、新しい設備・機能で利用者にいっそう充実したサービスを提供できることになります。

これらの新しい設備・機能をフルに活用し、学習や研究の促進に一層役立つことができるよう、広い意味での利用環境の整備を進めています。むき出しの機能一点張りの図書館ではなく、長時間、落ちついて、しかも楽しく利用できる図書館になるよう、随所にアートを配置するなどの様々な工夫がなされています。

その主なポイントとして、四点のアートをあげることができます。

一点は、特徴のある大きな吹き抜けに、サインを兼ねて吊るされるすばらしい布製のバナー三本。あと、エントランスとそれにつづくエントランス・ホールや南側の斜面に広がるサンクン・ガーデンに、それぞれ国際的に高い評価を得ているアーティストのオリジナル作品が配置されます。

これらのすべてのアートは、「風・光・力」という校歌「空の翼」からのコンセプトが貫かれています。

そのほか、特に貴重な油絵、水彩画、写真などの寄贈も受けています。これらすべてのアートが醸しだす美的・知的雰囲気の中で、じっくりと利用できる環境を提供し、大学が情報発信基地としての役割を高めうるように、というのが私達の願いです。

今年は、図書館にとってまさに正念場、皆さんの一層のご協力をお願いいたします。

（関西学院大学図書館報『時計台』No.67，一九九七年四月）

16　新大学図書館の開館にあたって

構想以来ほぼ一二年を経て今日ここに新大学図書館のグランド・オープニングを迎えることができ、皆さんと共に喜びを分ち合えることを心から感謝致します。直接建設・設計に携われた方々にあらためて感謝の意を表する次第です。とくに図書館建設の専門家、筑波大学、富江伸治教授の永年にわたるご指導に感激する次第です。情報化・国際化・学際化など新しい時代の要請にこたえ、関西学院大学の研究・教育のさらなる前進のため新大学図書館の必要性が認識され、大学、理事会、各学部、各部局など全学挙げての協力と努力によって実現できたことに対し、心からの敬意と感謝を捧げるものであります。これは関西学院ならではの見事な力の結集の賜物にほかなりません。

新大学図書館はまさに二一世紀の関西学院の発展を支え担う図書館であります。学習図書館と研究図書館の機能を兼備した総合図書館としての新しい図書館は、一五〇万冊の収容力をもち、一七〇〇席にのぼる閲覧座席を備えています。多数の研究個室に加えてゼミナールなどによる共同の学習・研究が可能なグループ閲覧室、AV機器を備えた図書館ホール（一〇〇名収容）、パソコン室、整備されたAVコーナー、視覚障害者読書室などが含まれています。しかも最大の特色として、利用者が直接手に取って閲覧できる全面開架式が採用されています。何よりも利用者の立場にたった開かれた図書館が目指され、レファレンス・サーヴィスに重点が置かれています。また新しく「公開制」を導入し、近隣地域社会にも図書館は開かれます。

さらに図書館には、ユニークな吹き抜け空間が設けられ、地下階にも自然の光が差し込むようにサンクン・ガーデンが作られ、豊かな植栽と共に日本庭園へとひろがる豊かな緑と光のすばらしい景観が与えられています。とくに館内外に配された彫刻やステンドグラス、新感覚のバナー、絵画、写真などのアートもまた、キャンパスの新しいシンボルとしての図書館に光を増し加えるものです。

このような優れた設備・機能・環境を備えた新大学図書館が全学の教育・研究を支える拠点として、二一世紀への新しい学問創造の場として十分に利用されることを心から念願する次第です。

（関西学院大学図書館開館記念式典、一九九七年一〇月二九日）

17　関西学院大学新大学図書館開館記念式典ご挨拶

関西学院大学図書館長　田中敏弘

大学図書館長の田中でございます。本日は、皆様ご多忙中のところ開館記念式典にお集まり頂きましてまことにありがとうございます。とくに学院、大学、図書館関係のご来賓を初めとする多数のかたがたのご出席を賜り大変光栄に存ずる次第であります。

構想以来一二年、着工以来四年を経過しての開館記念式典となりましたので、今日の日を「感無量」の思いをもって迎えられた方々は、学内外に多数おられるものと存じます。完成に当たりご協力頂きましたすべての方々に、あらためて深く感謝申し上げる次第であります。

皆様には後ほど図書館をご覧いただくことになりますが、その際のご参考までに、この大学図書館の優れた特徴と思われます点を七点だけ挙げさせていただきたいと思います。

第一点は、最新の情報処理・通信技術による学術情報の受信・発信基地の役割を果たすコンピュータ化されたインテリジェント図書館という点です。なお同時に、将来の電子図書館化への備えもなされております。

第二点は、百万冊の体系立った図書資料の大部分について思い切った全面開架方式を導入した点です。

第三点は、レファレンス・カウンタを整備し、質の高いレファレンス・サービスに向けてのレファレンスの画期的強化・充実という点です。

第四点は、地域社会への公開制の導入です。西宮、三田の両市など近隣の住民や、官公庁、企業、キリスト教会などに来年四月から公開されます。公開制を通じて地域住民にも親しまれる図書館となることが期待されております。

第五点は、ユニークなアート群の設置です。校歌「空の翼」の「風」「光」「力」をコンセプトに構成された、植松奎二氏、新宮晋氏の野外彫刻、エントランス・ホールの荒木高子氏による「ロックバイブル」と森場さとし氏のステンドグラス、吹き抜けの荒木博申氏デザインのユニークなバナー。特にご寄贈いただいた松井正画伯の「裏と表」ほか、書、絵画、写真などがあります。

第六点は所蔵する図書資料自体です。開館記念に新たに購入された三つのコレクション、「トマス・ホッブズ著作文庫」、「イギリス社会政策コレクション」、「イギリス社会科学古典資料コレクション」は、本学図書館の所蔵する社会科学関連の特別コレクションを補強するものであり、今回その一部は特別展示されております。

第七点は、図書館完成に至るプロセス自体にあります。これは目に見えにくいものですが、特に強調すべき特徴です。大学、学院、全関学挙げての民主的討議のプロセスは全国でも例を見ないものと言われ、私どもの誇りとする点であります。

最後に、新しい図書館の建設にかかわりましたひとりとして一言だけつけ加えさせて頂くとしますと、大学図書館の果たす重要な役割を考えるとき、大学図書館の間の一層の相互協力が大学相互の発展のためますます不可欠になります。二一世紀にむけて一層のご協力をお願いする次第であります。

簡単ですが一言ご挨拶とさせて頂きます。どうもありがとうございました。

（一九九七年一〇月二九日、関西学院大学図書館開館記念式典にて）

18　近代イギリス社会――思想と文化――

新大学図書館が学内外のご協力により、見事に完成・開館することができました。これを記念した開館記念行事の一つとして、ここに第六回大学図書館特別展示・学術資料講演会を開催することは、大学図書館としては無論のこと、関西学院大学全体にとってまことに意義深いことと考えられます。

今回は「近代イギリス社会――思想と文化――」をテーマに、特別展示と一般展示の二つの展示を同時に開催することとなりました。特別展示は、開館記念のために特に購入された三つの貴重なコレクション――①「トマス・ホッブズ著作文庫」、②「イギリス社会政策コレクション」、③「イギリス社会科学古典資料コレクション」――を中心にした展示であり、一般展示は「近代イギリスの出版の魅力」というタイトルのもとに、一八世紀半ばから一九世紀末までのイギリスに花開いた総合雑誌・評論誌を中心とした目でも楽しめる展示を目指しています。

この特別展示に関連した学術資料講演会には、とくに近代イギリスの思想と文化に造詣の深い杉山忠平教授（静岡大学および東京経済大学名誉教授）をお招きし、「経済学成立期の諸相――アダム・スミスとその最初期批判考――」と題して講演をして頂くこととなりました。日本学士院賞を受賞され、経済学史学会代表幹事も務められた経済学史・思想史の大家であり、とくにイギリスを中心に国際的に著名な先生をお迎えできることはまことに光栄なことであります。とりわけ今回は、アダム・スミスの『国富論』の最初の重要な批判者となったローダデール伯の『国富論』注を解読・編集された *Lauderdale's Notes on Adam Smith's Wealth of Nations* (Routledge, 1996) の編著者として、極めて示唆に富むユニークな講演をして頂くこととなります。

開館記念というまたとないこの機会に講演と展示を通して、多くの方が大学図書館に親しみ、「知的交流の場」に積極的に参加されることを希望いたします。

終わりになりましたが、開館記念コレクションの選定・購入、ならびにその紹介・展示について頂いた多くの方々のご協力にとくに感謝する次第です。

関西学院大学図書館長　田中敏弘

（第六回大学図書館特別展示・学術資料講演会「近代イギリス社会――思想と文化――」
一九九七年一〇月）

19　大学図書館グランド・オープニングにあたって

新しい大学図書館の竣工式を九月二五日に無事迎え、皆さんと共に大きな喜びを分かち合えることができ感謝致しております。新大学図書館は、まさに二一世紀の関西学院を支え、さらなる発展を促すにふさわしい図書館といえます。

伝統のスパニッシュ・ミッション・スタイル、地上三階、地下二階、延床総面積約二万平方メートル。図書収容力一五〇万冊、雑誌六〇〇〇タイトル、閲覧座席一七〇〇、図書館ホール、研究個室二八、パソコン室四、グループ閲覧室七、視聴覚資料コーナー、視覚障害者読書室四、貴重図書特別閲覧室など、新しい設備と多様な機能が組み込まれています。長時間の利用も見越し喫茶室もあります。

今日大学図書館には二つのタイプがあります。メディアセンター型と、図書館機能を中心としたコンピュータ化された新しいタイプの本来の大学図書館です。新大学図書館は後者のタイプに属します。しかもこのタイプの最大級のものであり、図書館建築として全国でも抜群の画期的な図書館であると自負しております。すでにその評価は高まりつつあります。

このようにまず建築の点からみて非常に優れた図書館ですが、新大学図書館がとくに誇りうる特徴として、私は次の六点をあげ、この際ぜひ強調しておきたいと思います。

①コンピュータ化されたインテリジェント図書館

パソコン八〇台を備え、図書館の目録検索はもちろん、国内外の他大学や研究機関のデータベースにアクセス可能であり、ホームページの開設により学外からの検索も容易です。それだけでなく、将来の電子図書館化への備えがなされています。一言で言えば、新しい情報処理・通信技術による学術情報の受信・発信基地の役割を果たすことが出来ます。

②全面開架方式の導入

全面開架方式自体は小規模図書館で採用されるようになってきましたが、一〇〇万冊の体系だった図書資料を擁する大規模大学図書館での導入は西日本では初めてであり、全国でも数少ない試みといえます。

③レファレンス・サービスの画期的強化・充実へ

レファレンス・カウンターを整備し、質の高いレファレンスに対応できるように組織化されており、レファレンス・サービスのいっそうの充実に向けた不断の努力が行われています。

④地域社会への公開制導入

図書館は地域社会に公開されます。西宮、三田の両市など近隣の二〇歳以上の住民や、官公庁、企業の調査・研究のため、約二〇〇人に有料登録制で公開されます。また福音主義キリスト教会からの研究者には無料で利用していただく予定です。この公開制により地域住民にも親しまれる図書館であり続けることが期待されます。

⑤ユニークなアートがひかる

校歌「空の翼」の「風」「光」「力」をコンセプトに、エントランスに植松奎二氏の野外彫刻、サンクン・ガーデンに新宮晋氏の風で動く彫刻、エントランス・ホールには荒木高子氏のロックバイブル、吹き抜けには荒木博申氏デザインのユニークなバナー（これは日本の大学図書館では初め

新大学図書館全景

［浮くかたちー 垂 ー］ Floating form—Vertical
植松 奎二（彫刻家）

［ロックバイブル］ Rock Bible
荒木 高子（彫刻家）

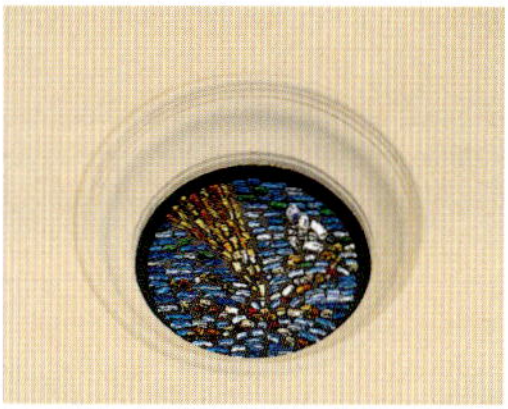

［光あれ］
森場 さとし（ステンドグラス作家）

［光の海］ Ocean of Light
新宮 晋（彫刻家、絵本作家）

［束(つか)ね］ Gatherings
荒木 博申（専門：視覚伝達デザイン）

写真撮影／清水 茂 氏

ての試み）、同じくエントランスの上部にある森場さとし氏のステンドグラス「光あれ」がオリジナル作品として設置されました。さらに、高名な書の大家宮本竹逕氏には「聖句」と「大学図書館」の看板を書いて預きました。また松井正画伯の絵画「裏と表」、吾妻兼治郎氏の彫刻（竹中工務店・大林組による）の寄贈を受けました。このほか、渡辺禎雄氏の版画、善養寺康之、岡本昇、清水茂三氏の写真、中條順子氏の日本画、市山時彦氏の水彩画など、多彩なアートによって図書館が一層豊かなものになっています。こうしたアート群も必ず図書館だけでなく上ヶ原キャンパス全体の人気スポットとなることでしょう。

⑥大学・学院挙げての力の結集

以上五つの特徴とは異なり、それらにもまして重要な特徴は、この図書館が構想以来完成に至るまでのプロセス自体にあります。まずどのような図書館を作るのか、予算は？　管理・運営をどうするのか、大学の中での新しい位置づけは？　等について、すべて新たに慎重に検討するため、これほど全学を挙げて膨大な時間をかけ、民主的に議論を重ねたことは、日本全国でも例を見ないことであると高い評価を得ています。これは私たち全関学人の誇りであり、ここに特筆されるべきことと確信しております。

主なものだけでも、「大学図書館問題検討委員会」（一一回）、「図書館問題検討委員会」（院連）（一三回）、「建設実務委員会」（多数回）、「大学諸施設検討委員会第三部会」（一三回）。とりわけ全学部長・大学執行部、各部局を含む三〇数人からなる「新大学図書館管理運営問題検討委員会」は三四回開催され、熱心な討議を重ね、最終的に新しい「規程」に結晶させることができました。またアートの設置については、「アート検討委員会」を経て「アート選定委員会」、開館記念特別コレクションの所蔵については、「特別図書選定委員会」がしばしば開かれました。こうしたプロセスがあって初めて完成したことを私は皆さんにご報告し、あらためて感謝の意を表する次第です。

このすばらしい大学図書館の目的は私たちの教育・研究活動のレベルアップであります。皆さんどうぞ図書館を生かし活用して下さい。命を吹き込んで下さい。

（関西学院広報『K.G. TODAY』No.198，一九九七年一〇月）

20　二一世紀の関西学院を支える新大学図書館

新大学図書館のグランドオープニングを関係者のみなさんと喜びをもって迎えることができました。新しい図書館はまさに二一世紀の関西学院を支える図書館であります。時代の要請にこたえ、関西学院大学の研究・教育をさらに前進させるために新大学図書館の必要性が認識され、大学、理事会、各学部、各部局など全学挙げての協力と努力によって実現できたことに対し、建築・設計関係者への感謝と共に、心からの敬意と感謝を捧げるものであります。

新大学図書館は学習図書館と研究図書館の機能を兼備した総合図書館として、一五〇万冊の収容力をもち一七〇〇席にのぼる閲覧座席を備えています。多数の研究個室に加えてグループ閲覧室、図書館ホール（一〇〇名収容）、パソコン室、整備されたＡＶコーナー、視覚障害者読書室、特別閲覧室などが含まれています。しかも最大の特色として、利用者が直接手に取って閲覧できる全面開架式が導入されています。何よりも利用者に開かれた図書館を目指しレファレンス・サービスに重点が置かれています。また近隣地域社会に開かれた「公開制」も新しい試みです。

さらに図書館には、ユニークな吹き抜け空間が設けられ、地下階にも自然の光が差し込むようにサンクン・ガーデンが作られ、豊かな植栽と共に日本庭園へとひろがるすばらしい景観が与えられています。館内外に配された彫刻やステンドグラス、センス溢れるバナー、絵画、写真などのアートも、キャンパスの新しいシンボルとしての図書館に風と光と力を増し加えるものです。

このような優れた設備・機能・環境を備えた新大学図書館が全学の教育・研究を支える中核となり、二一世紀へと切り開かれていく学問創造の場として十分に利用されることを心から願う次第です。


（関西学院大学図書館、KWANSEI GAKUIN UNIVERSITY LIBRARY, 一九九七年一〇月）

21　新大学図書館完成記念『特別コレクション目録』について

新しい関西学院大学図書館の開館を記念するため、関西学院特別図書購入基金によって、①「トマス・ホッブズ著作文庫」（一二二八点、一五八冊）、②「イギリス社会政策コレクション」（三二一〇点、五〇〇冊）、③「イギリス社会科学古典資料コレクション」（三七〇点、三〇〇冊）の三つのコレクションが購入された。これらを図書館では「特別文庫」に指定し収蔵するとともに、研究利用を促進するため、ここに『関西学院大学新大学図書館完成記念特別コレクション目録』（関西学院大学図書館特別文庫目録第六輯）としてまとめ、刊行することにした。各コレクションの詳しい内容とその意義については、それぞれの目録に付された専門研究者による解説を参照していただきたい。

これら三つのコレクションは、本大学の研究動向に照らして開館記念にふさわしいだけでなく、本大学図書館がすでに所蔵している「ジョン・ロック著作文庫」、「アダム・スミス著作文庫」、「ミル父子著作文庫」、「スコットランド啓蒙思想コレクション」をはじめ、「柴田文庫」、「堀文庫」など、深い関連をもつ他の特別文庫と結合し、一七・一八・一九世紀のイギリスを中心とした社会科学古典資料のコレクションとして、わが国大学図書館のなかでも数少ない貴重なコレクションを構成するものと言える。これらのコレクションが広く内外の研究者に開かれ、国際的レヴェルで研究・教育の促進に貢献することがとくに望まれる。

これら三つのコレクションの選定・購入に関して示された、大学及び学院の特別図書選定委員会及び基金委員会の英断とご協力に敬意を表し感謝したい。選定上アドヴァイスを頂いたジョン・プライス博士（Dr. John Price）にもお礼を述べたい。さらに、この目録の刊行に当たって、各コレクションについて解説を担当して頂いた、岡本仁宏法学部教授、池田信経済学部教授、篠原久経済学部教授に感謝したい。最後に、この目録の作成は丸善株式会社のご協力によることを感謝と共に記しておきたい。

なお、これら三つのコレクションをそれぞれ分冊として同時に作成するため、編集上の配慮がなされていることをお断りしておきたい。

（関西学院大学図書館完成記念『特別コレクション目録』関西学院大学図書館、一九九七年一〇月）

22　「日本図書館協会建築賞」を受賞して

関西学院大学図書館がこの度「日本図書館協会建築賞」を受賞しましたことは、まことに名誉なことであります。今日この席にお集まりの皆様と共に、あらためて喜びを分かち合えることができ、心から感謝する次第であります。

この建築賞の受賞は、学院当局の英断はむろんのこと、その建築に当たって、関西学院大学がその総力を結集できたことが、その最大の要因ではないかと考えております。

準備していただきました、「建設経過報告」にありますように、新しい大学図書館建設の議論は、阪本館長のもとで始まり、金子館長へと引き継がれ、一九八八年に入って八重津館長のもとで、その基礎がためがなされました。着工の延期を含む紆余曲折がありましたが、一九九三年の起工式より、約四年、一期・二期工事を経て、一九九七年一〇月にグランド・オープニングとなりました。

私は八重津前館長の敷かれた路線に従いまして、実際の工事期間にわたって、たまたま館長を勤めさせていただくという幸運に恵まれました。

実際の建築に当たりましては、まず日本設計の力量のほどはあらためて申すまでもございません。とくに太田さん、浜正さんにお世話になりました。とりわけ建設アドヴァイザーとして、専門家の富江先生のアドヴァイスとご指導がなければ、とうてい建築賞はなかったものと確信いたしております。

建設の実務・作業に当たって、その委員長、副委員長を務められた安井先生、芝田先生は、はじめから終わりまで、膨大な時間とエネルギーをさき、全力をあげての貢献をいただきました。また施設部の権野部長は図書館と一体となって長期間ご尽力いただき、ありがとうございました。

さらに、歴代にわたる副館長はむろん、事務部長である尼子さん、藤田さん、三波さんをはじめ、図書館の各課長、主任を中心とした全職員の方々のご尽力が大です。これらのすべての方々が力を合わせた結果が今回の受賞につながったわけです。

こうした力を結集できた結果としての今回の受賞を、今日はこのような形で集まりまして喜びをシェアできることが、何よりも嬉しく、重ねて心から感謝する次第です。

さきほどらい、図書館建設にかかわるさまざまなことが心に浮かんでおりまして、つい長くなりましたが、最後にごく短い詩一編を読ませていただき、結びとさせていただきたいと思います。素人のたあいもないものですが、お目出たいお祝いの席のことですので、どうぞお許しいただき、笑ってお聞きいただければ幸いです。題は図書館のアートの一つの荒木高子さんの力作「ロックバイブル」です。

ロックバイブル

岩の上の聖書
その開かれたページに
一条の光がさす
聖書は岩と
一つになっている

聖句は岩の上にも
溢れ出ている
聖書の上にも
小石がある
聖書は自然に溶けこみ
「土着」している

岩に支えられて
百有余年を経てきたように
時の流れの重みが
迫ってくる
風雪に耐え
光を放ってきた存在が
いまここにある

開かれている聖書は告げている
「主はよみがえられた」と
ロックバイブルは

復活のバイブル
すべてを超えて
主はよみがえる

〔詩集『夕焼けをあび』一九九九年一一月に収録〕
（一九九九年一〇月三〇日、受賞祝賀会、「祝辞」宝塚ワシントンホテル）

VI　その他

1　ニューヨーク ―― 静けさに魅せられた街 ――

ニューヨーク、どういうわけかニューヨークなのだ。この五月末から二週間ほど学会出張でニューヨーク、ワシントンD.C.に出向いた。ケネディ空港に書くと、四年前に半年暮らした頃とくらべ、また一段と不用心になった様だ。イエローキャブさえ、不当な料金を要求するようになったと聞く。

今回はニューヨークに数日いて、のちアムトラックでハドソン川岸を北へ逆上った。これは三二年前の若い日にいっぱしの希望と不安を胸にハドソン川沿いにオールバニまで北上し、シラキュースにある大学院に向ったときの列車と同じだ。「ああ！　オールド・リバー・ハドソン」センチメンタル・ジャーニーもいいところだ。あのとき来た同じ途を三〇数年後の今、息子や孫たちがやってきて、近くで暮すことになろうとは夢にも想わなかったことだった。ハドソン川がやけに懐しいたたずまいを見せては遠ざかっていった。

売出し中のビルが目立つ。ホームレスがまた増えた様だ。これがニューヨークかと、初めてきた観光客を嘆かせる薄汚なさをみせる街だ。しかし、不用心だが、なんと言ってもニューヨークは何かエキサイティングなものが待っている様な気がする街らしい。

マンハッタンのアッパータウン、地下鉄の一号線で一一六丁目で降り、コロンビア大学のキャンパスに一歩入ると、それまで身がまえていた一寸した警戒心も自然にほぐれていく。キャンパスでは若い母親が幼児をのびのびと遊ばせている。ニューヨークの喧噪と派手なショーアップと不用心にひきくらべ、大学図書館、とくに私が仕事をした貴重図書室の静寂は全く別の惑星だ。ここほど要らぬ神経などは使わずに、マニュスクリプトの解読作業に専心打ち込める空間はどこにもありはしない。こんどまた、ある経済学者の新たに加わった往復書簡を一つ一つ読んでいくうちに、初夏の一日がすぐ終わってしまった。

コロンビア大学の図書館は私の仕事部屋だが、ニューヨークにはこれとはまた違った別の静かさを味わえるところがある。その一つ私の好きなところがクロイスターだ。クロイスターはコロンビア大からもっと北へ、地下鉄を乗り継いだマンハッタンの北の端、フォート・トライオン公園内にあり、ハドソン川を見下せるすばらしいヒル・トップにたっている。あの修道院の静けさに魅せられて、こんども時間をつくって訪ねてみた。ここはロックフェラー二世が寄付した中世フランスの修道院の幾つかの回廊やチャペルや中庭が移されている。そこに彫刻、タペストリー、ステンドグラス、絵画、金銀器などがごく自然な形で展示されている。とくに私の大好きなところは、南フランスのトリ・クロイスターで、その拱廊に囲まれた小さな庭を眺めていると、不思議に心の奥底に深く広くひろがっていく安らぎを感じる。

ホールやチャペルも幾つかあるが、なかでも私が好んで休息したのは、ゴシック建築の小さなチャペルだった。これほど簡素に出来ないくらい、余計なものを除いてしまった小チャペルは、私を深い瞑想にさそう静謐そのものに包みこんでくれる。今回も幸いしばらくの間、誰にもわずらわされず、安らぎのひとときに浸ることが出来た。これはまさに万金に値するニューヨークならではのぜいたくだ。三〇数年前の寒い冬の日、日本からの一貧乏留学生が同じところに座って感じた大きな安らぎが今しきりと想い出される。

若い頃ウェーバーをさかんに読みあさり、かれの言う「世俗内的禁欲」に心惹かれて生きようとした若者が、今またクロイスターのコートを眺めつつ、世俗を逃れて静謐の中に本当の心の安らぎを深く味わう姿を、私はどう人に言ったらよいのだろうか。

（『関学ジャーナル』No.115，一九九二年六月二〇日）

2　竹田先生と山口先生

小学校時代は私にとって一番思い出多いときである。私が布施第二小学校に入学したのが昭和一一年、卒業したのが一七年だから、二・二六事件の年に入り、日中戦争の開始を経て、卒業の前年一二月には「大東亜戦争」に突入した時期を小学生として過ごしたことになる。しかしこのような戦時期だったにもかかわらず、小学生としての毎日はまだまだのびのびと遊ぶことができた。

一年は坂本先生、二年は吉村先生、三年は担任がころころと変わった。四年は荒木先生、そして五年は初め竹田先生だった。とても辛かったことで今も忘れることのできないのは、五年生のときに、師範学校を出て間もない若い竹田先生が応召されたときのことだった。私はクラスの級長として、涙をこらえながら長い送別の辞を巻紙にしたため、その日に読み上げねばならなかった。送別の式がすんでいよいよ先生を大阪駅まで見送ることになり、多くの級友たちといっしょに俊徳道から近鉄電車に乗ったが、どうしたことか、お金が足らず、鶴橋駅までしか切符が買えなかった。雑踏する鶴橋のホームで私は竹田先生にぎゅっと最後の握手をしてもらい別れてしまった。電車賃ぐらい友達に借れたのにという思いと、このまま大阪駅まで行けば、きっと私の感情は爆発し、大声で泣き出してしまいそうだったためそうしたので、「あれでよかったのだ」という思いが、今も入れかわり胸につき上げてくる。別れがつらく、まともに見送れなかった私の竹田先生はのちビルマ戦線で戦死され、先生に二度と会うことはできなかった。

このあと、五年、六年と一番長く教えていただいたのは、今年（一九七九年）教員生活を勇退された山口五一郎先生だった。当時若くはつらつとしていた先生は教科やしつけでとても厳しかったが、野球をはじめいろいろなスポーツやハイキング、工作、歌（といっても軍歌の斉唱だが）に劇など、実によく一緒に遊んでいただいた。おそらく今の小学生にはこのような楽しさはもうとうてい分からないと思われる。先生と生徒との出会いで、これほど心かようものはなかった。これがあったため私も曲がりなりにも育つことができたように思える。今年は布施第二小学校創立五〇年。私も人生五〇年、布施二で受けた教育の貴重さにあらためて感謝したい。

（一九七九年一一月）

3　会堂の復興と「島之内教会の沿革」について

私が島之内教会に初めて来たのは昭和二三年だったと記憶します。その前年に私は、当時八尾中学の先生だった太田俊雄先生に導かれて、布施足代教会で三浦清一牧師から受洗していましたが、その頃の私は大阪商科大学の予科生でした。それからアメリカ留学を終え、帰国後しばらくした昭和三七年に現在の甲子園教会に転会することになりました。大学の予科、学部の学生時代から、関西学院大学経済学部の助手、講師時代を通じ、約一四年間を島之内教会の交わりのうちに過すことができました。それは竹内信、西原勇の両先生の時代でした。

学生時代、私は、学生ＹＭＣＡ運動に参加すると共に、教会では日曜学校教師、青年会会長として、また時に教会役員として活動に加わっておりました。この間、茨木先生ご夫妻や椿さんご一家、その他数多くの方から導きと励ましが与えられ、共に働くうちに敗戦後の苦しい時代の信仰生活にあって、キラリと光る大切なものが与えられました。中でも、戦後教会の最大の問題はやはり焼け残った会堂の復興と、もう一つは七五周年の記念事業だったと思います。

昭和二三年から本格化した会堂復興事業の資金集めの一環としてバザーやレコード・コンサートが一〇円献金運動などと共に盛んに行われました。竹内信牧師をはじめ、教会員のエネルギーは、どこから出てくるのかと思うほどすごいものでした。私にとって今も忘れることのできないのは、街頭で讃美歌を歌っての聖書・讃美歌売りでした。心斎橋の大丸前で一〇人程が、お世辞にも上手とは言えない讃美歌を歌うのだから、その恥かしさと、恥かしいと思うことを情けなく思う自分にやり切れなかったことを想い出します。

もう一つ、この頃のバザーは物のない時代だけに大変でした。何回目かのバザーが終わって、後片付けをし、家に帰り着いた時、私は玄関に倒れ込んでしまい、しばらく起き上がれず、そのまま二日ぐらい寝込んでしまいました。

こうしたことの後だけに、会堂復興感謝礼拝はじつに感動的なものでした。「島之内教会の沿革――創立七五周年――」（本文一九頁のパンフレット）は私にとり忘れえないものの一つです。その編集は一三名の委員によるものでしたが、執筆をを委ねられた私は当時「日本の近代化とキリスト教」に関心をもっていたため、かなり本格的に取り組もうとしていました。したがって、その「あとがき」にあるように、本来「この『沿革』は七五周年記念事業として本年中に刊行を予定されている『教会七五年史』のための一つの準備的な試みに過ぎない」ものでした。しかし、資料不足と私自身の時間不足のため、本史を完成できなかったことは、誠に申し訳ないことでした。

歴史の歩みを「想い起こす」ことの大切さは今さら言うまでもありません。しかし、過去はたんに過ぎ去ったことを意味しません。私たちにとっては常に現在が問題なのであり、過去は現在の問い直しとの係わりにおける想起でなければなりませんし、未来はそうした過去の想起に支えられた現在の問い直しとの係わりにおいて開かれてくる未来でなければなりません。現在の信仰と、それに基づく業《わざ》の問い直しのために、過去の忘れてはならないことがしっかりと記憶され、想起されねばなりません。あの敗戦後の教会復興の大事業の辛かったこと、嬉しかったことの想起は、現在の私の存在を支えているものです。会堂の復興と『沿革』の編集とが、現在の私の信仰にとってなくてはならない支えとなり、心の宝となっているのです。このように言えることで私は島之内教会を誇りに思っております。

現在、甲子園教会にいる私は、私を育ててくれた島之内教会を思い、今この教会において宣教の業に参加しておられる兄弟姉妹が、教会の内なる歴史をあらためて想起し、現在を問い直し、未来へと切り開かれることを切に祈らずにはおれません。

（『島之内教会百年史』一九八六年一一月、日本基督教団島之内教会）

4　茨木健二郎先生と島之内教会

私はいま机の上に茨木健二郎先生からいただいた一九八六年三月一〇日付の消印のあるお手紙を置いてこの原稿を書いています。その封筒の白さが私の知る茨木先生の姿を次々と呼びもどして尽きることがありません。その手紙の横には、先生が編集委員長としてご苦労され、「あとがき」を書いておられる『島之内教会百年史年表』（一九八二年三月）と、部厚い『島之内教会百年史』（一九八六年一一月）とが置かれています。茨木先生からの手紙は、この『島之内教会百年史』のための原稿を依頼する丁重なお手紙でした。先生は、私が一九四八年から六二年にかけての約一四年間、島之内教会に属して、日曜学校や青年会や、ときに教会役員として過したときのことを忘れず、とくに一九五七年三月一五日の教会創立七五周年記念礼拝のさいに出版された、本文わずか一九頁の小冊子、『島之内教会の沿革――創立七五周年――』の執筆者であることを覚えていて下さったのでした。

私は三年前に亡くなられた太田俊雄先生がつくられた、八尾中学（高校）生を中心にした「まねび会」の一員として先生にくっついて島之内教会に転入会したのでした。その前年に私は椿さんご一家のおられた布施の足代教会で三浦清一牧師から受洗しておりました。丁度私がお世話になったのは、会堂復興期（一九四六～五〇年）から、その後一九五七年の創立七五周年記念礼拝を経て、一九六二年に至る時期の島之内教会で、竹内信、西原勇の両牧師の時代でした。それは私の大学予科生から大学生時代、そして助手、専任講師時代であり、教会堂で結婚式も挙げさせていただいた私の青春時代でした。今想い出して私の印象に最も強く残っている、私を育てて下さった島之内教会は、やはり「会堂の復興」と「教会七五周年」という出来事の中にありました。四年がかりの会堂の復興事業のため、当時の皆さんは大変努力されました。ことに茨木先生ご夫妻のお働きは大きかったことは言うまでもありません。そんな皆さんに交って私も祈り微力ながら精一杯働くことが出来たように思います。

『島之内教会百年史年表』によると、茨木先生のご奉仕による「教会診療所開設（毎木、金午後七時より三〇分及び日曜礼拝後一時間）」とあり、「教会復興の一翼として又社会に対する福音の実践として」と記されています。そしてこれが一九四九年四月のことだったことが分ります。先生はキリスト者の医師として教会員全員にとって無くてならない大切な在在でした。この私なども当時、いつも四五～六キロぐらいしか体重がなく、そのくせがんばり屋だった私は、茨木先生にはいろいろと健康上の有難いアドバイスをいただいておりました。

そんななかで、確か一九五〇年の夏のことだと思うのですが、私は体調をすっかりくずしてしまい、例によって茨木先生にご相談すると、胸部のレントゲンをとってあげるから愛染橋病院へ来るようにと言われ、暑い日に出かけて行ったことを覚えています。結果が出たのでうかがいに行ったところ、「かなりの重症」と宣告され、家に帰り着くやほんとうに具合が悪くなって、そのまま寝込んでしまいました。当時まだ結婚前だった家内が見舞いにきてくれ、「病いは気から」と励まして帰っていったことがありました。数日後、先生から連絡があり、あのレントゲンは機械の調子が悪くて失敗だったことが分りました。それで私はいっぺんにシャンと元気になってしまったのです。今思うと何ともこっけい至極な笑いのタネです。ですから家内が今だにあのときのことを話しに持ち出しては大笑いする始末です。しかしあわれな私にしてみれば、茨木先生から重症と言われれば、「ああ、もうだめだあー」と思い、いやあれは間違いだったと聞けば、いっぺんに治ってしまうほど、それほど先生を尊敬し信頼しきっていたのでした。あのときの先生の笑ったお顔が感謝と共に今も想い出されます。

茨木先生ご夫妻と島之内教会で過した頃は、太田俊雄先生ご夫妻が一九四九年七月から教会の一階日本間に移転され、千枝子先生は島之内英学院の事務の手伝いをされていました。ですから当時、大阪商大の予科生だったこともあり、私は日曜日以外にもかなり頻繁に教会にきていました。英学院の会話の授業にモグリで出させてもらったりもしました。丁度、アメリカから来た若い二人の宣教師見習いのカプチーノ氏とフィッシャーさんがバイブル・クラスを指導したりしていました。どうしたきっかけだったか覚えていませんが、カプチーノ氏の指導する英語劇でアモス役をやらされたりしたことを覚えています。

茨木先生は早くから島之内教会の歴史に深い関心をもっておられましたので、七五周年の歴史編さんにもとても積極的でした。私は本史をめざしながら果すことが出来ませんでしたが、茨木先生は一〇〇年史に向けて準備をすすめられ、見事にそれを成し遂げられました。歴史家の端くれの一人としてほんとうに頭の下る思いで一杯です。この教会史の編さんにもみられるように、実に辛抱強く、こつこつと、じみな仕事を一つ一つ積み重ねていかれるのが茨木先生だったと思います。いつもにこやかで、物静かで、物に動じず、落着いた独特の風格をもっておられた先生に、若い私達は最も信頼しうるクリスチャンの典型をみていたのでした。

やがて私達もそなえられた道程をすべて走り終えることでしょう。その最後のときに、茨木先生のように、「よくやった」という主の声を聞きたいものと思います。茨木先生ありがとうございました。

（元島之内教会員）

（茨木健二郎記念論文集『そなえ給ひし道を』平成四年三月）

第二部

いま経済学を学ぶ

I　経済学と人間

1　経済学ってなんだろう

I　イントロダクション

経済学の重要性については皆さんもよく知っておられるところです。テレビのニュース番組には必ず円・ドルの為替レートや平均株価や株式の取引高が報じられて、お茶の間へストレートに入ってきます。経済大国と言われるようになって久しいわが国は、たとえば国民総生産でも技術革新でも、海外投資でも、あるいは政府開発援助（ＯＤＡ）でも、今や経済超大国と呼ばれるに至りました。そしてこの経済超大国日本はどこへ向かって行くのかという、その行方にたいする関心が、国内だけでなく国際的にも高まっています。

こうした重要な経済を学問的に取り扱う経済学のもつ重要性もますます高まらざるをえません。そこで経済学部に入学された皆さんが、はじめて経済学を勉強してゆくさいに、少しでも参考になる話しをするというのが、今日の私に与えられた役割りということになります。ですから経済学を学ぶうえで、考えておくとよいこと、あるいは考えておく必要があることについて、二、三述べることにしたいと思います。

「経済学ってなんだろう」という問いに入る入り方には、山登りに普通いくつかのルートがあるように、いろいろな入り方があります。どんな入り方をしても、要は山頂へ立つことができればよろしいわけです。しかしどんなルートをとっても、山の上にいっきに駆け上がるなんていうことはできません。山登りのためにはさまざまな装備をととのえ、技術をある程度身につけ、よく調査したうえ、ベース・キャンプからはじめて、次のキャンプへと段階を追って一歩一歩登って行くしかありません。

II　偉大な経済学者の経済学体系化過程の追体験を通しての接近

「経済学ってなんだろう」の問い方の一つのルートとして考えられるのは、これまでの経済学者、沢山の経済学者がいますが、なかでも経済学の発展にとくに大きな貢献をのこした経済学者が、どんな問題を、いつどのようにして取り扱い、それをどのように解明し解決しようとしたかを考えてみる方法があります。現在皆さんが一定の経済的・社会的・文化的な諸条件のもとで、経済社会を全体としてとらえ、経済学とは何かを考えようとするさい、こうした大きな功績をのこした経済学者の学説・思想がつくりあげられるプロセスを追体験する —— 自分のものとして体験してみる —— ことは、非常に有効であるだけでなく、重要であると言えます。

経済学をただ与えられたものとして受け取るのでなく、その体系がいかにしてつくりあげられていったかを、その経済学者と共に追体験することによって、皆さんは経済学体系の構成プロセスの中に自ら具体的に参加する形で、経済と経済学に接近してゆく上での根本的な問題を知ることが可能になります。

そこで、ここでは経済学の創始者と言われる、ご存知の『国富論』を著わしたアダム・スミスを例に取り上げて、少し考えてみることにしましょう。最初に経済学の体系をつくり上げたとされるスミスは、そもそもなぜ『国富論』を書くことになったのでしょう。またどのようなプロセスを経てそれを著わすに至ったのでしょう。

これを知るためには、①スミスはどのような社会、どのような時代に生きたのか。②そしてスミスの時代の社会でおよそ歴史的にみて重要性をもった問題は何だったのか。③そしてスミスはこの課題をどう捉えて『国富論』を著わし、それによって学問としての経済学を樹立したのか。④『国富論』においてスミスが展開した内容はどのようなものだったのか。⑤そしてそれはスミスの生きた時代にどのような意義をもち、その後の人々の経済と経済学とをみる目をどう変えるようになったか。少なくともこういう点が問題となってきます。

今日スミスの研究や経済学成立の研究は大変盛んで、既にこれまでに膨大な研究蓄積をもっています。そこで正確さを犠牲にせずに、これらの問題に簡潔に答えることは不可能に近いと言わざるをえません。しかし体系の構成過程から学ぶという当面の目的から、あえて大胆に、したがって私流に簡単化してしまうと、およそ次のように言うことができるかと思います。

スミスが活躍しました、一八世紀後半のイギリス、とくにスコットランド社会が直面していた歴史的に重要な課題は何か。一言で言い表すとすれば、社会の商業化（貨幣経済の展開）に伴う富の増大と人間の徳性との矛盾という問題だったと言えます。つまり市民社会、とくに名誉革命（一六八八年）以後のイギリス市民社会での経済活動の発展に伴って、「奢侈」（ぜいたく）のために、人々の徳性が失われていき、公共精神や尚武の精神が失われることが指摘されて大きな政治・社会問題となっていました。

このような富と徳目の矛盾という当時の社会の共通主題の解決に当たって、当時の識者たちは、商業の生み出す腐敗の防止策に専念し、道徳論でもって商業社会の現実を批判しようとしたのでした。

これに対して、スミスは、社会の文明化（市民社会化）の歴史的必然性をしっかりと認識し、そのうえで富と徳の両立の可能性を探り、商業（経済発展）が自由と徳性をもたらすものであることを、科学的に論証しようとしたと言ってよろしいかと思います。こうした共通した歴史的課題に対するスミス自身によるレスポンスとして、スミスにおいて経済学がはじめて生誕したと言えます。

スミスは市民社会を、個人の利己心の追求が正義の法を侵さない限り、社会全体の利益と合致し、それを促進する社会として捉え、そうした市民社会でのごく普通の市民の社会的行動の原理を明らかにしました。個人の利益追求がフェア・プレイの精神にもとらぬ限り、社会の利益を促進するという市民社会にかんするスミスのヴィジョンを示すきわめつけの言葉がありますので、このさいそれを引用しておきましょう。スミスはこう言っているのです。

「もちろん、各個人は普通、社会公共の利益を増進しようなどと意図しているわけでもないし、また自分が社会の利益をどれほど増進しているのかも知っているわけではない。……生産物が最大の価値をもつように産業を運営するのは、自分自身の利得のためなのである。だが、こうすることによって、かれは他の多くの場合と同じく、この場合にも、見えざる手に導かれて、自分では意図し

てもいなかった、ひとつの目的を促進することになる」（『国富論』第四編第二章、大河内一男監訳、中公文庫、Ⅱ、一二〇頁）

こうしたヴィジョンに基づいて、個人の利益追求が社会全体の利益増進につながることを保障する「見えざる手」を、スミスは『国富論』において、市民社会の経済的枠組みである市場機構（マーケット・メカニズム）として解明することになったと言えます。市場機構というのは、多数の売手と買手が価格をめどにして自由に競争し、生産や消費を調整することによって、資源の最も効率のよい配分が行われるメカニズムを指しています。

スミスは『国富論』において、市民社会では分業の進展と資本蓄積の増大とによって、いかに労働の生産性が高まり、富が増大するかを明らかにしました。そしてその増大した富は市場機構によって社会の各階層の間に賃金・利潤・地代としていかに分配されて、人々の生活を豊かにするかを示しました。さらにまた、経済が発展してゆく場合に、これらの所得はどうなっていくのかを取り扱いました。なかでもスミスが明らかにした点でとくに重要なのは、資本の使用がその持ち主の自由にまかせられる場合（利己心の自由な追求にまかされる場合）に、社会の富を最大にし経済を最も発展させるということでした。

市民社会の経済的基盤と経済発展のメカニズムを理論的に明らかにしたスミスにとっては、経済政策の根本としては、こうした経済発展の実現をはばむ、資本の使用やその他に対するさまざまな制限や規制は撤廃されねばならないことになります。このような制限が取り除かれたところに、スミスの言う「自然的自由の体制」といった、本来あるべき理想的な経済社会が姿を現わすとされたのでした。

もちろんスミスはこうした市場の論理だけを説いたのではありません。市場機構という論理では扱えない問題として、『国富論』第五編で政府・国家の役割りを論じました。国家財政、とくに租税、公債などをスミスは論じ、党派や既得権の障碍や、人々の腐敗という商業社会じたいの道徳的欠陥をも指摘しております。

ともかくこのようにして、スミスは、『国富論』で市場機構による富の生産・分配と経済発展を論じただけでなく、政府・国家を取り上げ、市場と政府の関係で自由放任政策という自由主義経済政策の原理を確立することになりました。この原理にかんする古典的に有名な、そのきわめつけを、やはりここで紹介しておきましょう。スミスはこう言っています。

「それゆえ、特恵あるいは制限を行なういっさいの制度が、こうして完全に撤廃されれば、簡明な自然的自由の制度がおのずからできあがってくる。そうなれば、各人は正義の法を侵さないかぎりは、完全に自由に自分がやりたいようにして自分の利益を追求し、自分の勤労と資本をもって、他のだれとでも、他のどの階級とでも競争することができる。そうすれば、国の主権者は、私人の勤労を監督して社会の利益にもっとも適合する事業に向かわせるという義務から、完全に免れることになる。もし主権者にしてこの義務を遂行しようなどとするならば、つねに必ずや限りない妄想に陥るのであって、しかも人の知恵と知識の限りを尽しても、これを正しく遂行することは不可能なのである。自然的自由の制度によれば、主権者が配慮すべき義務はわずか三つである」（前掲、II、五一一頁）。

その第一は国防、第二は司法行政、第三は公共事業と公共施設の建設・維持である、とスミスは述べています。

はじめに述べたスミスのヴィジョンにたち戻って、締めくくりをしておきますと、スミスは、市民社会の商業化の歴史的必然性を認識したうえで、富と徳の矛盾を一八世紀のモラリズム（道徳主義）で解こうとする立場を批判すると共に、同時に個人の自由な経済活動を妨げる当時のさまざまな規則・制限政策を批判したのであり、市場機構の論理による経済発展と自由主義経済政策原理を樹立したのでした。ここに私達はスミスによる経済学生誕の歴史的意義をみることができます。

Ⅲ　経済学の三つの側面

さてスミスについてみてきたように、一定の歴史認識にもとづくヴィジョンによって市場経済の理論がつくられ、それによる政策批判が展開されました。これから分かるように、経済学は基本的に三つの側面をもつ科学（あるいは学問）として捉えることができます。

その第一は理論科学としての経済学です。経済学は天体や自然界の運動法則を天文学や自然科学が扱うのと同じように、経済社会の運動法則を明らかにする科学と言えます。こうした意味の科学的客観性は、経済学の場合には、多くは経済効率を中心に追求されます。市場メカニズムを通じた最も効率的な生産や分配や消費や経済発展にかんする諸条件の解明が行われます。このような理論が経済現象を体系的に把握するうえで不可欠であり重要であることは言うまでもありません。

スミスからずっとのちの、一八七〇年代頃から理論分析の道具としての数学の有効性が明確にされてきましたし、また計量的把握のために統計的手法の重要性がますます高まっています。経済現象の数理的・計量的把握を抜きにして今日の経済学はなりたちません。

しかし今日同時に注意しなければならないことは、経済学は数学または応用数学ではないということです。ケインズはかつて、先生のマーシャルの伝記を書いたさい、一つの面白いエピソードを書きのこしていますので、それを紹介しておきましょう。それは、物理の量子論の有名な創始者であるベルリン大学のプランク教授が、かつてケインズにこう言ったというのです。「自分は若い頃経済学を研究しようと思ったが、それはむずかしすぎた」と。そこでケインズはこう述べています。「プランク教授なら数理経済学の全体をわずか数日で容易にマスターすることができたであろう。かれはそういう意味で〔むずかしいと〕言ったのではなかった！」。「しかし、最高の形での経済的解釈にとって必要な、論理と直感との融合、その大部分が正確とは言えない事実についての広い知識などは、プランクのような能力の持ち主にはむずかしいと思われたのだ」と、ケインズは述べています。（『人物評伝』大野訳『ケインズ全集』一〇巻、二五〇頁）

経済学を学ぶさい、経済現象の純粋に形式的な理論構造を把握するうえで、数学は重要な役割を果たすことを、ケインズは少しも否定しませんが、経済学という学問は単なる応用数学ではないことを、マーシャルの伝統をふまえて強調しているのです。理論の重要性、数理分析の有効性を前提としたうえで、理論の過信、数理分析の過信がもたらす誤ちを現代の経済学者は自覚しつつあります。

学問としての経済学の第二の側面は、政策科学としての経済学です。経済学の構造をながめてみると、スミスの例から明らかなように、科学的客観性、つまり効率中心の研究とは異なって、歴史的・制度的・文化的なさまざまな条件のもとで、人々の経済行動を明らかにする実践的側面を経済学はもっていることが分かります。具体的には貧困の解決、経済的不公平の是正、物価の安定、経済発展、国際的調整等々の解決をめざす実践的性格を、経済学は本来もっています。

こうした政策問題を全く抜きにしては、経済学は光はもっても実を結ぶことができません。政策を通しての経済諸問題の解決こそ、科学としての経済学に求められる重要な側面と言えます。

経済学の第三の側面は、歴史科学としての経済学という性格です。これは、近代社会の急激な展開に対してスミスがとったアプローチから十分学びとれるように、経済学はまさに歴史過程の中にある人間の経済社会的行動にかんする科学であるということを示しています。

私達はある経済問題をみる場合、政策上とくに短期的にこれを見がちです。こうした場合、政策上のさまざまな議論・主張が対立するのが常ですが、そのさいもっと長期的な歴史的な視野から問題を見直すことが不可欠であることが分かります。経済現象をみる場合、現代を人間の過去から未来へ向かう歴史の一時点として見直す見方がどうしても必要不可欠と言えます。経済の歴史的変遷と、それぞれの時代の経済社会の歴史的課題をどう捉えるかは、現在の経済学のかかえる問題と、したがってこれからの経済学の進む方向とに実に深い関連をもつことになります。

以上述べた経済学の三面性から分かるように、経済学を学ぼうとする者にとって、具体的には次のような基本的装備と基礎訓練が必要となります。

①理論的な経済分析の基礎として必要な最小限の数学をマスターすること。

②計量的理解のため、統計的手法の修得が必要であること。

③現実の具体的経済問題の解決という、現実的感覚に基づく実践的・政策的センスを養うことが必要であること。

④歴史的な分析と総合という意味の歴史的センスが必要です。

さらにこれに付け加えて、さまざまな情報のコンピュータによる処理技術と、外国語（少なくとも英語）の実力が必要です。皆さんはさっそくこれらのいずれも基本的な装備の入手と、訓練とに力を入れてほしいと思います。経済学部のカリキュラムは、まさにこのために用意されています。

Ⅳ　「クール・ヘッドとウォーム・ハート」

ところで、経済学を学んでいくうえで、さきにふれたイギリスのマーシャルという有名な経済学者は、なかなかポイントをついた言葉をのこしました。"Cool heads but warm hearts" つまり「冷静な頭脳と温かい心」という言葉です。これはマーシャルが一八八五年にケンブリッジ大学で行った「経済学の現状」と題した記念講演で、経済学を学ぶ若いケンブリッジ大学の学生に求めた有名な言葉です。それ以来これは多くの人々によってしばしば引用されてきました。

これは、経済学を学ぶ者は経済の論理を追求する冷静な立場と経済的・社会的弱者に対する温かい思いやり、したがって公平や公正を重んじるハートとを合わせ持つべきことを説いたものと言えます。マーシャルは「クール・ヘッドとウォーム・ハート」をもって「時代の主要な問題をはっきりと考える」ことを、皆さんと同じようなケンブリッジの若い学生たちに訴えたのでした。

この精神は十九世紀だけの旧い話しにとどまりません。まさにこのマーシャルの言葉はそれを現代に受け継ぐ形で、「ハード・ヘッドとソフト・ハート」という言葉でその現代版があらわれています。「ハード・ヘッドとソフト・ハート」というのは、アメリカのアラン・S・ブラインダー（A.S.Blinder）の著書のタイトルなんです。ヴィクトリア朝風の「クールとウォーム」の対称を現代的に「ハードとソフト」で味つけしたものです。マーシャルと同様に、ブラインダーは「ハード・ヘッドとソフト・ハート」という言葉で、経済学を学ぶ学徒の基本姿勢を示すとともに、「あるべき経済社会の姿についてのヴィジョンを示そうとしています。

「ハード・ヘッド」とは、理性・合理性を強調し、経済的には効率の原理──つまりムダのないこと──、したがって市場の論理を重んじる立場を指しています。これに対して「ソフト・ハート」というのは、弱者に対する思いやり、公平・公正を重んじる立場のことです。ブラインダーは、一方の効率と他方の公正とのバランスの問題として現代の経済を捉えています。別の言葉でいえば、効率の原理にたつ市場と公正を重んじる役割を果たす政府とのバランス、調整の重要性を指摘しております。

効率と公正、市場と政府とのバランスのうえで、「ハード・ヘッド」と「ハード・ハート」（福祉の切り捨て、弱者に厳しい立場、効率をとくに強調するアメリカの共和党の政策）を拒け、同時にソフト・ハートは持っているがハード・ヘッドではなくソフト・ヘッド（市場の論理を無視した願望的な思考をする立場──民主党政策）をも同じく拒けています。ついでに言っておきますと、レーガン政権の八年間の政策は「ソフト・ヘッド」と「ハード・ハート」の最悪の組み合わせだったと、ブラインダーは酷評しています。ブラインダーはこの本で、この「ハード・ヘッドとソフト・ハートのヴィジョン」あるいは哲学を、失業とインフレーション問題、自由貿易と保護主義の問題、環境問題における具体的調整といった現代の重要な問題として展開しているのです。

ところで市場と政府のバランスは、経済思想の歴史をみてみますと、揺れ動いてきました。既にみたように、経済学の成立期にはシステムによって「政治の失敗」が批判され、市場機構への信頼が強調されました。質的な意味で「大きい政府」から「小さい政府」へのヴィジョンの転換が行なわれました。

しかし二〇世紀の大不況を契機にケインズは今度は「市場の失敗」（簡単に言えば、市場にまかせていたのでは需要不足に伴う大量失業を救済することはできない）を批判し、政府の役割（需要の創出・管理、経済の安定化政策）を強調しました。

ところが一九六〇年代後半以降、このようなケインズ主義にたつヴィジョンは再び批判されて、「大きな政府」と「政府の失敗」批判、市場の原理と「小さい政府」が再び強調されて、バランスは市場へと傾いてきました。

一方での市場の効率の確保と、他方で政府の役割による公平・公正の確保をめざして、市場と政府の働きをどう調整するか、そのための具体的な制度的構造と運営はどうあるべきかということがいま問われていると言えます。この意味で「クール・ヘッドとウォーム・ハート」あるいは「ハード・ヘッドとソフト・ハート」という経済学を学ぶ者の基本姿勢が重要だと思います。ただ皆さん、間違ってもハートで考えたり、ヘッドで感じたりしないように注意が肝要です。

V　おわりに

最後に一言締めくくりをして終わりたいと思います。今日は「経済学ってなんだろう」ということで話しをしてきましたが、この問いは実は何重もの構造をもつ問いであるわけです。

第一にこれは、皆さんのように初めて経済学に取り組もうとする初心者にとっての出発点における問いであるばかりでなく、私達のような専門家も含めて、経済学を学ぶすべての学徒にとって、絶えず発せられるべき問いだということです。

第二には、「経済学ってなんだろう」という問いは、ある意味で経済学の根本的なたて直しと新しい体系が手さぐりされている今日の経済学の一般的状況を考えますと、経済学の歴史という観点からみてきわめて重要な意味をもっているということです。

そして第三に、とくに皆さんこれからの四年間の経済学の学習過程に即してもっと具体的に指摘しますと、まず皆さんは今日から「経済学ってなんだろう」という問いを自分のものとして問うてほしいことです。まず経済学を全体として広く捉えて、「経済学ってなんだろう」と考えてほしい。そしてそのうえにたって、やや狭く専門分化した経済学の各領域にすすんでいってほしい。そしてその次の段階として、これが実は経済学を学ぶうえで不可欠に重要なプロセスだと私はとくに強調したいのですが、専門のレヴェルを通過したのちに、その上にたってもう一度全体としての経済学を捉え直す視角から、あらためて「経済学ってなんだろう」という問いかけを確実に行ってほしいことです。

四年後皆さんが本学部を卒業してゆくとき、各自自分なりにこの問いに一応の締めくくりをつけて巣立つようにしてもらいたいものです。では教室で学問的好奇心にキラキラと輝く皆さんの目に大いに期待して、今日の話しを終わることにします。

（関西学院大学経済学部始業講演、一九八九年四月五日）

2　「なぜ今、世界でアダム・スミスなのか?」

今年一九九〇年は経済学の創始者、アダム・スミスの死後二〇〇年に当たり、記念の国際会議が四つ開催されます。その最初の国際シンポジウムは、四月一二日から一四日まで、日本の「アダム・スミスの会」主催で、名古屋で行われました。これに続いて、七月一六日から一七日にはエディンバラで、七月三〇日から八月四日にはグラスゴウで、そして九月にはカナダのヴァンクーヴァーで国際会議が開かれます。グラスゴウの会議はもっとも本格的なものといえますが、エディンバラの会議はサムエルソンを初め一〇人の経済学ノーベル賞受賞者をずらりと集めて行われる、派手なものになっています。

わが国で初めて開かれた名古屋の「アダム・スミス国際シンポジウム」では、イギリス、アメリカ、カナダ、フランス、ドイツ、イタリア、ソヴィエト、インド、中国の九ヵ国から一六人と、日本のスミス研究者一七人が招待されて行われました。招待された外国人講演者のうちには、イギリスのラファエル、ピーター・ジョーンズ、ドナルド・ウインチ、スキナーを初め、ドイツのヴァッツェク、ソヴィエトのアニキン、中国の朱紹文といった、学界でもよく知られた優れた研究者が加わっていました。

シンポジウムは三部からなっていました。第一部は、アダム・スミスの思想体系（スミスの道徳哲学、美学、法学、経済学）、第二部は、思想史におけるアダム・スミス（スミスとスコットランドの経済学者たち、スコットランド啓蒙におけるスミス）、第三部は、アダム・スミス思想の国際的普及（フランス、ドイツ、イタリア、アメリカ、ソヴィエト、インド、中国、日本、それぞれの国におけるスミス研究）でした。外国人招待研究者の講演ごとに、日本人一名が司会者を兼ねた討論者となって進められました。本学では、名誉教授の久保先生が「アメリカにおけるスミス」、篠原教授が「スミスの道徳哲学」、私が長年の友人であるグラスゴウ大学のスキナー教授の経済学に関する講演の司会兼討論者をつとめました。

今申しましたように、このシンポジウムの焦点は、①スミスの思想体系そのものと、②そのスミス思想体系の経済学史的評価と、③スミスの思想の各国における受容過程の分析という三点でした。全体としていえば、この会議は、わが国で開催された経済学史分野における国際会議としては、無論、成功だったといえます。日本におけるスミス研究の蓄積と、研究者層の厚さによって、日本のスミス研究の水準の高さを改めて確認するよい機会ともなりました。また、私の印象では、このシンポジウムでは、日本人討論者が、一、二の例外を除いて、かなりひどいジャパニーズ・イングリッシュだったにもかかわらず、まさに「蛮勇」を奮って、よく頑張りました。やはり時代です。フランス人やイタリア人で、およそ英語といえる代物でなく、どう聞いてもフランス語であり、イタリア語と思えるものを聞されて、私のような日本人研究者は、「あれが英語なら、おれのも立派な国際英語じゃないか」と思ってほっとした、というのが本音だったようです。

さて今日の題目に戻りますが、なぜ、今こんなに世界で、しかも日本でアダム・スミスが問題になるのでしょうか？　この問いに対する答えとして、今日は、時間の都合上、思想面に限って二つのことだけを指摘するに留めざるを得ません。

名古屋での国際シンポジウムの実質的オーガナイザーである水田洋教授が特に強調しているように、アダム・スミスが想定した近代社会は、自由で平等な独立した個人を基調とするものであり、こうしたスミスの思想こそが、今日の世界で求められているということに他なりません。よく誤解されていますが、スミスは各個人の利己心を手放しで自由に放任すれば、あとは「見えざる手」に導かれて、社会全体はうまく動き、豊かになるなどとは、決して言ってはおりません。スミスの自由競争社会では、人はすべて自己中心的な感情や行為を他人に共感してもらえる程度に抑制することによって他人の理解と承認を得なければなりません。そこでは、互いに自己利益を追求する対等な権利をもつ自由で独立した個性ある個人が、フェア・プレイのルールを守って自由に競争することが強調されているのです。

スミスのいう近代社会は、現代のアメリカ社会でもなく、また日本のように、天皇制によって束縛されるような社会でもないのです。ただ利鞘しか目に入らないディーラーや株の投機的売買に明け暮れる人間からなる社会でもないし、リクルートや金権選挙に見られるような政・財界の癒着構造や、消費者の利益を無視した業者の利益最優先の行・財政のまかり通る世界でも、さらさらないということです。これが、今もスミスの警告していることの一例なのです。社会において、この警告が生きている限り、スミスは決して死んだとは言えないのであり、スミスは今も記念さるべき価値をもつ思想家・経済学者であり続けている訳です。

最近のソヴィエト、東欧、中国などを中心にした世界史的規模での政治・経済・社会的改革が進行する中で、ブルジョア的なものでない、新たな自由と民主主義の一層の前進を目指したはずの、いわゆる社会主義国で、今あたらめて、自由と平等と、「民主化」が叫ばれています。問題は、自由選挙や市場メカニズムの導入などで、簡単に回復されるような底の浅いものではないようです。近代社会のスミスが想定したような、自由で独立した平等な個人の確立を前提としない限り、今日の社会主義の復権と発展はありえないことが、これほど鮮明に示されたことは、未だかつてなかったことです。

ソヴィエトから招待されたモスクワの科学アカデミーの会員で世界経済・国際関係研究所のアニキン教授の報告は、何と言っても、「スミスとペレストロイカ」を取り上げていて、極めて意味深いものでした。ソヴィエトでは、ペレストロイカと共に、従来のスミス評価を改める、新たなスミス研究が急速に進行しつつあることが報告されました。天安門事件を抱えた中国では、スミスはまだまだ理解されず、マルクスの『剰余価値学説史』を借りたスミス批判から抜け出すのに四苦八苦しているのが現状だと、北京の社会科学院経済研究所から来た朱教授は実情を報告していました。しかし、朱教授が講演で、本当に言いたかったことは、中国が今、一番必要としているのは、マルクスではなく、むしろスミス（と同時にフリードリッヒ・リスト）であり、中でも近代社会を構成する自由で平等な独立した個人の確立だということでした。

ヨーロッパ、アメリカ、日本といった西側の資本主義国でも、また、ソヴィエト、中国、東欧を中心とする東側の社会主義圏でも、スミスはまさに、近代社会を支える思想的な源をなす豊かな湖であることが、いよいよ鮮明になってきました。したがって、スミスの思想体系全体の研究は、今後はますます盛んに追求されてゆくことが確実といえます。中国でも小手先だけの市場原理の導入に留まらず、やがて、スミスの思想を深く理解するときが必ずやって来るでしょうし、そのとき中国は初めて国際社会で重要な位置を占めるに至るものと思われます。

（一九九〇年五月九日、経済学部チャペル）

3　経済学を学ぶ者にとっての二つの魂

この「経済と人間」チャペル・シリーズは、経済学部のユニークな伝統のひとつとなっている。一九七九年から一九九一年までの一三年間に、経済学部の経済学専門の教員三六人による講話から七四編が選ばれ編集されたのが、今年四月に出た『いま経済学を学ぶ――経済と人間――』（日本経済評論社、二五八頁）である。

この本の最初の書評は『経済学論究』の最新号（46―3、一九九二年一〇月）に掲載されているが、その評者の森茂也教授（南山大学経済学部）は本書の優れた理解に基づいて、その特色を次の四点に整理されている。第一点は、この本がクリスチャン、ノンクリスチャンを問わず、経済学部で経済学を教える教員すべてがこのシリーズに参加した共同作業の結果だというユニーク性であり、これはキリスト教主義大学である関西学院大学経済学部ではじめて可能となったという点である。

第二点としては、「いま」という激動の時代に経済学を学ぶ者の、経済と経済学とに対する基本的姿勢を問いかけるのがこの本のねらいとなっている点である。もちろん専門としての経済学は専門的・技術的に学ばねばならないが、同時に「何のために経済学を学ぶのか」、私の言葉で言えば、経済学とそれを学ぶ人間との重要な接点は何か、またその接点はどのような構造をもっているのかが問いかけられている。

第三点。こうした性質のものだから、この本は学生だけでなく、経済学を研究し教える教員にも、経済・経済学と人間とのかかわりについて考えさせる内容をもっている。そして最後に第四点として、この本では、「経済を含め人間を生かす制度や文明、環境がまさに問いかけられている」。私の言葉で言えば、「文化過程としての経済」が問われているという点である。

経済学を学ぶうえで不可欠と思われる、私達の基本的な主体的取組み方について、今日は「二つの魂」という観点から考えてみたい。ここで魂というのは、人間の基本的な考え方、アプローチの仕方、行動の枠組みをさしており、この意味での「二つの魂」として、ひとつは、経済の科学的分析（普通主観的価値判断の直接入る余地をもたぬと考えられる）という、いわゆる冷徹な客観的分析といわれる側面である。そしてもうひとつは、こうした科学的分析の背後にあって、科学的分析・研究活動を支え働かせる科学的認識行為以前のヴィジョン、つまり価値判断を含む社会哲学とも言える、人間を含めた社会全体とその歴史を根本的にどうみるのかという側面と言ってもよい。つまりなぜその経済現象が分析に値いするのか、ひろく「なぜ経済学を学ぶのか」という問いに深くかかわる側面と言える。そしてこの科学的分析じたいと、それを支え人間を動かすヴィジョンの二ついずれもが、経済学を学ぶうえで不可欠であり、かつ極めて重要である。前者なくしては無論経済学は成立しないが、後者を欠くとき、経済学はその方向性を失い、形式に堕し活力を失う。これは経済学の歴史的展開をみるときとくに明らかであり、そこには両者の関連の複雑な様相が展開されてきた。

現在、リカードウ的モデル分析の系譜上に展開されてきたオーソドックスな経済学が、単純化されたモデル分析に偏り過ぎた経済学への反省期にあるなかで、たとえばマルサスの「実際的」見地の重要性、理論的単純化の危険性の指摘などが省みられ、リカードウと異なるマルサス体系をもたらしたかれのヴィジョンが見直されたりしている。

経済学の現状からみて言えることは、新しい状況を敏感に感じとった上での新しいヴィジョンに基礎づけられた科学的分析こそ、経済学の大きな発展にとって極めて重要だということであろう。金もうけ、よい就職・結婚、よい暮しだけを考えて経済学を学ぶのか、それとも、世界中の難民や貧困や種々の社会的差別、環境問題を、自分の学ぶ経済学の中のどこにどう位置づけていくのか。これが問われているのではなかろうか。（経済学史専攻）

（「経済と人間」関西学院大学経済学部チャペル講話シリーズ、一九九三年四月）

4　『経済学は死んだ』か？

『経済学の死』という本が一九九四年に出版されました（斉藤精一郎訳『経済学は死んだ』ダイヤモンド社）。著者のオルメロッド氏は、ケンブリッジとオックスフォードで経済学と計量経済学を学んだのち、イギリス有数の経済研究機関で経済予測の責任者となった人です。

この本は二部からなっていて、第一部はいわゆる「正統」派経済学の基本的欠陥を指摘し、第二部は、経済学の再生にむけて「新しい経済学の可能性」を示唆しようとしています。著者の結論は、簡潔に言えば、「経済学が現実経済を的確に説明し、有効な処方箋を提案できるように再生していくためには、機械論的な一般均衡モデルや、「合理的経済人」の前提を棄却し、複雑な事象を把握するのに適した非線形モデルや生物学体系をもとに、新しい経済学の可能性を探っていく必要がある」というものです。

一九八〇年代以来「経済学の危機」が叫ばれてきましたが、著者は、古典派経済学者たちがそれぞれ経済を社会全体の中で捉えようとしたのに対し、これと対照的に、現代経済学は経済を他と切り離して分析できるものと考え、制度上の前提とか、歴史的経験とか、人間の行動の全体的枠組みを容赦なく排除してきた点を重視しています。

著者は、とくに現代経済学がややもすると空理空論に陥りやすい点の根本的理由のひとつとして、現代の「正統派」経済学者の経済を見る「機械論的見方」を指摘しています。「正統派経済学では、世界は一つの機械と見られており、機械のある部分のレバーを一定の強さで引けば機械のどの部位も、規則的で予測通りの結果が生じるものと見られています」。世界をスムーズに動く機械と見るこうした見方の根底には、まさに「調和と均衡のとれた世界」が示唆されています。こうした経済世界の根本的見方のオリジンは、一八七〇年代初期、限界革命期における近代経済学、なかでも一般均衡モデルにさかのぼります。ワルラスがそうですが、これは、たとえば水圧タンク装置からなる力学的模型を作り、それを数学的に解析することで一般均衡の方程式体系を構成したアメリカのフィッシャーの方法に最も明確に現れています。

こうしてできあがった競争均衡モデルには、二つの重要な特性があります。第一は、自由市場の競争均衡は効率的であり、あらゆる市場において需要と供給が等しく、したがってすべての資源はムダなく活用されるというものです。第二は、こうした均衡状態では、どの個人または企業も資源の配分を変えて利益を増やそうとすると、必ず他の誰かあるいは他の企業の利益が減少せざるを得ない。つまり、均衡状態で生じる所得や富の配分は課税によって変更することは不可能で、誰かが不利益を被ることになる（パレート最適）というものです。このモデルでは、すべての市場が定義によりクリアされ、失業はなくなるので、政府が需給のバランスをとるために経済に介入する余地がまったくありません。そこで、競争均衡理論が一般に意味するものは、政府の役割はできるだけ小さくすべきだということになり、国家は夜警国家に過ぎなくなってしまいます。この考え方は残念ながら今も決して死んでいないことが問題なのです。そこで著者は、こうした機械論的な一般均衡モデルに替わる新しい経済学の確立に向かうために、決定的に重要な視点として、基本的にアダム・スミスの経済学に戻って、経済と道徳、経済と社会、合理性と社会感情を全体として取り上げる方向を示しています。スミス的原点への回帰がここでもとくに強調されています。私たちが経済学を学ぶさい、人間とその社会環境、歴史的、制度的過程、広くは文化過程との関連で経済に取り組む視点こそ、今や不可欠と思われます。

（関西学院大学経済学部『エコノフォーラム』創刊号、一九九六年三月）

5　一〇〇年先の経済学は？

これから先一〇〇年のうちに、経済学はどう変るのか？　変るとすればどうなっていくのか？　最近経済学はどうもおかしくなっているのではと考え始めている人がかなり増えている。こうした背景から出てきたものに、二つの試みが見られる。

一つはアメリカの *Journal of Economic Literature* の一九九一年九月号に発表された、アメリカ経済学会の委員会報告書である。これによると、①現在の経済学が異常な数学偏重と、極端に狭い専門化の進行のため、現実の経済問題の解決には、ほとんど役に立たない存在になっていること、②その結果、経済学の学位の価値はあまり認められなくなったこと、そして③現実の経済にも、経済の歴史にも関心を持たず、ただ数式で展開される理論の彫琢という点にだけ魅力を感じる大学院生が増えていることを、率直に認めている。

この報告書に続いて、今度はイギリスの伝統ある *Economic Journal* が創刊一〇〇年を記念して一九九一年に、「経済学の将来」について特集を組むことになった。ここでは世界中の有力な経済学者二二人が書いており、これもさきの報告書と同じく、経済学の現状と今後のあり方について重要な訴えかけを行っている。むろん今後一〇〇年間に世界がどう変るかを知ることはまったく不可能なことであるので、それに対応した経済学の姿を予測することはまずできそうもない。しかし、経済学の現状をおさえた上で、今後かなりの長期にわたって経済学が向かう方向について考えることは、いま極めて重要と言える。

この特集全体の紹介は不可能だから、それについては幸い邦訳が出ているので、ぜひそれを読まれたい（J・D・ヘイ編、鳥居泰彦監修『フューチャー・オブ・エコノミックス』同文書院インターナショナル、一九九二年一一月）。ここでは、その見解に共感を覚える人が少なくないと思われ、ボウモル（**W. J. Baumol**）の意見を取り上げたい。これまで数学の基礎知識を大学院のカリキュラムに導入するために尽力してきた彼自身が、今や経済学が極端な数学偏重になってしまったことを自己批判している。高度な数理経済学者の仕事も必要であり、妨げられてはならないが、数理経済学的研究は限られた範囲内で支持を受けるべきだとしている。（学部レベルでの数学的訓練が益々必要なことは言うまでもない）。この偏重はいまや有力な研究結果をもたらす可能性のある他の研究方法の導入を妨げるに至っていると指摘している。他の研究方法のうち重要なのは経済史であり、経済学にとって重要な制度的分析には、歴史的資料を用いる研究が重要であることが強調されている。さらに、控えめながら、経済学の場合、経済分析の歴史を理解することが学生にとって大きな価値をもつことも、あらためて指摘されている。

これら二二人のうち、経済学が変化していく大きな方向について共通した点が見られないでもない。それをあえて取り出すとすれば、次の三つぐらいであろう。①個人の合理的行動仮説を放棄あるいは限定し、他の社会諸科学の成果を取り入れて、多様な制度のもとで多様な経済主体の行動を明らかにすること、②自動調整的市場という機械的な見方ではなく、制度や組織に関するもっと広い知識を基礎に研究を進めること、③個人の学習、技術革新、経済組織の発展といった動態的要因を重視すること。

こうした研究方向は現在広い意味で「制度の経済学」と呼ばれており、欧米で盛んになりつつある。これが一〇〇年先の経済学の重要な基本的方向の一つをなすかもしれない。

（一九九四年一月、経済学部チャペル）

6　いま経済学を学ぶ

――『いま経済学を学ぶ――経済学と人間――』「まえがき」から――

ただひとつ確かなことは、私達はいま、次々と何が起こるかさっぱり分からない、歴史的な大変動の只中にいるということではないだろうか。ベルリンの壁の崩壊に始まった世界的激動のうねりは、東西ドイツの統一、東欧社会主義諸国の大変革をひき起し、あの鉄壁とも思えたソヴィエト共産党さえも解体に追い込み、ついにソ連邦国家自体を消滅させてしまった。そして、このうねりは何時終るとも知れず、アメリカ、EC、日本をはじめ、西側資本主義国にも大きな影響を及ぼしつつある。

ソ連や東欧の社会主義諸国が崩壊してしまったいま、マルクス主義経済学を学ぶということにどのような意味があるのか、また同時に、地球環境自体の危機が叫ばれるいま、もっぱら経済成長と経済開発をめざしてきた西側資本主義国の経済学を学ぶことの意味はなんなのかも問われている。確かに、こうした世界史的激動と空白と不確実・不透明性の時代に、経済学を学ぶことに、いったいどのような意味があるのかが、いまあらためて問い直されていると言える。

政治・経済・社会の激動は、やがて経済思想や経済学により大きな変革をもたらさずにはおかないだろう。人は経済に対してこれまでもってきた考え方を大きく変え、新しい経済思想の構築に向かわざるをえないと思われる。

こうした「いま」という時代に、世界の動きを知るため、あらためて経済学を学ぶには、何よりも、経済と経済学自体を学ぶ人間の基本的姿勢こそ最も重要と言わねばならない。私達は、世界の動きにとってきわめて重要だとされている経済の複雑な現象に、いったいどのようにアプローチしていけばよいのか。現代の経済や、それを体系的に理解する経済学を学んでいくうえで不可欠と思われる、私達の基本的な主体的取組み方とはどのようなものなのかについて共に考えていくため、少しでも示唆を提供することができればというのが、この本のねらいにほかならない。

いま、「経済学を学ぶ心が大切だ」と言えば、それは何か漠然としてつかみどころのない、無駄なお説教ぐらいに片付けられてしまいそうだけれども、実はけっしてそうではない。山ほど出ているQ&A式の経済学入門書とは異なり、この本は、経済と経済学を学ぶ自分自身にひきつけて、何よりも主体的にそれらにどうかかわっていくかを、じっくりと考えてみることに、ひとつのきっかけをつくり出すことをめざすものと言える。なぜなら経済学が始まって以来、「いま」という時代ほど、これを切実に要請しているときはないと思われるからである。

もともと、この本は、わが国のキリスト教主義大学のひとつである関西学院大学経済学部のチャペルで、最近十数年にわたり、毎年「経済と人間」あるいは「経済学を学ぶ心」といった共通テーマのもとにシリーズを組み、経済学部の、さまざまな専門にたずさわる教員によって学部生を対象に行なわれてきた講話を基礎としている。今回、それらの講話をセレクトし編集して出来上ったものが本書である（この本の出来上るまでの経緯については「あとがき」を参照されたい）。

このようなきわめてユニークな成りたちのため、これらの講話は実に多彩な内容をもっている。しかしその全体を通して私達が語りかけたいと思うことはそう多くはない。私達は経済現象にどうかかわっていくのか、経済学という学問と人間とはどのような関係にあるのか。そして経済や経済学は人間観を介してキリスト教の立場からどのように考えられるのかといった観点から、主体的な人間を中心にして経済と経済学を考えてみようということにほかならない。

さらに、経済学の枠組みのなかの、たとえば理論経済学や財政学、金融論や国際経済学といった、それぞれの専門分野を学ぶ人々にも、ただその分野の専門知識の吸収にのみ追われるのでなく、ひろく経済とは何か、経済学とはどういう学問なのか、そして経済や経済学は人間の生の全体にとっていかなる意義をもつのかを、絶えず問い直すことが今日大いに求められている。この本がそのためのささやかな手がかりとなれば幸いである。

したがって、これからまったく初めて経済学を学ぼうとする人達だけでなく、いま経済学を学んでいる学生諸君や、さらに経済学を教えている人にも、是非読んで考えていただければというのが、編者の願いである。

それぞれの講話の中で語られているカレント・トピックスには、このテンポの早い時代では、十数年にわたる時間的経過のため、やや時代を感じさせるものもないではない。しかし、それはそれとして、その時の背景を知るうえで役に立つことにもなろう。またそれぞれの講話はもともと約二〇分という時間的制約があるうえ、収録されたものはそれの要約であることもあって、少し舌足らずのところもないではない。文体もまちまちであるが、持味をそぐのを恐れあえて統一しなかった。これらの欠点については読者の寛恕をお願いしたい。

これらの講話はひとまず大きく、Ⅰ経済と人間、Ⅱ経済学と人間、Ⅲ経済・経済学とキリスト教といった三つに分類されているけれども、それぞれの講話は独立したものであるので、そのタイトルをみて、どれから読み始めていただいても結構である。むしろ読者それぞれの好みに従って自由に読んでもらえれば幸いである。

一九九二年二月
(田中敏弘／森本好則／林忠良編『いま経済学を学ぶ――経済学と人間――』日本経済評論社、一九九二年四月「まえがき」)

7　マーシャルから現代へのメッセイジ

一九九〇年はアルフレッド・マーシャル『経済学原理』刊行一〇〇年に当たるので、日本を含め世界的に記念行事が企画されている。『原理』公刊後約四〇年にわたる「マーシャルの時代」が出現したほど、彼は経済学の発展に指導的役割を果したエコノミストだった。マーシャルの思想の生命力が存続しているとすれば、彼はいまわれわれにどのようなメッセイジを送っているのだろうか。

高名なマーシャル研究家のウィッテイカによれば、マーシャルの現代的意義は三つあるとされている。第一は分析用具の開発における貢献であり、それらは今日経済学徒の共通財産となっている。第二は彼の業績が新たな理論上の視点を生み出すのに、いまなお汲めども尽きない宝庫だという点である。しかしこれら二つの点よりももっと重要な意義は、第三のマーシャルのヴィジョンと方法にあることをウィッテイカは正しく指摘している。

それは経済的現実に対する彼の根本的な見方とその分析方法にほかならない。この側面はこれまであまり評価されなかったが、マーシャルのヴィジョンは、一言で言うとすれば、「経済成長の複雑な進化過程をみる眼」と言ってよかろう。彼はこの意味で「経済学者のめざすメッカは経済力学よりも経済生物学にある」と述べたのであった。

確かに彼が実際用いた分析用具は、個人の最適行動原理と市場均衡に基づく比較静学だった。しかし、それにもかかわらず、これらの分析用具は、彼によってその応用範囲が限定され、応用した場合の結果についても、それが暫定的、試験的であり不完全なものであることが絶えず強く意識されていた。断片的で静学的な仮説は、動学的思考に対する一時的な補助手段にすぎず、経済学の中核は生きている諸力と運動にかんするものではなくてはならないと主張された。

このように、複雑に進化する経済の現実を直視しようとするマーシャルの意図は、現実理解のためごく不十分な分析しかもたない経済学者に対して、極端な危険に陥らないように警告を発したのだった。マーシャルの警告のうち最も重要と思われるものは、経済学と物理学との間の類似性を誤って認めたり、あるいはその類似性を過度に拡大して、静学理論を過度に、あるいは不自然に推し進めるといった危険と言える。しかし彼は、これとはある意味で対極をなすとも言える、「過度の経験主義」にも警告を忘れなかった。これは、歴史から得られる直接の帰納に対する全面的な信頼、したがって経済分析のための装置の必要性を軽視する危険に向けられていた。彼は複雑な経済的現実に接近する方法として、「エンジンとしての分析装置」の重要性を主張したのであり、理論装置は目的ではなく、手段にすぎない。その利用に当たっては、経済学者は変化しつつある非経済的環境を絶えず意識していなければならない、と彼は主張している。

マーシャルの方法は結局のところモデル分析だったが、それは時間の経過と共に生じる結果を理解する論理的方法を発展させることを目的としたものだった。このように彼の方法論は、現代の経済学者に多くみられる「素朴な実証主義的信念」とまさに相容れないものだった。こうした点からみれば、マーシャルが発信している現代経済学へのメッセイジは、①彼の経済理論の役割にかんする慎重で幅広い見解から出てくる、経済学の対象がもつ内在的困難や、変化の可能性にかんする鋭い認識と、そして②経済学者の分担領域を拡大するのでなく、むしろ他の社会諸科学の研究と手をたずさえて研究をすすめることの重要性の指摘だと言えよう。

マーシャルが現代のわれわれ経済学徒に語りかけているメッセイジは、こうした「経済的現実に

関する一般的なヴィジョン」にあると言えないであろうか。（一九八九年）

（『いま経済学を学ぶ――経済と人間――』一九九二年から）

8　経済学者の伝記から――アーヴィング・フィッシャー――

最近、経済学者の伝記がよく出版されるようになった。その一例を挙げると、ロスのスミス伝（一九九五年）、グロンヴェーゲンのマーシャル伝（同年）、スキデルスキーのケインズ伝（一九八七～九二年）、モグリッジのケインズ伝（一九九二年）、アレンのシユンペーター伝（一九九一年）とフィッシャー伝（一九九三年）などがある。

このような偉大な経済学者の伝記が次々と出る時期というのは、経済学の状況とどう対応しているのだろうか。経済学がいま迎えている大きな転換期を背景に、偉大な経済学者における経済学の形成を、その生の営みの全体との関連において明らかにしたいという強い要請に基ずくものではないだろうか。

そもそも、伝記は文学の一つの重要なジャンルであり、日本と違って、欧米では大きなウエイトを占めている。ここではうえにあげた経済学者の伝記のうち、アレンのフィッシャー伝を取り上げてみよう。

シュンペーターによれば、フィッシャーは「アメリカ最初の科学的理論経済学者」である。アレンは、貨幣数量説に基づくドル価値安定化運動をはじめ、健康・ダイエット・長寿運動や禁酒禁煙運動、平和運動等の改革運動家としてのフィッシャーと、経済学者の彼を体系的に捉え直し、両者の関係を検討している。こうしたアプローチこそ現在の伝記の特徴をよく示しているといえる。

フィッシャーの理論経済学上の貢献の第一は、水圧タンク装置を作り、それを数理解析して確立した一般均衡理論である。しかしのちに、数理経済学から離れ、貨幣、資本、所得、利子論の研究に向かい、この領域での研究が第二の貢献として評価されている。第三の貢献とされるのは、貨幣数量説の統計的検証とそれに基づくマネタリストとしてのフィッシャーである。しかしアレンは最終的には、シュンペーターに従い、フィッシャーは新古典派経済学の「柱とアーチ」を作る上で大きな貢献を遺したが、経済や社会の大きなヴィジョンをもたず、したがって経済学体系を遺さなかったとされている。また、ピューリタン的精神に基づく改革家フィッシャーの失敗が理論家フィッシャーを大きく制約した点の指摘もとくに興味深い。

偉大な経済学者の伝記を読むことにはどのような効用があるのだろうか。それはまず、そのエコノミストの経済学や経済思想形成の社会的・時代的背景を具体的に知ることができる。第二に、その経済学者の経済学説と彼の他の思想・行動との関連をよく理解できる。したがって第三に、経済学説や経済思想のもつ歴史性と総合性と実践性とが具体的にとくによく見えてくることになる。少なくともこれら三つのことは、現在経済学を学習しようとしている者にとって、重要な意味をもっていることは言うまでもない。

経済学を学ぼうとする人に、このような偉大とされる経済学者の伝記を少なくとも一冊本気で読むことを勧めたい。経済学とはどのような学問か、それは考えるきっかけを与えてくれるはずである。

（『エコノフォーラム』関西学院大学経済学部、第2号、一九九七年三月）

Ⅱ　経済学史と関連して

1　経済学史学会編『経済学史――課題と展望――』（九州大学出版会、一九九二年）

「序」

経済学史学会は一九五〇年四月に創立されたので、一九九〇年に四〇周年を迎えることとなった。本書はその学会創立四〇周年を記念して刊行する論文集である。四〇周年の記念行事の企画についてはじめて常任幹事会で話が出たのは、一九八九年一一月、吉沢芳樹前代表幹事のときであり、翌一九九〇年五月の幹事会で次の三つの行事が決定された。①大会における記念講演、②『三〇年史』以後の学会史関係資料の整備、③記念論文集の刊行。このうち記念講演は、一九九〇年の第五四回大会（一一月一〇―一一日、関東学院大学）で水田洋名誉会員により「アダム・スミス――二〇〇年のちに」と題して行われた。学会史については、本学会はこれまでに、一〇周年に『日本における経済学史研究十年の歩み――経済学史学会十年史』（一九六一年）を、そして三〇周年を記念して『経済学史学会三〇年史』（一九八〇年）を編集・刊行している。したがって今回は『三〇年史』以後の記録・資料の整備に限定され、大森郁夫幹事がこれを担当した。

記念論文集を刊行するため、その編集委員会が設置されたのは一九九〇年五月であった（委員は委員長、荒牧正憲常任幹事ほか飯田裕康、井上琢智、竹本洋、田中秀夫、服部正治、馬渡尚憲、山中隆次、和田重司の九名。編集事務局　関源太郎)。経済学史学会はこれまで四冊の記念論文集を編集・刊行している。①J・S・ミルについて、堀経夫編『ミル研究』(未来社、一九六〇年)、②マルクスについて、経済学史学会編『資本論の成立』(岩波書店、一九六七年)、③スミスについて、同上『国富論の成立』(岩波書店、一九七六年)、④日本経済思想史について、同上『日本の経済学――日本人の経済的思惟の軌跡』(東洋経済新報社、一九八四年)(創立三十周年記念)。

しかし今回の記念論文集は、これまでの学史上の個々の経済学者や日本経済思想といった焦点を狭くしぼったものとは異なり、経済学史の研究方法および研究領域の多様化の動向をうけて、その書名『経済学史――課題と展望――』が示すように、学会創立後四十年を経た現時点における経済学史学会会員の研究動向を出来るだけ全体として反映するよう企画された。このため編集委員を従来より増やし、また比較的若い会員にも編集に加わっていただいた。そして経済学史研究の主要な領域を出来るだけカバーしつつ、各領域におけるこれまでの研究状況と現時点での諸問題点、および今後の研究課題と展望について、それぞれ専門分野の第一線で活躍している会員に執筆していただいた。それらは大きく、①方法の問題、②啓蒙と経済学、③古典派経済学の形成、④古典派経済学の展開、⑤社会主義、歴史主義と経済学、⑥マルクスとマルクス主義、⑦近代経済学、⑧ケインズとケインジアン、⑨日本の経済思想と経済学の九グループに分けて編集されており、論文は計四十数編に及んでいる。

むろん、こうした領域の分け方じたいは討議の対象とされるであろう。しかし、こうした基本的な編集方針に基づき、本書はそれぞれの分野における研究課題をそれぞれの方法によって鋭く捉え、新たな問題提起を行う論文集となっており、今後どの領域において研究をすすめる場合にも、研究のひとつの出発点をなすことはほぼ間違いないところであり、研究の一層の深化・拡大へと向かう重要なきっかけを提供することが期待される。この意味においてこの論文集は、創立後四〇年を経た経済学史学会の姿を示すものと言えよう。

一九五〇年の学会創立時、一二三名だった会員は一〇周年（一九六〇年）には約五〇〇名になり、三〇周年（一九八〇年）には約七〇〇名に、そして四〇周年（一九九〇年）には八〇〇名を超えるに至った。むろん会員数だけでなく、四〇年の間に経済学史学会はその研究水準において大きく発展してきた。この四〇周年を機に『経済学史学会年報』もさらに改善されて充実し、新たに『経済学史学会ニュース』も発行されることになった。学会運営についてさらに一層工夫が必要と思われるが、わが国の経済学史研究が国際社会での共通財産となるためには、英文による論文、書評、紹介を中心とする「英文ジャーナル」を持つことが是非必要であり、これが今後の重要な課題と言えよう。

この論文集のために論文を寄せていただいた各執筆者会員にまず感謝すると共に、とくに編集を担当された、荒牧編集委員長はじめ、委員の全員にあらためてお礼を申し上げたい。ことに編集事務局としてご苦労をおかけした関会員に感謝しなければならない。また、このような全くアカデミックな記念論文集の出版を引き受けていただいた九州大学出版会に多大の謝意を表したい。

一九九二年七月一五日

経済学史学会　代表幹事　田中敏弘

（経済学史学会編『経済学史――課題と展望――』九州大学出版会、一九九二年一一月）

2　メンガー文庫と経済学史研究

メンガー文庫が今日まで経済学研究、とくに経済学史研究のうえで果たしてきた役割は実に大きい。私も戦後メンガー文庫のお世話になった一人である。私はゴールドスミス文庫、クレス文庫、とくにセリグマン文庫の恩恵を受けたが、メンガー文庫はこれに並ぶものである。今日では、わが国の社会科学上の古典所蔵の事情も改善されてきたというものの、メンガー文庫ほどの稀有の大コレクションは、ますますその輝きを増すことだろう。

と言っても、メンガー文庫は一三ヵ国語にわたり、社会科学全般にも及ぶ約一九〇〇〇点の膨大なものであり、まさに経済学の宝庫である。その入手に苦労された碩学大塚金之助先生ですら、「象のしっぽどころか、しっぽの先をちょっとなでているようなもの」と書いておられるのだから、経済学史の一研究者に過ぎぬ私など、巨象のしっぽの先のそのまた先っぽにさわるぐらいでしかない。

だが、メンガー文庫の場合とくに重要なのは、メンガー自身による蔵書へのさまざまな形の書き込みであることは言うまでもない。これに類した書き込みの解読のもつ難しさと喜びのささやかな経験をもつ者からみれば、今回のマイクロフィルム化による公開は、一方で文庫自体の保存を大きく改善すると共に、研究状況を大きく一変させると思われる。いまや文庫の全貌を一挙に見渡すことが簡単にできるようになるからである。これは、既になされた、書き込みの検討によるメンガー『経済学原理』の形成過程の研究にとどまらず、メンガーの遺したさまざまな書き込みの全面的検討を容易にするはずである。同時にそれは、内容的にはメンガー経済学を限界主義理論体系への展開という従来の単一的理解を超えて、メンガー経済学の独自性理解の深化をもたらすだろう。そしてメンガー理解をこれまでの狭い観点から解放し、広くかつ深い全知性史的研究を可能にするだろう。

さらに、今回の企画は、デューク大学所蔵の Carl Menger Papers の研究とあいまって、メンガー経済学の総合的理解をいっそう深めるだけでなく、それと関連して、旧オーストリア学派は無論のこと、さらに新オーストリア学派との関連という興味ある経済学史的研究を国際的に促進することによって、経済学史研究の観点から、現代経済学に貴重な示唆を与えることが期待される。

The Menger Collection and the Study of the History of Economics

The Menger Collection has played an enormous role in economic study, and especially in the study of the history of economics. The collection is truly a treasure of economics related works.

It goes without saying that the margin notes written by Menger himself are an especially important part of the collection. Without doubt, the microfilming project will not only greatly improve the preservation of the collection, but also greatly change the situation of economic studies, as it will make the entire collection readily accessible. This should facilitate the thorough investigation of Menger's margin notes, as well as the study of the evolution of his " Grundsatze der Volkswirtschaftslehre " through consideration of these notes. At the same time, this accessibility will help scholars better understand the uniqueness of Menger's economic theories to go beyond the rather simple traditional practice of developing his ideas toward a system of marginal theories. This will broaden the currently narrow perspective of research on Menger, creating a rich, wide-ranging field of study covering every imaginable area of intellectual history.

This project, coupled with studies of the Carl Menger Papers owned by Duke University, will deepen the general understanding of Menger's economic theories. It will also promote internationally the fascinating research being conducted in the field of the history of economics on the relationships between Menger's theories and the Neo-Austrian and Old Austrian schools. Thus, the project is expected to make valuable contributions to modern economics studies through the Study of the history of economics.

Toshihiro Tanaka
Director of University Library /
Professor of Economics
Kwansei Gakuin University

（『一橋大学社会科学古典資料センター所蔵　カール・メンガー文庫マイクロ版集成』、一九九四年八月）

3　アメリカ経済思想史研究会創立のご案内

The Japanese Society for the History of American Economic Thought

広い意味の経済学史研究が最近外国でもとくに盛んになってきました。わが国での学史研究はこれまでイギリス、ドイツ、フランスなどヨーロッパを中心に進められてきました。そのためアメリカにおける経済学・経済思想の歴史的展開の研究は、その重要性にもかかわらず、特殊な領域と考えられ、必ずしも適切な評価を得てきませんでした。またアメリカ研究という観点からみても、アメリカ経済学・経済思想史の研究は不可欠であるにもかかわらず、十分とは言えません。したがって、ここにアメリカ経済思想史研究会を新たに組織して、研究発表の場をより広く確保し、研究者相互の間の交流を組織的にはかり、研究をさらに一層促進することがぜひとも必要と考えられます。

現在ますます重要になってきた研究方法の多面化と学際的研究の必要性を考慮し、アメリカ経済思想史研究会は、狭い経済学史にとらわれず、ひろく社会経済史、社会思想史研究を含め、幅広い観点からアメリカの経済・社会を研究対象にしようとしております。こうした幅広い視野に立った研究こそ今求められていると考えるからです。なお国際的交流、とくにアメリカの研究者との交流が重要ですが、これも研究会の設立によって組織的に進めることができると考えます。

以上のような設立趣旨に従って、第一回の研究報告会を一九九五年春（現在六月三日あるいは六月一〇日を予定）に関西学院大学において開催する予定です。設立趣旨に賛同され入会を希望される方は、同封の入会申込書を研究会事務局までご送付下さい。入会希望者には後ほど詳しくご連絡致します。

一九九四年一一月二四日

アメリカ経済思想史研究会準備委員
佐々木晃（日本大学名誉教授）
白井厚（慶應義塾大学）
高哲男（九州大学）
田中敏弘（関西学院大学）

4　アメリカ経済思想史研究会創立にあたって

代表幹事　田中敏弘（関西学院大学）

アメリカ経済思想史研究会 The Japanese Society for the History of American Economic Thought は今年六月一〇日、関西学院大学で開催された総会において正式に創立されました。準備委員（佐々木晃、白井厚、高哲男、田中敏弘）が一九九四年一〇月二八日、武蔵大学で会合を開いて決めた「アメリカ経済思想史研究会創立のご案内」によれば、アメリカにおける経済学・経済思想の歴史的展開の研究は、その重要性にもかかわらず、イギリス、ドイツ、フランスなどのヨーロッパ経済思想史とは異なり、特殊な領域と考えられ、必ずしも適切な評価を得てきませんでした。またアメリカ研究という視点からも、アメリカ経済学・経済思想史の研究は不可欠であるにもかかわらず、十分とは言えません。そこで、アメリカ経済思想史研究会を組織して、研究発表の場をより広く確保し、研究者相互の交流を組織的にはかり、研究を更に一層促進することの必要性を考慮し、研究会は、狭い経済学史にとらわれず、広く社会・経済史、社会思想史研究を含め、幅広い視野にたった研究をめざしています。さらにアメリカの研究者との交流をはじめ、広く国際的交流を組織的に進めることも、この研究会の創立によって可能となります。

このような創立趣旨に賛同され、創立に参加されたオリジナル・メンバーは三一名でした。創立後アメリカから Prof. Warren J. Samuels (Michigan State University)、Prof. Laurence Shute (California State Politechnic University)、Prof. Ross B. Emmett (Augustana University College, Canada) の三名が、また、賛助会員して Robert H. Rubin 氏が入会されました。とくにサムエルズ教授は研究会の創立に際し、この「ニューズ・レター」に祝辞を寄せて頂きました。ここに深く感謝する次第です。また、HOPE の編集者、Prof. Craufurd D. Goodwin, International Thorstein Veblen Association の Director, Prof. Rick Tilman からも好意あふれる手紙と情報をいただきました。ここに記してお礼申し上げる次第です。

はからずも私は代表幹事に選ばれましたが、私の仕事は、幹事のかたがたのご支援をえて、なによりも研究会の基礎がために専念し、とくに若い研究者のアメリカ経済思想史研究を促進する手助けをすることであり、やがて国際的にも開かれた学会に育て上げることと考えております。会員の皆様のご協力をえて、切磋琢磨し、研究会を充実・発展させていきたいと思いますので、よろしくお願い致します。

（アメリカ経済思想史研究会『アメリカ経済思想史研究ニューズレター』No.1，一九九五年一二月）

5　アメリカ経済学史研究断章
A Brief Note on the Studies in the History of American Economic Thought

断章という限り、この短文は、経済学史的実証をひとまずおいて、アメリカ経済学史研究の現状と今後の研究について、思いつくままを述べた研究エッセー風のものに過ぎない。はじめにこのことをお断りしておきたい。

ところで、アメリカ経済学史あるいはアメリカ経済思想史について何かを述べるに先立って、「なぜいまアメリカ経済学史なのか？」についてどうしても一言書かねばならないのが、残念ながら依然として今日の現状である。私はすでに公けには、遅くとも一九八〇年代――私のアメリカ経済学史研究は一九六〇年代に開始されている――以来、この領域における研究のたちおくれと問題点を指摘してきた。とくにわが国における研究の現状について、一九九二年、経済学史学会創立四〇周年を記念した論文集『経済学史――課題と展望――』においても、再度研究の現状と課題について強調せざるをえないと痛感したわけである。(一) 開国以来の日米両国の政治・経済・社会にわたる密接な関係、とくに明治期を中心としたアメリカ経済学の影響、第二次大戦後の両国の緊密な関係、日米経済摩擦にみられる経済的対立関係、現代アメリカ経済学の極めて大きな影響力、経済学史研究の著しい進展など、誰でもすぐ気づく重要な要因にもかかわらず、これらはわが国におけるアメリカ経済学史研究を本格的に促すには至らなかった。わが国の盛んな経済学史研究も、英・独・仏を中心としたヨーロッパ経済学史と受け取られ、アメリカ合衆国における経済思想の歴史的研究は、経済社会的に余り重要でない国の特殊な経済思想史と同列に扱われてきたといえる。二〇世紀以来のアメリカ経済学が世界の経済学において果たしてきた先進的・中心的役割にもかかわらず、今日なおこうした見方は基本的には変わったとはいえない。

当のアメリカにおいてさえ、ヨーロッパ中心の経済学史研究から抜け出し、アメリカ人自体の経済思想にそれ相応のエネルギーを配分し出したのは、ごく最近の傾向といってよい。私はこれまで、アメリカ人の学史家に会う度に、「なぜアメリカ人はもっと自信を持ってアメリカ経済思想史の研究にエネルギーを注入しないのか?」とやや挑発気味に質問をぶっつけてきたが、これがようやく不要になりかけていると感じられる。わが国でも状況は少しづつだがようやく変化し始めている。

アメリカ経済学史研究と私の出会いは、一九五九年から一九六一年の二年間にわたるアメリカのシラキュースとコロンビアの両大学院に学んだことに始まる。シラキュースではウンゲル（Theo Suranyi-Unger）、コロンビアではドーフマン（Joseph Dorfman）、両教授のもとで、主として理論経済学、比較経済体制論、経済学史、アメリカ経済史、アメリカ経済学史、制度派経済学批判といった講義を受け、セミナーで個人的指導を受けることによって、私はアメリカ経済思想史に入り込むこととなった。とくにちょうどアメリカ経済学史の金字塔とも言うべき画期的な大著である *The Economic Mind in American Civilization 1606-1933*（*EMAC*）全五巻が一九五九年に完結した直後だったドーフマン教授の大きな影響下にあって、アメリカにおける経済思想の大きな流れに対して関心が高まっていった。

植民地時代の経済思想に始まり、私の関心は、建国期のハミルトン対ジェファソン、マクヴィッカー、クーパーなどの初期自由主義経済学、「アメリカ体制派経済学」（レイモンド、リスト、ケアリーなど）、ドイツ歴史学派の影響とアメリカ経済学会の創設・展開、アメリカ新古典派経済学の成立・展開（とくにJ・B・クラークとI・フィッシャー）、その後のアメリカ新古典派の展開（とくにタウシッグ、ナイト、ヴァイナーなど）、ヴェブレン、ミッチェル、コモンズ、J・M・クラーク等による制度派経済学の成立・展開、大不況とニューディールの経済学へと進んでいった。

　このようなアメリカ経済思想史の流れのうち、とくに研究関心の中心となったのは、クラーク、フィッシャーを中心としたアメリカ新古典派経済学と、制度派経済学（とくにヴェブレン、ミッチェル、コモンズ、J・M・クラーク）であった。

　ドーフマンが扱ったのはここまでだが、その後のアメリカ経済思想の展開――ケインズ経済学の導入とアメリカケインズ派経済学の展開、新制度派経済学の展開（例えばエアーズ、ミュルダール、ガルブレイスなど）、ケインズ派対マネタリスト論争、ラディカルエコノミクス、新しい保守派経済学（マネタリズム、合理的期待形成派、サプライサイド・エコノミクス）を経て新ケインズ派経済学へと、ともかく私のなかでフォローが続いていった。一九六六年にアメリカ経済学史研究の最初の論文として、J・B・クラークがとり上げられた。以後今日までクラーク研究は継続されているが、未だにまとめるに至っていない。[二] 制度派経済学についても、一九七六年の「制度主義の経済学」以来研究関心が持続されている。これらには『経済学大辞典』（一九八〇年）の「制度学派」が含まれる。これらの論文のうち、クラークに関するものを除いて、一応まとめられたのが『アメリカ経済学史研究――新古典派と制度学派を中心に――』（一九九三年）となった。

　講義について言えば、一九八四年に九州大学経済学部と同大学院で「アメリカ経済学史」の講義を初めて行った。これは私のアメリカ経済学史研究を促進する大きな支えとなった。[三] このことがあって、やがて一九八七年になって、それまでの経済学史、近代経済学史（ヨーロッパ中心）の講義と並んで、関西学院大学経済学部で初めて「アメリカ経済学史」（常設科目）の講義を始めることになった。また大学院での講義も始まった。一九九六年には、大不況・ニューディールから戦後アメリカ経済学の展開をなんとかカヴァーする講義「現代アメリカ経済学史」が試みられた。常設科目としての講義「アメリカ経済学史」は、私の知るかぎり、おそらくわが国で最初の試みであり、今も他の大学には見られない学科目と思われる。

ドーフマン教授が一九九一年に亡くなられたのを機に、翌一九九二年六月のアメリカの経済学史学会（HES）でのドーフマン記念パネル・ディスカッションに招待され、パネラーの一人としてドーフマンの弟子たちと共に、ドーフマンの経済学史研究について語る機会を与えられたのがきっかけで、日本におけるアメリカ経済学史研究をあらためて考察することになった。詳細は論文に譲らざるを得ないが、(四) その大きな流れとして言えることは、およそ次のような点ではなかろうかと思われる。

まず通史的なものとしては、一九三二年という極めて早い段階で、古屋美貞『米国経済学の史的発展』があり、戦後になって小原敬士『アメリカ経済思想の潮流』（一九五一年）が、一部ドーフマンの *EMAC* を利用して出版されている。しかし、その後通史らしきものは一向に現われず今日に至っている。これはある意味で異常とも言える状況だが、やはり個別研究の蓄積の状況を正直に反映したものと言えよう。個別研究に裏付けされた優れた通史としての新しいアメリカ経済学史あるいはアメリカ経済思想史が書かれねばならない。これはこの領域に対する若い研究者の関心を高める上でも、不可欠なことと思われる。

次に個別の特殊研究としては、戦後少しづつ出て、一九七〇年代、八〇年代には論文も単行本も増えてきている。単行本で重要なものに、フランクリン（久保）、ハミルトン（田島）、アメリカ国民主義経済学（久保、宮野）、ヘンリー・ジョージ（山崎）、社会的福音（宇賀）、アメリカ新古典派経済学——とくにJ・B・クラークとフィッシャー（田中）があり、とくにヴェブレン、ついでミッチェル、コモンズを初めとする制度派経済学の研究が進んでいる。現段階でのわが国のヴェブレン研究については、『有閑階級の理論』と『営利企業の理論』を中心に分析した高　哲男『ヴェブレン研究』（一九九一年）がその水準を示していると言える。

たまたま一九八五年に出たヴェブレン研究の文献目録 *Thorstein Veblen. A Reference Guide*, edited by J. L. Simich and Rick Tilman をみたところ、日本語で書かれたヴェブレン研究としては、わずか五編の論文だけであり、単行本への言及は皆無であることに驚いた。そこで国際ヴェブレン協会（International Thorstein Veblen Association）の会長でもあるティルマン教授に手紙を書き、日本のヴェブレン研究には、著書・訳書・論文合わせて少なくとも二百点を超えるものがあると書いたところ、早速その紹介を依頼されるはめになってしまった。それで一九六六年の国際ヴェブレン協会年次大会が、ヴェブレンが学びJ・B・クラークが教えたミネソタのカールトン大学で開催されたさい報告したのが、'Thorstein Veblen Studies in Japan: A Bibliography'(五)である。漏れがあることを恐れるが、それはこの時点で二四六点に及んだ。報告会場で示された驚きのショックを今も覚えている。英文で書かれたヴェブレン研究も、日本人のヴェブレン研究を英文で紹介したものも、それまで一編もなかったので、こんなささやかな紹介でも発信の意義を少しは持ち得たのではないかと思われる。

アメリカ経済学史研究の歴史と現状をみて気づいたひとつに、数少ない研究者がどうしても孤立して研究を進めがちであり、研究者相互のコミュニケーションの不足がある。相互に研究情報を交換し、切瑳琢磨できることがぜひ必要であることが痛感させられた。そこで一九九五年に「アメリカ経済思想史研究会」が創設されることになった。これは研究会程度の小規模な研究組織ではあるが、一応全国規模の学会であり、アメリカを初め外国人会員四名をもち国際性もないことはない。年一回大会を開催し、研究報告会を重ね、一九九九年には第五回大会を迎えることになる。

この研究会の基礎もようやく固まってきたようなので、研究会のメンバー八名を中心に、現在『アメリカ人の経済思想――その歴史的展開――』という表題をもつ論文集の編集が進められている。これは日本では最初のアメリカ経済思想史の専門論文集となるはずである。それには、ハミルトン、H・C・ケアリー、ドイツ歴史学派とアメリカ経済学会の成立、J・B・クラークと「社会主義」、フィッシャー、ヴェブレン、コモンズとニューディール、制度主義者としてのR・G・タグウェル、アメリカにおけるシュンペーターなどに関する論文が含まれる予定であり、全体としてアメリカにおける経済思想の歴史的な流れを概観できることが期待されている。この論文集の刊行によって、アメリカ経済思想史研究が学界における確固たる市民権を獲得することになり、その重要性があらためて確認されることが望まれている。(六)

ドーフマンが亡くなったあと、ドーフマン夫人からの寄付により、アメリカの経済学史学会にドーフマンを記念した'Joseph Dorfman Best Dissertation Award'が設けられ、それによって若手学史研究者のアメリカ経済学史研究にひとつの刺激が与えられることになった。これはドーフマン夫人の教授を想う的確な視点から出たものであった。こうした学会の動きにも現れているように、最近アメリカでのアメリカ経済思想史・学史の研究が少しづつ盛んになる傾向をみせ始めており、なかでも制度派経済学に関連した著書・論文集・論文などが多数発表されるようになった。スティグラー、コーツ、サムエルズ、グッドウィン、ラザフォードをはじめ、ティルマン、トゥール、ダッガー、シュートなど注目に値する研究が台頭すると共に、とくにサムエルズ、ラザフォードらによるアメリカ経済思想史関係の原典――なかでも制度学派関係――の解説論文を付しての刊行や、研究論文集などの出版が盛んになった（文献の挙示は省かせていただく）。

さらに最近のヨーロッパにおける制度主義あるいは進化論的経済学の台頭と関連して、アメリカ制度派経済学の流れをくむ学史研究者との共同作業も進められている。例えばケンブリッジのホジソンとアメリカのサムエルズ、トゥールとの共編による制度主義アプローチへの入門的論文集[七]などがみられる。

わが国でも最近、制度派経済学ないし制度主義の研究が活気を見せ始めている。単行本に限定されるが、まずヴェブレンの邦訳が二つ出たことは意義深い。一つは *The Instinct of Workmanship and the State of the Industrial Arts*, 1914. の初めての日本語訳、松尾博訳『ヴェブレン経済的文明論』（一九九七年、ミネルヴァ書房）であり、もう一冊は高 哲男による新訳『有閑階級の理論』（一九九八年、ちくま学芸文庫）である。研究書としては、植村雄彦『カップ・ミュルダール・制度派経済学』（一九九七年、日本図書センター）、佐々木晃『ソースタイン・ヴェブレン――制度主義の再評価――』（一九九八年、ミネルヴァ書房）がある。他に、アメリカ制度学派を含む今日の広い意味の制度経済学の入門的概説を目指した、高橋真ほかの共著、『制度経済学の基礎』（一九九八年、八千代出版）や、イギリスのホジソンの邦訳『現代制度派経済学宣言』（一九九七年、名古屋大学出版会）が出ている。

最後に話をもう一度J・B・クラークに戻して恐縮だが、一九九五年に関西学院大学図書館が所蔵することとなった、J・B・クラークとF・H・ギディングズとの未公開往復書簡(八)（クラークの書簡二六七通、ギディングズ五通、計二七二通）の解読は終っている。これにコロンビア大学図書館所蔵のギディングズのクラーク宛書簡五通を加えて、おそらく来年には解説論文付きでアメリカの出版社から刊行される予定である。この往復書簡によって、クラークにおける限界生産力的分配論の形成過程が一層明確になると共に、私の年来の主張点である、初期クラークから後期クラークへの変容といった「クラーク問題」の論証が進むはずである。(九)この結果、J. F. Henry(一〇)との論争に決着をつけることが出来ればと考えている。

いずれにせよ、アメリカ経済思想史研究の意義が十分認識されるためには、ヨーロッパ経済学史の研究水準を超える研究の蓄積が不可欠であり、若手研究者を引きつける優れた概説書も必要であろう。

【注】

(一)　同書の「アメリカ新古典派経済学――J・B・クラークを中心に――」(二一五―二二〇頁)、あるいは『アメリカ経済学史研究――新古典派と制度学派を中心に――』(一九九三年、晃洋書房）第一章、二一―四頁を参照。

(二)　田中のクラークに関する論文一八編については、『経済学論究』52―1一九九八年四月にまとめられている著作目録を参照されたい。これ以後には「独占の形成とアメリカ新古典派経済学――J・B・クラークの独占分析と反独占政策を中心に――」、小西唯雄編著『産業と企業の経済学』（一九九八年、御茶の水書房）所収がある。

（三）九州大学では経済学部と同大学院で一九八九年にもう一度講義している。

（四）Cf.'Joseph Dorfman and the Studies in the History of American Economic Thought in Japan', *Kwansei Gakuin University Annual Studies*, Vol. XLII, March 1994. なお「経済学史家としてのJ・ドーフマン（一九〇四—一九九一）」、『経済学論究』47—1、一九九三年四月も参照されたい。

（五）これは次のものに収録されている。*Research in the History of Economic Thought and Methodology, Archival Supplement 6, Contributions to the U.S., European and Japanese History of Economic Thought*, edited by Warren J. Samuels, 1997, JAI Press, Greenwich, Conn., U.S.A., 263-286.

（六）これは一九九九年九月に日本経済評論社から出版された。

（七）*The Elgar Companion to Institutional and Evolutionary Economics*, edited by Geoffrey M. Hodgson, Warren J. Samuels and Marc R. Tool, 2 vols.（Edward Elgar,1994）

（八）The Correspondence of John Bates Clark written to Franklin Henry Giddings, 1886-1896. クラークの書簡については、すでに「マーシャルとJ・B・クラーク—未公開書簡を中心に—」（1）・（2）、『経済学論究』48—3、49—1、一九九四年一〇月、一九九五年四月で取り上げられた。なお 'J.B.Clark and Alfred Marshall: Some Unpublished Letters', *Kwansei Gakuin University Annual Studies*, Vol. XLIV, March 1996, 143-155. も参照されたい。

（九）これは二〇〇〇年に刊行された。The Correspondence of John Bates Clark. Written to Franklin

Henry Giddings, 1886-1930, edited by Toshihiro Tanaka with Introductory Essay to the Correspondence: 'The Development of John Bates Clark's Economic Thought and Franklin Henry Giddings', in *Reseach in the History of Economic Thought and Methodology*, Vol. 18-B, edited by Warren J. Samuels, JAI / Elsvier Science, 2000, pp.1-245.

（一〇）Cf. Henry, John F, *John Bates Clark. The Making of a Neoclassical Economist* (Basingstroke, Hampshire and New York, Macmillan Press and St. Martin's Press, 1995) なお、田中のクラーク研究のもうひとつの主張点は、クラークの経済学史上の位置に関して、ジェヴォンズ、メンガー、ワルラスといった通常の「限界革命トリオ」ではなく、クラークを加えた「限界革命カルテット」と捉え直すのがより適切だということである。クラーク経済学はアメリカにおける「限界革命」においてそれだけの価値をもっていると認められるだけでなく、クラーク以後のアメリカ経済学の展開とその増大する影響力を考えれば、その妥当性は決して無理のないところではなかろうか。

（『一橋大学社会科学古典資料センター年報』No.19，一九九九年三月）

6　「俯瞰型研究プロジェクト」と学術会議改革について

科学技術は人間社会に貢献するもの

会員になって、やっと一年と一〇ヶ月、日本学術会議とはいったい何をするところか、一向によく見えないまま、何をどう頑張ればいいのか、何ともつかみがたいもどかしさを覚え続けてきた。これが平均的な陣傘会員の率直な現状ではなかろうか。

でも、一年生会員の私も、それなりの経験を重ね、対話を試み、学術会議について初めよりは少し見えてきたかなという感じをもつようになった。そのひとつのきっかけは、やはり研究自体に直接かかわるものであり、これまで考えてきた科学あるいは学術の研究の基本的方向性に関する提案であった。それは吉川弘之会長による「俯瞰型研究プロジェクト」の推進から始まった議論の展開といえる。

いうまでもなく今後ますます深刻化すると考えられる、環境問題、資源・エネルギー問題、人口・食糧問題など、どれひとつをとってもその解決には科学技術が不可欠だが、それに立ち向かうためには、「研究の様式」を大きく変える必要があるという発想の転換から始まっている。というのは、今や科学技術の単純な進歩主義は通用せず、科学技術はプラスの効果と共にマイナスの効果も少なくないことが誰の目にも明らかになり、このマイナス効果をいかに抑えながら科学技術の展開を図るかが中心問題となってきているからである。

科学技術の研究は、短絡的でなく究極的に、人間社会に貢献するものでなければならない。普通の人から見ればこのごくあたり前のことに、研究者はあらためて気づかされることとなった。科学技術研究の細分化の結果、今や個別科学の孤立した発展ではなく、科学技術研究の新しいタイプの総合が不可欠となっている。ここから出てきたのが「俯瞰型研究プロジェクト」だと理解している。研究者はただ好奇心によって個別に研究を進め、その結果の利用については社会にゆだねるといったこれまでの科学者の古典的無責任体制を、具体的にどう改めてゆくのか。ここに「俯瞰的視点」

の重要性が強調されていると思われる。

「総合的視点」に弱い経済学

科学技術のマイナス効果を最小限に抑えるために、研究の出発点から終わりまで、つまり「研究目的の設定、研究により期待される効果などを多面的かつ同時的に評価する俯瞰的な視点」を不可欠とし、「その研究分野の科学者を主体としつつも、同時にその研究成果が関係する他の領域の科学者をも研究組織に含む研究様式が「俯瞰型研究プロジェクト」だとされている。

このように研究様式の変革について明確な理念を示すことはまさに学術会議の重要な仕事であり、細目における問題点は別にして、大きな支持を得るに違いない。私自身はこれを画期的なことと評価している。というのは、私が所属していた大学の大学院改革に際して、こうした俯瞰的、総合研究プロジェクト型と類似した視点から、総合社会科学大学院を構想し、提案したことがあったが、個別大学では利害や予算が絡み、ほとんど注目されるに至らなかった経験をもつからである。このように理念を明確にし、それを達成する研究組織を具体的に工夫する提案を学術会議が行うことで、やがて個別の大学や研究機関での変革が可能になることが期待される。

私の研究分野である経済学でも、研究の細分化が著しく、そのマイナス面が指摘され、総合の工夫が叫ばれて久しい。にもかかわらず、社会科学の中でも、経済学は経済学の内部においても「総合的視点」に弱く、他の社会科学との共同研究という点でも遅れており、ましてや自然科学との共同研究では遅々としているのが現状といえる。

例えば、環境問題にアプローチする「環境経済学」の研究が進められているが、伝統的経済学の中心は市場中心主義を脱しておらず、古典的自由主義のニューヴァージョンは力を失っていない。二一世紀において予想されるさらに一層急激な科学技術の展開に対応して、大量生産・大量消費を指向する経済優先の二〇世紀型経済システムから環境保全の優先へと転換するため、歴史的・制度的・文化的要因を自然的要因とともに重視し、これらを体系内に不可欠の要因として取り込み、他の科学、とくに他の社会科学との連係を重視する制度主義あるいは進化経済学と呼ばれる立場からの研究が盛んに試みられるようになった。

「科学」には人文科学と社会科学も

一八世紀以来の近代科学技術の展開に対して経済学者が暗黙のうちに前提してきた、科学技術のプラス効果しかみなかった素朴な科学進歩史観と科学万能主義を清算し、そのマイナス効果の抑制に、他の科学者とどう共同研究を進めることが可能なのかが問われており、それを可能にするような経済学の体系が模索されねばならないと思われる。

経済学の中でも私の専門領域は、広い意味における経済学、経済思想の歴史的展開を扱う「経済学史」だということから、全体としての総合的観点からみた経済学の役割が絶えず気になり、他の科学との共同のかたちを新たに示した「俯瞰的研究プロジェクト」という理念に期待するところが大きいといえる。

「俯瞰型研究プロジェクト」あるいは「統合モデル」の提案に関連し、気になる点について触れてみたい。これらはすでに折り込み済という声が聞こえてきそうだが、敢えて素朴に書き留めておくことにしたい。というのは、このプロジェクトの推進の前提条件の問題が重要と思われるからである。

そのひとつは、この重要なプロジェクトが結果として従来のような自然科学系の大型研究プロジェクトの推進に終わってしまわないために、「科学」とか「科学技術」といわれるとき、それは当然自然科学と共に人文科学、社会科学を含むことを、これまで以上に明確に確認しておかなければならないということである。

「総合科学技術会議」で人文・社会科学も含まれるとなっているというのは、何の保証にもならない。提案では、幾度も「科学技術あるいは学術の研究」と明記されており、この点でも一歩前進が見られる。従来のような狭い意味の「生産性」だけを基準に「科学技術」を自然科学にだけ限定する考え方自体を改め、根本的に変えて行くことはそう簡単なことではなさそうである。これを本当に実現するためには、人文・社会科学系の力量と責任と共に、とくに自然科学系研究者の側における明確な意識変革が不可欠と思われる。

明確な意思表明が必要

私は、「科学技術の発展と新たな平和問題」特別委員会での自然科学系、人文・社会科学系研究者との議論を通して貴重な経験を与えられ、この問題についてはやや楽観的であるが、一般にこれまでの議論では、科学の対象と方法という客観的観点に力点が置かれ、科学あるいは学術の研究者という主体的観点の方は、論じられることが少なかったように思われる。だが今とくに問題なのは、研究者としての主体の意識改革の問題にほかならない。この意識変革がなければ、研究様式の新たな展開はあり得ないだろう。

今年は日本学術会議創立五〇周年に当たるが、行革との関連で学術会議の役割、位置付けといった根本的な問題がいま問われている。総会や部会での議論を通して感じることのひとつは、この問題のもつ緊急性についての会員の間に見られる意識の格差である。まず政府に対して、後手に回らないように、すでに会長も表明しているように、日本学術会議の役割と位置付けについて、明確な意志表明が緊急に何よりも必要と思われる。

それに次いで学術会議自体の内部改革を急ぐべきではないか。内部改革の細かな点に時間を取られてしまい、行革の枠組みを押しつけられることは、何としても避けることが重要と思われてならない。これがいま一番気になっているところであり、日本学術会議の歴史上最も重要な転機にいま私たちが立っていると感じている一会員の思いとして受け止めていただきたい。

田中敏弘（たなかとしひろ一九二九年生）
日本学術会議第三部会員、経済理論研究連絡委員会委員、関西学院大学名誉教授
専門　経済学史

（『学術の動向』ＳＣＪフォーラム、日本学術会議、一九九九年八月号）

7　経済学の現状と課題を問う
――アメリカ経済学史学会（第二六回年次大会）に出席して――

二〇数カ国から参加するオープンな学会

アメリカ経済学史学会（History of Economics Society）の年次大会（第二六回大会）は、一九九九年六月二五日から二八日までノースカロライナ州グリーンズボロのノースカロライナ大学で開催され、私は日本学術会議から派遣されて参加することができた。昨年のカナダ、モントリオールでの大会と比べると場所の関係で参加者はやや少ないように思われたが、それでも一五〇名以上の参加者があった。

この学会はその名称に「アメリカ」という限定がついているが、さすがアメリカ、実はこの種の学会のうち特別にオープンであり、いつも世界の二〇数ヵ国からの参加がある極めて国際的な学会である。われわれの専門分野における学術の国際交流という点からみて最も活発で重要な学会のひとつといえる。

セッションは四五、ペイパーは約一二〇ほどあり、それにラウンドテーブルが二つ、特別講演や会長講演などが加わる。会場となったノースカロライナ大学はアメリカの州立大学の典型のひとつで、ほとんど何もない所に実に驚くほど広大なキャンパスをもっており、キャンパス内の移動は、自転車ではなく車がいるくらいだった。

経済社会が激変する中で

アメリカでは、大学の学部における「経済学史」教育の低迷に比べて、研究は活気を見せ、学会活動はもとより、専門学術雑誌、専門書の刊行は年々活発さを増しているといえる。この背景には現代経済社会の急激な変化が問いかけているさまざまな問題に対する経済学の現状がある。

一九八〇年代以来「経済学の危機」が言われ続けており、一九九〇年代に入って、「現代経済思想のヴィジョンの危機」とか、「経済学の終焉」といった表題をつけた専門書が出るようになった。その流れのひとつの極め付けがオメロッドの『経済学の死』（一九九四年）だったことは記憶に新しい。他の科学と同様に極めて細分化された経済学の各パーツからではなく、経済理論や経済思想を総合的に歴史的観点から研究しようとする研究者にとって、今日の経済社会の激変とそれに対応しようとする経済学の現状をどう捉え、どう位置付けるかは、最も重要な課題にほかならない。

こうした意味からこの大会は世界の経済学史研究者が現時点で経済学の現在と未来をどう理解しようとしているかについて窺うことができるひとつの貴重な機会であった。

議論を引き出した会長講演

大会では会長講演という形で問題提起がなされた。コランダー会長の論題は、'The Death of Neoclassical Economics'「新古典派経済学の死」であり、まさにうってつけの魅力的なものだった。会長講演というので大勢の人が集まった。講演はなかなか歯切れのいい内容で始まった。正統派経済学の代名詞である「新古典派経済学」に対してこれまで加えられてきた批判を、方法論、理論、思想の観点から整理した。

しかしこの後が問題だった。これらの多くの批判を受けてきた「新古典派経済学」は、そのつどそれらに対応し、理論を修正し、発展させてきたとされ、かなり具体的にきめ細かい説明がなされた。そのうえで現代の正統派経済学（Modern Economics）はもはや古い「新古典派経済学」ではないという意味で、「新古典派経済学は死んだ」に過ぎないという結論が述べられた。

これは期待はずれもいいところだった。案の定講演後さまざまなコメントや感想が語り合われることになった。今日「経済学の危機」が存在するとすれば、それは経済理論のパーツをそのつど取り替える作業で乗り越えられるものだろうかという根本的疑問がぬぐえないというのが、そこで私が聞いた多くの議論、コメントの大要である。

少なくともこうしたパッチワークによる経済学の進歩という図式そのものが今問われているといわねばならない。経済学方法論の観点だけからみても、いわゆる「原子論的社会観」に支えられた「方法論的個人主義」や単純な「論理実証主義」に寄りかかりながらの経済学の革新がもつ限界は明らかではないか、というのがおおかたのコメントと言えそうだった。会長の講演はこうした議論を引き出したことで大変有意義だった。

関心を集めた異端派経済学

この議論と関連して、例えば今回もラウンドテーブルで「異端派経済学の進展」がもうけられた。これは司会者の好リードもあって、盛り上がりをみせ、参加者の多くの関心を集めた。また私のみるかぎり、全体としては、「アメリカ経済学史学会」の懐の深さは確かだが、なかでもコーツ、サムエルズ、ラザフォード、モスなど、経済学についてより一層広いパースペクティヴをもつ研究者たちの変わらぬ活躍ぶりが目立った。

来年二〇〇〇年の大会は六月三〇日から七月三日にかけてカナダ、ヴァンクーヴァーのブリティッシュ・コロンビア大学で開催される。日本からの一層の貢献に期待したい。

田中敏弘（たなかとしひろ　一九二九年生）
日本学術会議第三部会員
関西学院大学名誉教授
専門　経済学史

（『学術の動向』SCJフォーラム、日本学術会議、二〇〇〇年三月号）

8　経済学史研究と私 ―― 学問・思想・キリスト教 ――

This is based on the paper read at the Economics Seminar, School of Economics, Kwansei Gakuin University on 5 November, 1997 on the occasion of retirement under the age limit of the writer. It traces his studies and teachings in the history of economic thought at Kwansei Gakuin University for about 45 years from 1953. His speciality in the history of economics is widely divided into three fields: (1) Classical political economy including British Mercantilism, (2) Marginal Revolution and the development of modern economics, and (3) the history of American economic thought.

In the first field, it focuses on his studies on the economic and social thoughts of Bernard Mandeville,

David Hume, Adam Smith, the Scottish Enlightenment, and the Classical economics in general. In the second field, it centers on Marginal Revolution and the formation and development of modern economics, especially on W. S. Jevons, Carl Menger, Léon Walras, Alfred Marshall, John Bates Clark, Irving Fisher, and the lecture of modern economics. In the third field, history of American economic thought, American Neoclassical economics, especially J. B. Clark and I . Fisher, and the American Institutional economics: Thorstein Veblen, W. C. Mitchell, J. R. Commons, John Maurice Clark in particular, and the lecture of history of American economic thought are treated. Secondly it discusses on the features of his methodology of history of economic thought, and on the influence he received from the three contemporary great historians of economic thought: the late Professor Tsuneo Hori, his mentor, the late Professor Joseph Dorfman, former teacher at Columbia University, and Professor Noboru Kobayashi, a member of the Japan Academy. Finally it refers to the relations between the studies of history of economic thought and Christian philosophy, and concludes with the themes and tasks of his study in the history of economic thought in the years ahead. To write a book on J. B. Clark's economic thought will be his life work.

1　はじめに

大阪商科大学を卒業と同時に、関西学院大学経済学部の助手として勤め始め、経済学部の先輩・同僚に支えられ、今日まで四四年余の間、研究上どのような問題に関心をもち、それをどのように取り扱い、貧しいながらも、それらをどのようにまとめ公表してきたかについて、以下簡潔にスケッチしてみたいと思う。

そしてもし問われるなら、筆者の経済学史研究の方法上の特徴はどういうところにあるのか、自らに問い直す形で取り上げることにしたい。さらに、こうした筆者の研究プロセスにおいてどのような研究者たち―とくに恩師・先達・同僚等―からどのような指導を受け、学ぶことが出来たかについてもスペースの許す限り述べてみたい。

そして最後に、筆者の経済学史研究―あるいは広く経済学研究と言い替えてもよい―を支え導いてきた、研究主体としての基本的条件は何なのかについて、キリスト教と関連して一言つけ加えることができれば幸いである。なお、時間があれば、今後のさしあたりの課題と展望にも触れることが出来ればと思っている。なお断っておかねばならないが、ここで取り上げられている研究には、狭い厳密な意味における「経済学史」「経済思想史」の専門とみられる範囲をはみ出て、広く学問・思想に関連したもの、さらにキリスト教の信仰と関連するものも含まれている。したがって、この報告は研究報告と言うよりは、筆者のこれまでの経済学史研究に関連した研究的エッセイとでも言えるものであることをはじめにご了解いただきたい。

2　経済学史研究の三分野

経済学史のうち、筆者が主に取り上げてきた分野あるいは領域は大きくは三つに分けることができる。その第一はイギリス重商主義などを含めた古典経済学の成立・展開の研究。第二は一八七〇年代初期に「限界革命」として開始された近代経済学の成立・展開の研究。そして第三には、アメリカ経済学史・経済思想史の研究と言える。むろんこれら三つの領域の研究は、時期的にはある程度並列的に進められてきたが、研究の力点という観点からみれば、だいたいこの順序で取り上げられてきたと言える。

ただ以上の三つの領域からはみ出しているものが若干ある。その一つは「日本経済思想史」。筆者はかなり早い研究段階から、明治以降の日本の近代化のプロセスに経済思想がどのように対応し展開してきたのか、そのさい欧米の経済思想はどのように日本人によって受容され、変容されてきたのか、その対応において日本固有の思想はどのようにかかわってきたのか、といった諸問題に絶えず大きな関心を抱いて今日に至っている。しかしこの領域での筆者の仕事は、他の三つの領域とくらべれば、まだごく貧弱なものにとどまって取り上げるほどのものとは言えない[二]。

3　古典経済学の成立・展開の研究

そこでまず古典経済学の成立・展開の研究に関して。この領域への関心は、大阪商科大学で堀経夫先生のゼミナールに入り、リカードウの『経済学原理』（英文）を読んだとき以来のものである。ただそれだけにとどまらず、古典経済学の研究は筆者の他の領域の研究の基礎をなすものと言える。日本における経済学史研究のうち、今日なお最も水準が高く、かつ最大の重厚な研究蓄積をもっているのが古典経済学の研究だと言われている。まずこの研究領域で経済学史研究の手ほどきを堀先生から受けることができたことが、筆者の研究の出発点を形成することとなった。ただ堀先生の多くの門下生がそうしたように、筆者も当然のことのように、リカードウを研究対象からははずすことにした。というのは、リカードウ研究ではおいそれと論文を書くことなどまず不可能ということが分かっていたからだった。

そこで学生のころ少し丁寧に読んだアダム・スミスを中心に古典経済学の成立をやってみようと

いうことになった。スミスの『国富論』や『道徳感情論』を読みながら、特殊研究としてまず取り上げたのがバーナード・マンデヴィルだった。主たる対象はマンデヴィルの社会経済思想だが、思想史的にバークリー、シャフツベリー、ハチスン、ヒューム、スミスなどが取り上げられた。つまりスミスの思想史的研究の一つとしての視点に力点が置かれていた。この研究がほぼ固まりかけていた一九五九年にアメリカへ二年間留学したので、それはその第一年目の終わりに、シラキュース大学大学院でのマスター論文 'The Economic Thought of Bernard Mandeville' として初めてまとめられることになった。

これは一九六一年に帰国後やがて、関西学院大学経済学部研究叢書の一冊、『マンデヴィルの社会・経済思想――イギリス一八世紀初期社会・経済思想――』（一九六六年、有斐閣）として出版された。日本におけるマンデヴィルの研究書は、当時、上田辰之助『蜂の寓話――自由主義経済の根底にあるもの――』（一九五一年、新紀元社）があるだけだった。筆者のこの最初の著書は小林昇教授から「国際的水準を抜くマンデヴィル研究」という過分の高い評価を与えられ（『経済学論究』20－2、一九六七年一月、のち『小林昇経済学史著作集』Ⅸ、一九七九年、未来社、一〇一－一一七頁に収録）、のち一九七二年に「アダム・スミスの会」からアダム・スミス賞を受けることになった。そのさいの審査委員は岸本誠二郎、出口勇蔵、内田義彦の三先生であった。

このマンデヴィル研究では、直接教えを受けたわけではないが、堀先生と親しかった上田辰之助先生から幸いいくどか励ましの言葉をかけていただいた。

こうしたスミス周辺からのスミス研究の次の対象として、筆者はデイヴィッド・ヒュームを選ぶことにした。大きな思想体系をもつヒュームを社会科学者として捉え直してみようと考え、その第一次接近として、エコノミストとしてのヒューム像を明らかにしようとした。これは一九七一年に『社会科学者としてのヒューム――その経済思想を中心として――』（未来社）として刊行され、「経済思想家ヒュームを扱ったわが国最初の研究書」となった。

ヒューム研究にかかわる一つのエピソードとしてここに是非書き留めておきたいのは、一九六七年一一月の経済学史学会大会で「ヒューム『イギリス史』の一考察」という研究報告をし終わったとき、会場におられた内田義彦さんが「いい報告だった」と声をかけ、出版されたばかりの『日本資本主義の思想像』に署名をし、くださったことである。筆者は以前から内田さんのヒューム像に疑問を表明していたので、ちょっと意外な感じを受けたのを今も鮮明に覚えている。

このヒューム研究には副産物が伴った。それがヒュームの *Political Discourses*, 1752 の邦訳、ヒューム著『経済論集』（一九六七年、東京大学出版会）と『ヒューム政治経済論集』（一九八三年、御茶の水書房）である。

一九八四年には、その後進めたマンデヴィルとヒュームの研究にスミスとイギリス重商主義研究を加えて一本にした『イギリス経済思想史研究――マンデヴィル・ヒューム・スミスとイギリス重商主義――』（御茶の水書房）が、中継ぎの形で出ている。しかし、研究の中心としては、エコノミストとしてのヒュームの把握を基礎にして、かれの倫理思想、法・政治思想、歴史家としてのヒュームなどの研究へと次第に範囲を広げ、社会科学者ヒューム像をより具体的に追求しようとしたのであった。

ちょうどこの頃から、欧米でスコットランド啓蒙思想の研究が盛んに行われるようになった。そこでこれらの研究に学びながら、あらためて社会科学者としてのヒューム（とスミス）を取り上げたのが、『ヒュームとスコットランド啓蒙――18世紀イギリス経済思想史研究――』（一九九二年、晃洋書房）となった。

筆者のスコットランド啓蒙思想研究は直接的にはヒュームとスミスにほぼ限定されるが、水田洋教授の次の世代の一人として、一九七〇年代、八〇年代と比較的早くからスコットランド啓蒙思想研究の重要性に着目し、筆者よりも若い世代による研究を奨励する役割をもつものだったと言えるかも知れない。このことは、たとえば「日本ジョンソン協会」大会（一九八六年五月）や「日本イギリス哲学会」大会（一九八七年三月）での招待特別講演「ヒュームとスコットランド啓蒙思想」によく現れていると考えられる。また「日本イギリス哲学会」の編集・出版である論文集『デイヴィッド・ヒューム研究』（一九八七年、御茶の水書房）の共同編集者に選ばれたことや、自ら編集した論文集『スコットランド啓蒙と経済学の形成』（一九八九年、日本経済評論社）も同じ役割を果たすことにあったと言える。

この他に古典経済学に関連して、エッセイ集『アダム・スミスの周辺』（一九八五年、日本経済評論社）や、論文集『古典経済学の生成と展開』（一九九〇年、日本経済評論社）の編集のほか、グラスゴウ大学のA・S・スキナー著『アダム・スミスの社会科学体系』の共訳書（一九八一年、未来社）が刊行されている。

4　近代経済学の成立と展開

第二の研究領域と言えるのは近代経済学史研究である。一八七〇年代初期に経済学は大きな革新を経験し、古典派経済学から近代経済学へと展開して行くことになったが、それは「限界革命」と呼ぶに相応しいものであったのかどうか、「限界革命」が存在したとすれば、それを引き起こした原因は何か、それはどのようなプロセスを経て展開されたのか、そしてその革命の本質は何に求めることができるのかがまず問題であった。

このような観点からジェヴォンズ、メンガー、ワルラスのトリオにアメリカのジョン・ベイツ・クラークを加えて、近代経済学の成立が取り上げられることになった。マーシャルも重要だった。もともと筆者は、アメリカ留学中にアメリカ新古典派のクラーク、フィッシャーに関心をもち、むしろクラークから始めてヨーロッパにおける近代経済学の成立を取り上げるに至ったと言った方が正確のようである。経済学部では、これを反映して、一九七五年に「近代経済学史」の講義が開講されている。これは時期的には全国でも極めて早く、稀なことであった。その後急速にその需要が増大したこともあって、有斐閣からの依頼で山下博氏と共同で編むことになったのが『テキストブック近代経済学史』（一九八〇年、改訂版、一九九四年）であり、ほかにR・D・C・ブラック編著『経済思想と現代――スミスからケインズまで――』（監訳）や、一九九七年の編著『経済学史』（八千代出版）もこれに関連している。ジェヴォンズに次いで、マーシャルに関しては、クラークとの関連を検討したり、イタリアのピサ大学 Tiziano Raffaelli 教授との関連で *Marshall Studies Bulletin* に “Recent Marshall Studies in Japan” (No.3, 1993, Firenze, Italy) を書くことになった。

5　アメリカ経済学史研究

第三の研究領域は、アメリカのミッションボードから奨学金を得て、二年間アメリカの大学院へ留学したことから具体化していったアメリカ経済学史研究である。筆者はアメリカの大学院時代（一九五九―六一年）に、とくにシラキュース大学のシュランニイ・ウンゲル教授（Theo Surnyi-Unger）とコロンビア大学のジョージフ・ドーフマン教授（Joseph Dorfman）から特別の指導を受けることができ幸いだった。ヨーロッパとは異なるアメリカの経済社会でのアメリカ人による経済思想の展開に全体としてもともと大きな関心をもっていた。建国期における政府の役割をめぐるハミルトンとジェファソンの対立に始まって、アカデミズムの主流をなした古典的自由主義経済思想に対して民間では保護主義的国民主義経済思想が台頭し、これはやがてドイツ歴史学派経済学の影響下に、古典的自由主義経済学を批判するアメリカ歴史学派へと展開していった。こうしたアメリカ経済思想の大きな流れを理解することは、当時の筆者にはとくに新鮮なことだった。

　しかしとくに研究対象として最初に焦点を絞ったのは、一つはJ・B・クラークやアーヴィング・フィッシャーを中心とするアメリカ新古典派経済学であり、もう一つはアメリカに固有な制度派経済学で、ヴェブレン、ミッチェル、コンモンズ、ジョン・モーリス・クラークなどがその中心をなしていた。

　帰国後、古典経済学と近代経済学史の研究に時間を取られがちだったが、ドーフマン教授に励まされ、アメリカ経済学史研究を細々ながら継続していた。一九八九年には経済学部ではじめて「アメリカ経済学史」（隔年半年講義）が開設された(三)。これは筆者の知るかぎり、日本の大学では最初の正規の科目としての「アメリカ経済学史」の講義だったと思われる。講義はありがたいもので、この講義のお陰で筆者は、主として建国期から一九二〇年代ぐらいまでのアメリカの経済思想を取り扱ったが、一九九六年度には「現代アメリカ経済学史」に当たる、ニューディール期から戦後アメリカ経済学の展開をともかくカヴァーすることができた。

講義と言えば、やはり筆者のアメリカ経済学史研究を促進するうえで力になったのが、二年度にわたる九州大学の経済学部および大学院での集中講義（一九八四年と一九八八年）――これは荒牧正憲教授のお世話による――であった。すでに『経済学大辞典』（一九五五年、二版、一九七九年）に中項目として「制度学派」について書いたりしていたが、こうしたアメリカ経済学史に関連した論文を一応まとめることになったのが、一九九三年の『アメリカ経済学史研究――新古典派と制度学派を中心に――』（晃洋書房）である。ただこの論文集では、J・B・クラークに関連した論文は別の著作を必要とするという理由から一部を除いて、すべて収録されていない。[三] 筆者のクラーク研究はまだ完結していない。ライフワークというような大げさなものではないが、残された大きな課題の一つと言える。

世界的に言えることだが、とくに日本の経済学史学界では、経済学史といえばヨーロッパ経済学史だという常識から抜けきれず、アメリカ経済学史はアメリカ経済およびアメリカ経済学の重要性にもかかわらず、ロシア経済思想史と同格ぐらいにしか扱われないという誤った見解が支配している。これがアメリカ経済学史の研究者が少なく、「アメリカ経済学史」の講義が日本ではほとんどみられない大きな理由の一つである。そこで一九九五年にこの領域での研究の促進を目指し設立されたのが「アメリカ経済思想史研究会」である。これは今のところ研究会に毛が生えた程度の小さなものだが、一応全国規模の学会であり、外国人メンバー四名も含み国際性もないわけではない。

最近、日本における経済学史の人気のなさにひきくらべ、ヨーロッパやアメリカで経済学史の研究が活発化している。とくにアメリカでアメリカ経済学史研究が盛んになってきた。アメリカの経済学史家たちもようやく変化しだし、アメリカ人による経済学・経済思想の歴史的展開のもつ重要性に自信をもつようになってきたと言える。その一つの現れが、一九九二年のアメリカ経済学史学会大会でのドーフマン記念特別パネルディスカッションの開催だった。[四] 筆者はドーフマンの弟子の一人として招待され、このシンポジウムに参加したのだが、それは *The Economic Mind in American Civilization, 1606-1933*, 5 vol s.（1946-1959）や *Thorstein Veblen and His America*（1934）などの著者である経済学史家としてのドーフマンの業績をあらためて確認し、称えるだけでなく、アメリカにおける経済思想の歴史的展開、したがってその研究の意義を問い直し確認する作業でもあった。

すでに筆者は 'Joseph Dorfman and the Studies in the History of American Economic Thought in Japan'（*Kwansei Gakuin University Annual Studies*, 42, March 1994）において、日本におけるアメリカ経済学史研究について紹介することがあったが、たまたま一九八五年にアメリカで出たヴェブレン研究の文献目録 *Thorstein Veblen. A Reference Guide*, edited by J.L.Simich and Rick Tilman をみたところ、日本語でかかれたヴェブレン研究としては、わずか五編の論文だけであり、単行本への言及は皆無であることに驚きを禁じ得なかった。そこで国際ヴェブレン協会（International Thorstein Veblen Association）の会長であるティルマン教授に手紙を書き、日本のヴェブレン研究には、著書・訳書・論文あわせて少なくとも二〇〇点を越える文献があると書いたところ、早速その紹介を依頼されるはめになってしまった。そこで一九九六年の国際ヴェブレン協会年次大会が、ヴェブレンが学び、J・B・クラークが教えたミネソタのカールトン大学で開催されたさい報告したのが、"Thorstein Veblen Studies in Japan: A Bibliography"[五]となった。この時点で文献は二四六点に及んだ。それまで英文で書かれた日本人のヴェブレン研究も、日本語で書かれたヴェブレン研究を英文で紹介したものも、一編もなかったので、こんなささやかな紹介でも発信の意義をもたないわけではなかった。

6　経済学史研究の方法

経済学史研究を志して以来、その研究と教育を進める上で国内外の実に多くの方々に助けて頂き、多くの貴重な示唆と温かい協力を得ることができた。マンデヴィル研究では上田辰之助先生、ヒューム研究ではアメリカのユージン・ロートワイン教授（Eugene Rotwein）、ケンブリッジのダンカン・フォーブズ氏（Duncan Forbes）、ブリティッシュ・コロンビアのイアン・ロス教授（Ian Ross）。スミス研究ではグラスゴウのスキナー教授（Andrew S. Skinner）、近代経済学史ではシラキュースのシュランニイ・ウンゲル先生、シドニーのグロンヴェーゲン教授（Peter Groenewegen）、そしてベルファストのブラック教授（R. D. Collison Black）。アメリカ経済学史研究では、コロンビアのドナルド・デューイ教授（Donald Dewey）、ノッティンガム（およびアメリカのデューク）のコーツ教授（A. W. Coats）をはじめ、ドーフマン先生の何人かの弟子たち――例えば Laurence Shute, Solidelle F. Wasser の両教授――を挙げないわけにはいかない。

しかし経済学史研究の方法的基礎と経済学史研究全般について筆者が最も貴重な多くの指導を受け、決定的とも言える影響を受けたのは、恩師の堀経夫先生のほかに、ドーフマン先生と小林昇教授の三人の経済学史研究の大先達である。

堀経夫先生については、折に触れて書いた短文と共に、経済学史家としての堀経夫、とくに堀先生のリカードウ研究、日本経済学史研究をまとめた『堀経夫博士とその経済学史研究』（一九九一年）を参考にして頂ければ幸いである。

ドーフマン先生についても、先に触れた記念シンポジウムでの報告をはじめ、日本語と英文による筆者のみた経済学史家としてのドーフマンについて書いたことがある。[六]

　最後の小林昇教授については、「経済学史研究の真髄」という短文（『小林昇経済学史著作集』第三巻、月報2、一九七六年六月）と、経済学史学会の記念シンポジウムでの報告をもとにした「小林昇教授とイギリス重商主義研究――『小林昇経済学史著作集』をめぐって――」（『経済学論究』32―2、一九八〇年一〇月）がある。小林先生の研究業績を通し、また直接に、とくに研究者としての先生の生き方に学び、それからいかに大きな励ましを今日まで与えられてきたことか。これについては、経済学部のチャペル・トークでも幾度か触れ、それらは筆者の『岩の上に――学問・思想・信仰――』（一九八九年）にも納められている。

　ところで、どのような研究でも研究方法が極めて重要であることは言うまでもない。経済学史研究の方法にもいろいろあり、これまでいくつかの類型に分けて論じられてきた。今ここで経済学史方法論について正面から論じるつもりはないし、またその場でもない。ただ筆者がとってきた経済学史の方法について簡潔に述べ、そうした方法によって研究をすすめるうえで、堀、ドーフマン、小林の三先生から共通した教えを受けたことをあらためて指摘しておきたいと思う。

　まず純粋理論史の方法だが、これを否定するつもりはない。とくに理論上の特殊なテーマについてその史的展開を整理するさいには一定の有効性が見られることは言うまでもない。しかしたいていの場合、この方法は現在主流になっている理論を歴史的に補強するだけに終わりがちである。言ってみれば、この方法は理論の視点だけからの理論の補完作業に限定されがちである。これは本来の経済学史とはかけ離れていると言わざるをえない。むろん理論史の理解は重要だが、問題はそれを前提したうえで歴史研究として把握する必要がある。少なくともある理論もしくはある理論体系が成立した歴史的背景は何か、どのようなプロセスを経て成立したのか、その思想的背景はどうか、成立した体系は政策を通して経済社会にどのような影響・変革をもたらしたのか、さらにそれはその後の経済思想の展開にいかなる役割を果たしたかが問われねばならない。筆者にとって「本来的な経済学史」とはこのような方法的構造をもつものと思われる。もしそのキーワードを問われれば、それは理論・思想・政策・歴史ということになるのではと考えている。

経済学史の方法に関して、筆者は堀先生からまずそれをいわゆる「原典主義」――原資料、第一次文献の徹底した尊重と精密な検討を貫く精神――という言葉で教えられた。それはリカードウ『経済学原理』の徹底した読み方という具体的な形で示された。二次文献はしょせんそれだけのものだという先生の言葉が、その後の研究で事毎に明らかになってきたことは言うまでもない。

第二番目は、堀経済学史は理論と思想と歴史からの総合的研究だといえる。理論史的研究を疎かにせず、それを前提したうえで、歴史的背景の分析を重んじ、しかも理論・学説の背後のあるヴィジョン・思想を明らかにする方法は、堀先生の場合、経済理論、社会経済思想、経済史を総合するタイプの経済学史として、リカードウを中核とした古典派経済学の研究、近代日本の経済学史研究、イギリスを中心とした社会思想史の研究としてわれわれに遺されている。

一九六〇年にコロンビア大学に着いて初めてドーフマン先生に出会ったとき、直感的にドーフマン先生のうちに堀先生を見た思いがしたことを今もよく覚えている。これはどこかに書いたと思うが、シュランニー・ウンゲル先生のドーフマン評でもあり、驚いたことがある。

アメリカの経済学史学会が一九八二年にドーフマンを特別優秀会員として表彰した際に明確に確

認されたように、ドーフマン経済学史の方法的特徴は、印刷された著作だけにとどまらず、書簡類、マニュスクリプトなど利用可能な資料をすべて探索し、縦横に利用する、その並みはずれた徹底さと、経済理論史を軽視せず、それをふまえたうえで、狭い経済理論に限定せず、経済思想史的方法と経済政策史的観点、さらに伝記研究的観点を総合する方法にある。かれの主著はまさにこうした方法によってアメリカ文明における経済的思考の歴史的展開を明らかにしようとするものであった。こうした方法を駆使したドーフマン先生から筆者が学んだのは、まさに歴史としての経済思想史だといえる。純粋経済理論史、あるいはドグメンゲシヒテはそれなりに限定された有効性をもっているが、本来の経済学史・経済思想史は、歴史そのものに深く根ざした「文化過程の中の経済的思考」を明らかにすることを目指すものではないかと考えられる。

次に小林昇経済学史もユニークで強靭な方法に基礎づけられている。かつて筆者も指摘したように、それは従来の「学史研究における経済史的接近」に対して「経済史への学史的接近」の意義を強調しつつ、両者の「試行錯誤的往反」こそ古典研究に有効な方法だという観点を備えている。超緻密な文献的実証による、重商主義研究、リスト研究、スミス研究、ジェイムズ・ステュアート研究に示されたいわゆる「デルタ」の深耕を中核とする、『小林昇経済学史著作集』全一一巻に刻み込まれた体系的成果が、その方法の有効性を十分に物語っているといえる。なかでもその文献的実証の優れた蓄積は、他の研究者を今も容易に寄せつけるものではない。

筆者は大学で小林教授に直接教えを受けたわけではないが、一九五五年に経済学史学会大会で初めてマンデヴィルについて研究報告を行なったさい、温かいコメントをいただいて以来、わが国における経済学史研究の最大の先達として尊敬し、絶えず励ましを与えられてきた。このような小林経済学史は、筆者にとっては、堀先生やドーフマン先生の指導と同じく、今日まで筆者の経済学史研究を導き支えてきた活力の源と信じている。

7　キリスト者の経済学史研究

最後に一言つけ加えて、これまで筆者の経済学史研究を支え続けてきたと思われるキリスト教主義的価値観との関連に触れておきたいと思う。「学問・思想・信仰」という大げさな副題をつけたことを反省している講話・短文集『岩の上に』（一九八九年）の「あとがき」で初めて書き留めたが、学問研究とキリスト教主義（とくにその社会倫理）とのかかわりについて、大阪商科大学の予科や学部の学生として参加した学生ＹＭＣＡ運動を通して真剣に考えるようになった。学問と思想、学問と信仰、キリスト者の社会倫理、大学とは何か、大学におけるキリスト者の使命は何かといった問題が、大学の一キリスト者学生としての筆者にとって最も重要なことに思われた。

経済学部の教員となってのちは、「大学キリスト者の会」のメンバーとして、キリスト教主義大学の諸問題も含めて、これらの問題にかかわることになった。そのひとつの現れが、今ではセピア色した「学問と信仰―社会科学者として―」（『大学キリスト者』15号、大学キリスト者の会、一九六三年一二月）となって残されている[七]。しかしこうした問題関心をもつ筆者にとっては、その具体的な問題自体は異なるものの、それらはキリスト者としての生き方と学問、思想との関連の追求という一貫した問題と考えられてきた。したがって例えば『島之内教会の沿革―教会創立七十五周年―』（一九五七年三月）をはじめ、「天皇制国家主義教育と関西学院」（一九七一年七月、一九九一年六月）も、『関西学院大学経済学部五十年史』（一九八四年一一月）に対する取り組み方も、『経済学史学会三〇年史』（一九八〇年一一月）の編集も、経済学部のチャペル講話『いま経済学を学ぶ――経済と人間――』（一九九二年）（林忠良・森本好則と共編）の編集作業への参加も、『岩の上に』と同一のヴィジョンをもつものだった。

とくに一九六九年から激化した大学紛争とそれに続く関西学院大学の大学改革を目指した動きのなかで、こうした筆者のヴィジョンは具体的な問い直しにさらされることになった。それが『関西学院大学改革に関する学長代行提案』（一九六九年五月）とそれに基づく大学改革への筆者自身の積極的参加のもつ意味だったと考えている。

8　今後の課題

残された課題は多い。今後の課題のうち『クラーク研究』の取りまとめがいつ完成するのかが、今のところ最大の課題ということになる。『クラーク研究』の場合、まさに独占段階にさしかかったアメリカ経済社会にあって、限界生産力的分配理論と、歴史主義、キリスト教社会主義、マルクス主義的社会主義、ヘンリー・ジョージの土地社会主義などの思想と、独占分析にもとづく反独占政策との関連、そしてまた初期から後期へのクラークのヴィジョンの転換に伴う経済学の転換という、筆者の経済学史研究の方法とヴィジョンに深く関連するテーマであるだけに、慎重に仕上げたいと考えている。

同時に若い人達にもっとアメリカ経済思想史の面白さを知ってもらえるように、アメリカ経済思想史の分かりやすい概説書ができるだけ早く書ければとも願っている。

日本におけるアメリカ経済思想史専門家一〇名によるわが国初のアメリカ経済思想史に関する論

文集、『アメリカ人の経済思想――その歴史的展開――』（日本経済評論社）は現在編集中であり、一九九九年中に出版の予定である。〔一九九九年九月に出版された〕この報告を行った時に編集中だった、経済学史学会からの依頼による杉原四郎教授との共同編集書、*Economic Thought and Modernization in Japan*（Edward Elgar, 1998）は昨年秋に出版された。また筆者のクラーク研究の一環であるクラークとギディングズとの未公開往復書簡の研究も、The Correspondenceof John Bates Clark written to Franklin Henry Giddings 1886-1930としてアメリカのJAI Pressから一九九九年中に刊行予定となった。〔二〇〇〇年に出版された〕この他予定されている古典の翻訳書としては、クラークの*Distribution of Wealth*（1899）とヒュームの*Essays, Moral and Political*, 3rd edition, 1748がある。

追記　なお、筆者のアメリカ経済学史研究については、「アメリカ経済学史研究断章」（『一橋大学社会科学古典資料センター年報』19号、一九九九年三月）〔本書第二部、Ⅱ－5に収録〕も参照されたい。

注

＊本稿は定年退職を控えた一九九七年一一月五日に経済学部の教授研究会で報告されたもので、今回若干の補整が行われている。

（一）日本経済思想史に関連して、堀経夫著『増訂版明治経済学史』（筆者による編集・増訂・解説論文付き）（一九九一年、日本経済評論社）がある。

なお、筆者の仕事の詳細については、定年退職後に出た『経済学論究』52－1、一九九八年四月の「年譜・著作目録」を参照されたい。

(二) 関西学院大学経済学部では、一九八七年に「経済学特殊問題」という講義科目で最初の「アメリカ経済学史」の講義が行なわれた。

(三) これまでに発表されたクラーク関係の論文は次の通りである。

1 「J・B・クラークの経済学―『富の哲学』を中心に―」(『経済学論究』20－3、一九六六年一〇月)

2 「J・B・クラークにおける限界効用価値論の形成―社会的有効効用価値論について―」(同上、22－2、一九六九年一月)

3 「J・B・クラークの限界生産力理論とその倫理的インプリケイション」(同上、24－2、一九七〇年七月)

4 「J・B・クラークと限界主義―限界生産力的分配論の形成過程―」(『甲南経済学論集』14－2、一九七三年九月)

5 「J・B・クラークにおける競争と独占―『J・B・クラーク問題』と独占形成―」(『経済学論究』33－3、一九七九年一一月)

6 「J・B・クラークの反独占政策論―一つの有効競争論―」(同上、34－1、一九八〇年六月)

7 「『J・B・クラーク問題』の一解釈―J・F・ヘンリーの所説にふれて―」(同上、42－2、一九八八年七月)

8 「J・B・クラークの特殊生産力的分配論をめぐる諸批判―限界生産力理論批判史のひ

とこま――」（同上、43－3、一九八九年一〇月）

9　"The Economic Thought of J. B. Clark: An Interpretation of 'The Clark Problem'", in *Perspectives on the History of Economic Thought: Selected Papers from the History of Economics Society Conference 1988*. Vol.III, edited by Donald E. Moggridge（Edward Elgar, 1990）.

10　「アメリカ新古典派経済学――J・B・クラークを中心に――」（経済学史学会編『経済学史――課題と展望――』経済学史学会創立四〇周年記念論文集、九州大学出版会、一九九二年一一月）

11　「マーシャルとJ・B・クラーク――未公表書簡を中心に――」（1）（『経済学論究』48－3、一九九四年一〇月）

12　「同右」（2）（同右、48－4、一九九五年四月）

13　"J. B. Clark and Alfred Marshall: Some Unpublished Letters", *Kwansei Gakuin University Annual Studies*, Vol.44, March 1996.

14　「クラークとアメリカ新古典派」（田中敏弘編著『経済学史』、八千代出版、一九九七年三月、第一七章）

［この報告以後に次の2つがある］

15　「J・B・クラークとF・H・ギディングズ――未公開往復書簡を中心に――」（『経済論集』関西大学、47－5、一九九七年一二月）

16　「独占の形成とアメリカ新古典派経済学――J・B・クラークの独占分析と反独占政策を中心に――」（小西唯雄編著『産業と企業の経済学』御茶の水書房、一九九八年六月）

(四) このシンポジュームについては、「経済学史家としてのJ・ドーフマン」(『制度・市場の展望』2、(中川書店、一九九三年三月)を参照。

(五) この論文は次のものに収録されている。*Research in the History of Economic Thought and Methodology, Archival Supplement 6, Contributions to the U.S., European and Japanese History of Economic Thought*, edited by Warren J. Samuels, 1997, JAI Press, Greenwich, Conn., U.S.A.

(六)「経済学史家としてのJ・ドーフマン(一九〇四―一九九一)」(『経済学論究』47―1、一九九三年四月)、"Joseph Dorfman and the Studies in the History of American Economic Thought in Japan", *Kwansei Gakuin University Annual Studies*, 42, March, 1994.

(七) 学問・思想・信仰の関連を問う問題について、筆者は折にふれて書いてきた。以下は筆者自身のメモのために書き留めておくことにしたい。

1 「大学とキリスト者」、『渓川』第一号、島之内キリスト教会青年部、一九五四年五月

2 「書評日本キリスト教団社会委員会編『キリスト教と社会変革』」『渓川』第二号、同上、一九五四年九月

3 「歴史形成力としてのキリスト教――島之内教会創立七十五周年を迎える準備のために――」、『渓川』第五号、一九五六年七月

4 「現実における信仰の意義――大学・学Y・教会――」(主題講演)、近畿学生YMCA・YWCA夏季学校、高槻、一九五六年七月このほか、関西学院大学の各学部のチャペルで、このテーマを中心にいくどか話している。

(『経済学論究』第五三巻第二号、一九九九年七月)

Ⅲ　その他から

1　田中敏弘教授

（『関西学院大学経済学部五十年史』から）

田中敏弘教授（昭和四年、兵庫県生まれ）は昭和二五年に大阪商科大学予科を修了し、同大学学部に進み、昭和二八年三月に同大学を卒業した。これは旧制大学最後の卒業であった。当時既に本学経済学部の教授であった堀経夫教授は、大阪商科大学では昭和二三年より非常勤講師となっていたにもかかわらず、学生の強い希望により研究演習を担当していて、田中教授はこの堀教授の旧制最後のゼミナールの学生として指導を受けた。大阪商科大学卒業後直ちに堀教授にしたがい、昭和二八年四月に本学部の助手となり、のち専任講師、助教授を経て、昭和四五年に教授となり現在に至っている。この間、経済学部長を務めた。

教授の研究は主として、（1）一八世紀イギリス経済思想史研究、（2）アメリカ経済学史研究、（3）限界革命と近代経済学史研究の三つの分野に関連している。

マンデヴィル研究

戦後わが国の経済学史学会で盛んになった広い意味のアダム・スミス研究に刺激を受けて、教授の研究の出発点となったのは、ひろくはイギリス重商主義研究であり、その特殊研究としてのマンデヴィル研究であった。この研究は、のちに学院推薦によるアメリカ・メソジスト教会の奨学資金を受けて昭和三四年七月から二ヵ年間アメリカに留学したさい、第一年目の終り（昭和三五年九月）に、シラキュース大学大学院にシュランニイ＝ウンゲル（Theo Suranyi-Unger）教授の指導のもとに提出されたMA論文、*The Economic Thought of Bernard Mandeville* となった。帰国後これはさらに展開され、『マンデヴィルの社会・経済思想』（関西学院大学経済学研究叢書8・有斐閣・昭四一年）として公刊され、これにより経済学博士の学位が与えられた。

本書では、主著『蜂の寓話』のほかマンデヴィルの全著作を分析対象として、その思想の形成過程が検討され、かれの思想の全体が内在的に捉えられ、マンデヴィルは重商主義から由由放任への「過渡期」の思想家として位置づけられた。またマンデヴィルをその同時代の思想家たちと対比し、その思想史的位置を明らかにする試みがなされた。本書はさまざまな問題点を含みながらも、刊行当時、小林昇氏により、「周知の **F. B. Kaye** の研究とわが国の上田辰之助の研究とを内在的に超え、世界におけるマンデヴィル研究の最前線をみずからによって示しえたもの」（『経済学史学会年報』第四号・昭四一年）との論評を受けた。のち昭和四七年三月に、本書により教授はアダム・スミスの会から「アダム・スミス賞」（第二回）を受賞している。

ヒューム研究

スミスの周辺からみたスミス研究の一環として次に取上げられたのはデイヴィッド・ヒュームであった。マンデヴィル研究公刊後、本格的なヒューム研究が開始され、それは『社会科学者としてのヒューム——経済思想を中心として——』（未来社・昭四六年）として公刊された。本書は、ヒュームの『政治経済論集』（*Political Discourses*, 1752）における経済理論を取り上げ、エコノミストとしてのヒューム像の再構成を試みた「わが国におけるはじめての研究書」（川島信義氏書評、『経済学史学会年報』第九号・昭四六年）とされている。本書において教授は、ヒューム経済論の基調を「インダストリー」に求め、そこに「インダストリーの人為的促進から自律的発展への方向」を見出し、保護主義としての重商主義を脱却し、スミスの世界へと一歩を進めたところにヒューム経済論の学史的意義を求めている。ただ本書は著者自らにより社会科学者としてのヒュームの全体像の究明をめざした中間的作業に過ぎないとされている。したがって本書公刊後、教授はエコノミストとしてのヒュームを超えて、政治思想におけるヒュームとスミスや、ヒュームの正義論などを取りあげており、また昭和五一年には、ヒューム没後二〇〇年記念エディンバラ国際会議にも出席参加している。

なおこのヒューム研究に関連して、「社会科学者ヒュームの復位への記念碑ともいうべき」（山崎怜氏書評、『経済学論究』二二巻三号・昭四三年）『政治経済論集』のうち経済論文の邦訳が昭和四二年に『ヒューム経済論集』（アダム・スミスの会監修、初期イギリス経済学古典選集8、東京大学出版会）として公刊されている。しかし、ヒューム研究の世界的深まりの動向と教授自らのヒューム研究の進展とは、ヒューム『政治経済論集』を「経済論文」だけでなく、「政治論文」も含めてその元の姿において全訳することを必要とした。このようにして『政治経済論集』における政治・経済・社会・歴史の相互関連の把握を促進することを意図したのが『ヒューム政治経済論集』（御茶の水書房・昭五八年）だと言える。

『イギリス経済思想史研究』

このように、広い意味のスミス研究に関心を寄せる教授は、昭和四九年四月から一ヵ年学院から留学したさい、その前半をスコットランドのグラスゴウ大学でヒューム、スミスおよび広くスコットランド啓蒙思想の研究に従事した。なお後半には、ケンブリッジ大学でスラッファ教授をスポンサーに客員研究員としてジェヴォンズやマーシャルを中心に近代経済学史の研究を行うと共に、歴史学部のダンカン・フォーブズ（Duncan Forbes）氏――ヒュームの政治思想の研究者――との交流から大きな刺戟を受けている。教授は、このグラスゴウ大学留学中に親しくなったスキナー（A. S. Skinner）教授を、のち昭和五三年春に日本学術振興会の資金により本学の短期客員教授として招聘し、日本のスミス研究者との学術交流に貢献した。なおこの交流はスキナー教授によるスミス研究の邦訳『アダム・スミスの社会科学体系』（未来社・昭五一年、橋本比登志・篠原久・井上琢智氏と共訳）を生み出すこととなった。

なお、前記のマンデヴィルとヒュームに関する著作の刊行後、約一〇年間に発表されたマンデヴィル、ヒューム、スミスを中心とした諸論文に書評と学界展望を加えてまとめられたのが『イギリス経済思想史研究』（関西学院大学研究叢書48・御茶の水書房・昭五九年）であり、これはスミスの周辺からみたスミス研究といえる。

アメリカ経済学史研究

わが国の経済学史学会では傍流とみられがちなアメリカ経済学史研究に教授を向わせた大きな要因は、アメリカ留学であったと言える。シラキュース大学でマスター・コースを終えて移ったコロンビア大学大学院では、ドーフマン（Joseph Dorfman）教授の指導により、アメリカ経済学史、とくにアメリカ新古典派と制度学派の研究に専ら関心が向けられた。

教授のアメリカ経済学史研究には二つの中心点がみられる。一つはJ・B・クラーク研究であり、もう一つは制度学派経済学である。クラーク研究は「J・B・クラークの経済学――『富の哲学』を中心に――」（『経済学論究』二〇巻三号・昭四一年）に始まり、以下クラークの限界効用価値論の形成、かれの限界生産力理論とその倫理的インプリケイションの問題、かれにおける限界生産力的分配理論の形成過程、クラークにおける競争と独占の問題、かれの反独占政策論などにかんする数編の論文が発表されている。

他方、制度学派研究の発表はまだ緒についたばかりであるが、「アメリカ制度学派とドイツ歴史学派」（『経済学論究』三三巻四号・昭五四年）のほか、制度学派全般にかんして『経済学大辞典』（第二版、第三巻、東洋経済新報社・昭五五年）その他に寄稿している。

限界革命と近代経済学史研究

この分野については、J・B・クラークを除けば、昭和四四年から進められている。そこでは「近代経済学史」の講義要綱『近代経済学の形成』Ⅰ（昭四二年）や、その増補改訂版『近代経済学の形成』（玄文社・昭四六年、改訂版・昭五一年）が著わされており、主としてジェヴォンズ、メンガー、ワルラス、J・B・クラークなどが対象とされている。こうした初期近代経済学史の研究は、やがて概説書ではあるが、山下博氏との共編著『テキストブック近代経済学史』（有斐閣・昭五五年）の第二章 限界革命、第三章 限界主義理論の確立として展開された。なお教授は、わが国の最近一〇年間の研究動向を示す日本経済学会連合編『経済学の動向』第二集（東洋経済新報社・昭五七年）の社会経済思想史部門に「近代経済学」を執筆している。

学会活動としては、昭和三〇年に経済学史学会に入会した教授は昭和四一年より五六年まで幹事（昭和四九―五一年を除く）、それ以降は常任幹事に選ばれている。ことに堀経夫教授が代表幹事となったさい、久保芳和教授のあとを受けて昭和三六年八月から七年余学会事務局の事務責任者を務めた。また経済学史学会の三〇周年記念事業として刊行された『経済学史学会三〇年史』（昭五五年）の編集委員となり、その一部を執筆している。さらに昭和五六年には経済学史学会を代表して日本学術会議より派遣され、「オーストラリア経済学史学会」創立会議に出席した。同じく同年から英、米、オーストラリアの経済学史学会の *Newsletter* や *Bulletine* に定期的に寄稿し、わが国の経済学史学会とその研究動向を外国に紹介している。

教育

教授は昭和四一年度以来「近代経済学史」を担当している（留学期間および以下に述べる「経済学史」の担当期間を除く）。この講義では、前掲の講義要綱『近代経済学の形成』の増補改訂を行いつつ、それらをテキストとすることにより、研究の成果が一部講義に反映させられている。昭和五五年度以降は、前掲『テキストブック近代経済学史』を教科書として使用し、近代経済学史の課題、古典派経済学と近代経済学、限界革命、限界主義理論の確立、ローザンヌ学派、ケンブリッジ学派、ケインズとマクロ理論などが取上げられている。昭和五〇年度から四年間担当した「経済学史」では、重商主義からほぼリカードウまでが対象とされたが、『国富論』刊行二〇〇年に当る昭和五一年度には、一年を通してアダム・スミスにかんする特殊講義が行われた。

このほか、一般教育科目「経済学乙」を昭和三六年度後期より久保教授から引継ぎ、昭和四八年度まで一六年間にわたり講義している。その内容は、はじめ『経済思想の発展』(講義要綱)を使用し、広く重商主義から現代に至る概説であったが、のち昭和四三年度以降は大きく変化し、スミス、マルクス、ケインズにおける経済学の形成過程に力点をおいた講義となった。これはその後『経済学へのアプローチ——スミス・マルクス・ケインズの世界——』(玄文社・昭四七年)として公刊され教科書として使用された。

「研究演習」については昭和三八年度から担当しており、近代経済学史がそのテーマである。そこでは主として近代経済学史上の古典(英文)がテキストに選ばれ、それらの検討を通して近代経済学の全般的特徴と現代的意義の究明が中心課題とされた。大学院経済学研究科では昭和四七年度以降講義が担当されたが、その題目はおおむねJ・ドーフマン教授の *Economic Mind in American Civilization* をテキストにしたアメリカ近代経済学史関係のものである。

(『関西学院大学経済学部五十年史』関西学院大学経済学部、一九八四年、第二部Ⅲ 経済学史から)

2　アメリカ経済学の歴史的展開（研究派遣報告）

今回の出張の目的は二つであった。ひとつは、とりまとめの最終的段階にきた『J・B・クラークの経済思想』執筆のため、コロンビア大学図書館所蔵の J. B. Clark Papers の再調査とクラークに関連した情報を得ることであった。Rare Books and Manuscript Room で仕事を行なうことが出来、新たに入った J. Dorfman Papers 中にJ・B・クラークとの往復書簡があることが判明した。しかし、これらは現在、整理中で直接見ることはできなかった。ニューヨークで、J. Dorfman 夫人にお会いし、ドーフマン教授とミッチェルとの関連などに関するきわめて興味あるエピソードを聞くことも出来た。

もうひとつの目的は、J. Dorfman 教授（一九九一年七月没）の業績をたたえ、記念するために、特にもうけられたパネル・ディスカッションにひとりのパネリストとして参加することであった。これは五月三〇日から六月二日にわたるワシントンＤＣ近くの George Mason University で開催された、アメリカ経済学史学会（History of Economics Society）の第一九回大会で行なわれた。パネリストは実際には八名で三一日夜八時一五分から約二時間にわたって行なわれた。私は「経済学史家としてのJ・ドーフマンと日本におけるアメリカ経済学史研究」と題する報告を約一五分行なった。各パネリストの報告によってドーフマンの経済学史研究の特徴が明らかにされ、その意義が高く評価された。報告ののち、ディスカッションがつづき、全体として、この個人の研究者を扱ったパネルはきわめて異例・ユニークなものであった。日本からの代表という形になり、私は日本の経済学史学会を代表する者として、両学会の今後の交流の活発化をとくに希望しておいた。

ドーフマン教授没後、その遺族によって、アメリカ経済学史学会に寄付がなされ、"Dorfman Best Dissertation Award" というその年の経済学史関連の Ph. D. 論文中審査に合格した最優秀論文に対して与えられる「ドーフマン賞」が設けられ、毎年一編が選ばれることになった。

以上、二つの目的は今回の野村基金からの援助によってほぼ達成されたと思われる。なお、Dorfman Papers はすべてコロンビア大学に寄贈されたことを付記しておきたい。

（『学術振興野村基金研究報告』第七輯、一九九三年四月）

3　わが国における経済学の研究と教育 ―― 関西学院大学との関連において ――

（一九八四年度大学共同研究報告）

一昨年・昨年に引き続き、過去五〇年間のわが国における経済学研究・教育をめぐる諸問題を、戦後日本経済の発展と高等教育の進展という背景をふまえつつ分析し、それらとの関連の中で、とくに関西学院大学における経済学の研究と教育の特色を解明し、その位置づけを行なった。

まず田中は昨年度から継続して、わが国の経済学史研究の発展に大きな貢献を残した故堀経夫教授の業績を中心に、わが国における経済学史・思想史研究の歴史を明らかにし、それに対する一定の評価を試みようとした。幸い本学図書館に所蔵されている堀文庫と経済学部に寄贈された教授の著書・論文のセット等を利用することができるので、まず経済学者としての教授の全体像にふれつつ、経済学史研究を中心とした業績を概観することから始めた。とくに教授の経済学史研究の中枢をなすリカードウ研究に焦点をしぼり、その発端から初期の研究について明らかにするようつとめた。その成果は「堀経夫博士とその経済学史研究――リカードウ研究（1）――」（『経済学論究』38巻3号、昭和五九年一〇月）として発表された。なお、教授のリカードウ研究については現在は（2）を執筆中であり、（3）をもって完結の予定である。

柚木学はわが国の経済学研究の変遷と学界の動向をふまえて、関西学院大学経済学部五〇年の歩みを跡づけようと試みた。とくに、昭和九年に旧大学令による大学として商経学部が創設された後、戦争が激化してゆく中で、学徒出陣からやがて学生募集停止と学部閉鎖に近い状態に追いこまれた状況をかなり明らかにすることができた。その後は経済学部として戦後逸早く学部再開の運びとなり、やがて高度成長期の大学大衆化に対応して教授陣容の充実と学生数の拡大をくり返しながら現在の安定期を迎えるに至ったといえよう。これらの成果は、『関西学院大学経済学部五十年史』の第一部に生かされたが、経済学部における研究と教育の五〇年の歩みを回顧する中で、われわれが今新たな出発に向けて総括の時点に立っていることが確認できた。

森本好則は、昨年度に引き続き関西学院大学における経済理論の研究を取り上げ、戦前から戦後を通じてそれがどのような歴史をたどり、またどのような特徴をもっていたかということを総括的にとらえようと試みた。戦前の学部創設期、学界の潮流は混迷の中におかれていたが、その中で本学の経済理論部門はきわめて弱体であり、近代経済学・マルクス経済学いずれの領域でも「途上国」的存在にすぎなかった。戦後、本学部の経済理論部門は次第に近代経済学への特化をすすめてゆくが、その過程の中で、とくに昭和三〇年代から四〇年代にかけて、マクロ動学をはじめとする諸研究を中心にその地歩を固め、スタッフの充実と手堅い着実な研究成果の実現をみるに至ったのである。本研究では、これらの点を跡づけるとともに、その裏づけとなる資料面での整備をはかった。

林宣嗣は経済学部における経済学研究、とくに財政学の研究の中で、都市問題をめぐる諸研究が進展してきた過程を跡づけようと試みたが、その一方で自らも大都市周辺都市に焦点をあて、その都市化のプロセスについて実証研究を行なった。それによれば、近年人口移動の鎮静化と地方定住が進んだ安定期に入って、近畿圏では大阪市をはじめとしてそれに隣接する諸都市で衰退現象がみられるようになった。これは、国の地方分散政策や都市の高地価による製造業の地方への流出→製造業従事者の減少→生産物市場の縮少→企業の流出→就業機会の減少→人口の流出、というメカニズムによる悪循環的な衰退である。この衰退過程において市財政力は弱まり、都市環境の悪化が衰退現象にさらに拍車をかけている。一方、国の財政資金は地方交付税や国庫補助金を通じて地方に有利なように配分されており、今後国土のバランスある発展を推進するためには、国から地方への税源移譲等により財政資金の都市への配分を増やしていく必要がある。このような都市と財政に関する現実的な背景が、関西学院大学における財政学の研究に、多様な形で実践的な影響を与えているのである。

藤井和夫は関西学院大学における経済学研究・教育の特色を、とくに経済史学を中心に跡づけようと試みた。経済学部のスタッフによる経済史の研究は、国内・国外における学界の動向と微妙に交錯しながら、いくつかの特色をもって推進された。そのひとつは、経済の事実史の研究と並んで、それに対して本質的な影響をもつものとして経済の精神史、すなわち経済倫理や経営理念あるいは社会改革思想の研究に強い関心がもたれたことである。さらに、学界の新しい潮流に敏感に反応しながらも、一貫して史料実証主義の立場に立った研究が行なわれたこともその特徴と言うことができる。

（『共同研究』関西学院大学、一九八五年）

4　賀川豊彦研究　（一九九一年度共同研究報告）

本共同研究は第一年度の一九八九年度にひき続き、第二年度として、新たに安保則夫（経済学部教授）と熊谷一綱（商学部教授）両氏の参加を得て研究がすすめられた。
田中は賀川の社会経済思想の総合的研究と現代的評価、内田は賀川の宗教思想の研究、池田は日本労働運動史上の賀川の研究、安保は賀川と部落問題の研究、そして熊谷は賀川における「救済」と「解放」の問題の研究を分担することとした。計五回の研究会を開き、順次、以下の研究報告がなされ、それらをめぐって討議が重ねられ、賀川豊彦の全体像の解明に向けて、研究が継続された。
田中敏弘「賀川の主観主義経済学について」
熊谷一綱「栗林輝夫著『荊冠の神学――被差別部落解放とキリスト教――』をめぐって」
安保則夫「新川スラムの形成と賀川豊彦」
内田政秀「ベーツと賀川豊彦」
池田信「米田庄太郎と賀川豊彦」
以下は各自の研究の概要である。〔田中のものだけを再録した〕

田中敏弘「賀川の主観経済学について」

賀川の主観経済学を①明治学院時代（一九〇四年）から一九一八年、②『主観経済の原理』（一九一九年〜一九二〇年）、③『基督教社会主義論』（一九二〇年〜一九三六年）、⑥『人格社会主義の本質』（一九四九年）（一九三六年〜一九四九年）の四期に分けて、その形成と展開のあらましを明らかにした。とくに、かれの主観経済学の最初のまとまった起点をなすと考えられる「主観経済学の体系」（一九一九年）と「主観経済学の組織」（同年）、とくに後者を取上げて、その内容が検討された。

賀川の主観経済学は、かれによれば、「需要と供給」の経済学ではなく、「生命と創造」に基礎を求める経済学であり、「主観」は「心理化」を意味している。それは唯心的経済史観によって唯物史観をしりぞける。協同組合思想をとりこんで展開され、最終的には、賀川のいう「人格社会主義」思想の形をとったと言える。

（『共同研究』関西学院大学、一九九二年）

あとがき

これは一九八九年二月に出した『岩の上に――学問・思想・信仰――』(京都、玄文社)の続刊ともいえるものである。したがって『続岩の上に』というタイトルを一時は考えたくらいであった。

ただ今回は四五年間も研究・教育でお世話になった関西学院大学を一九九八年に定年退職したので、その校歌にちなみ『風に思う空の翼――風・光・力――』というタイトルをつけることにした。

この校歌「空の翼」は一九三三年(昭和八年)に作詞 北原白秋、作曲 山田耕筰によって生まれ、以来最も親しまれ歌い続けられてきた校歌である。白秋と耕筰のコンビによる校歌は当時沢山作られたが、なかでも「空の翼」は詩・曲ともに秀逸で、絶品とも言える出来ばえのものである。とくに関西学院のある上ヶ原のさわやかな自由の風と輝く陽光と若い学生の力強さを、「風・光・力」として感じとり、リフレインに取り込んだ白秋の詩に私は心ひかれてきた。今回は私の好きな「風に思う空の翼」と「風・光・力」が一番ふさわしいと考え、それをいただくことにした。

その内容は、『岩の上に』と同様、関西学院大学(主として経済学部)でのチャペル講話と甲子園教会での「奨励」を中心に、経済学に関連した書評やエッセイ風の短文などを主体に集めたものである。いずれも前著が一九七三年から一九八八年までのものであったのに対して、今回はそれに続く一九八九年から二〇〇〇年までのものが主に収録されている。ただ今回は、関西学院大学図書館長として六年間に書いた短いものや、アメリカ経済思想史研究会に関連したものや、さらに日本学術会議に関連したものなどが加わったのが少し目立つかもしれない。

第一部は関西学院大学とキリスト教ということで、Iではチャペル講話、チャペル週報などからが中心である。IIは私が通う甲子園教会の教会礼拝での「奨励」から、IIIは大学と学院に関連したものから、Ⅳは自著を含む書物の紹介、書評、推薦、序文など、そしてⅤは大学図書館に関連したものであり、最後のⅥはその他教会に関連したものなどである。

第二部は「いま経済学を学ぶ」ということで、そのⅠでは関西学院大学のチャペルで話した「経済と人間」シリーズでの話の記録が中心をなしている。Ⅱでは経済学史学会やアメリカ経済思想史研究会といった学会関連で書かれたものと、日本学術会議会員としての活動と関連したものが集められている。ただ経済学に関連したものとは言うものの、これらにはごく一部を除き、専門的なものは含まれていない。

この本はただ種々雑多なものを集めたという印象を与えるかもしれないが、しかしこれは、キリスト教主義大学である関西学院大学で経済学の研究と教育に取り組み、それを絶えずキリスト教信仰とそれに基づく思想との緊張関係において捉えようとしてきた、私のスタンスと関連している。これはいまに変わらぬ私の地平といえる。

ここに集めた短文の理解に役立てばと思い、その背景をなす一九八九年四月から二〇〇〇年三月の間の特記すべき事項だけを以下に略記しておきたい。参考になれば幸いである。

1　一九八二年夏に、中国吉林大学と関西学院大学との学術交流協定締結のため、経済学部長として本学代表団の一員となり吉林大学へ出張。

2　一九八八年四月―同年七月、コロンビア大学客員研究員として研究に従事。

3　一九九〇年八月―同年九月、交換教授として吉林大学経済系で「近代経済学史」を集中講義する。

4　一九九一年一月―一九九五年三月、西宮市特別職報酬審議会委員。

5　同年四月―一九九三年、経済学史学会代表幹事。
6　同年八月―一九九六年三月、大学設置・学校法人審議会専門委員
7　一九九二年四月から一九九八年三月まで大学図書館長。
8　一九九五年一月一七日、阪神淡路大震災で被災。
9　同年六月から二〇〇〇年六月、アメリカ経済思想史研究会代表幹事。
10　一九九七年七月から二〇〇〇年七月、日本学術会議会員（第三部）。
11　一九九八年三月、関西学院大学定年退職。
12　同年四月、『経済学論究』退職記念号出る。
13　同年七月、田中ゼミ同窓会による退職記念会。
14　一九九六年九月、第一詩集『びんびんとひびいていこう』刊。
15　一九九九年一一月、第二詩集『夕焼けをあび』刊。

今回、手もとに残っていた原稿を整理し、そのうちかなりのものを除いた。それでも後からあらためてみてみると、重複するところがまだ少し残っている。例えば八木重吉に関するものである。この期間に重吉に関連して私はチャペルや教会などで少なくとも六回ぐらい話しをしているので、重複するところがあった。それを出来るかぎり避けたが、そこには同時に少し新しい展開もみられるのでそのままにしたところもある。ご容赦のほどをお願いしたい。

前回の『岩の上に』と同様に、今回もこれらの短文を集めてみて、あらためて多くの方のお世話になり、その時そのときに励ましとご支援をいただいたことを想い、ここに感謝したい。なかでも

関西学院大学、同経済学部、同大学図書館、田中ゼミ同窓会、経済学史学会、アメリカ経済思想史研究会、経済学史研究会、甲子園教会、島之内教会、八木重吉の詩を愛好する会関係などの多くの方々に、この場を借りてお礼を申し上げたい。

二〇〇一年四月

著者記す

[著者略歴]

田中 敏弘（たなか としひろ）

1929年、神戸に生まれる。

1953年、大阪商科大学卒業。

1959-61年、シラキュース大学大学院およびコロンビア大学大学院に留学、MA（シラキュース）。

1974-75年、グラスゴウ大学およびケンブリッジ大学客員研究員。

1988年、コロンビア大学客員研究員。

1990年、中国吉林大学交換教授（近代経済学史）。

1953年に関西学院大学助手、のち教授、経済学部長、経済学研究科委員長、大学図書館長などを勤め、1998年定年退職。

経済学史学会代表幹事（1991-93年）
アメリカ経済思想史研究会代表幹事（1995-2000年）
日本学術会議会員（第３部）（1997-2000年）
経済学史学会名誉会員

著書

『マンデヴィルの社会・経済思想』
『社会科学者としてのヒューム』
『イギリス経済思想史研究』
『ヒュームとスコットランド啓蒙』
『アメリカ経済学史研究』
" The Correspondence of John Bates Clark Written to Franklin Henry Giddings, 1886-1930 " (JAI)
『近代経済学史』（共編著）
『スコットランド啓蒙と経済学の形成』（編著）
『経済学史』（編著）
『アメリカ人の経済思想』（編著）
" Economic Thought and Modernization in Japan " (coed.)(Elgar).
『ヒューム政治経済論集』（訳書）
A. S. スキナー『アダム・スミスの社会科体系』（共訳）
R. D. C. ブラック『経済思想と現代』（監訳）

『岩の上に ── 学問・思想・信仰 ──』

『詩集 びんびんとひびいていこう』

『詩集 夕焼けをあび』　ほか

現住所　兵庫県三田市香下1915-9

風に思う空の翼 ― 風・光・力 ―

2001年11月5日 発行

著　者　　田中 敏弘
発行者　　山本 栄一
発行所　　関西学院大学出版会
所在地　　〒662-0891　兵庫県西宮市上ヶ原1-1-155
電　話　　0798-53-5233
印刷所　　協和印刷㈱

Printed in Japan by Kwansei Gakuin University Press
ISBN : 4-907654-34-0

http://www.kwansei.ac.jp/press